中央民族大学中国边疆民族历史与地理研究基地

The Research Base of Historical and Geographical Studies of China's Frontier Regions and Nationalities, Minzu University of China

◆ 达力扎布 主编

中国边疆民族研究

Studies of China's Frontier Regions and Nationalities

（第十一辑）

中央民族大学出版社
China Minzu University Press

图书在版编目（CIP）数据

中国边疆民族研究．第十一辑/达力扎布主编．—北京：中央民族大学出版社，2018.12

ISBN 978－7－5660－1464－1

Ⅰ.①中…　Ⅱ.①达…　Ⅲ.①边疆地区—少数民族—民族历史—中国—文集　Ⅳ.①K28－53

中国版本图书馆 CIP 数据核字（2017）第 297274 号

中国边疆民族研究（第十一辑）

主　　编　达力扎布
责任编辑　黄修义
责任校对　肖俊俊
封面设计　布拉格
出 版 者　中央民族大学出版社
　　　　　北京市海淀区中关村南大街 27 号　邮编：100081
　　　　　电话：68472815（发行部）　传真:68932751（发行部）
　　　　　　　　68932218（总编室）　　　　68932447（办公室）
发 行 者　全国各地新华书店
印 刷 厂　北京建宏印刷有限公司
开　　本　787×1092（毫米）　1/16　印张：16
字　　数　350 千字
版　　次　2018 年 12 月第 1 版　2018 年 12 月第 1 次印刷
书　　号　ISBN 978－7－5660－1464－1
定　　价　68.00 元

《中国边疆民族研究》编委会

目 录

专题论文

研究综述

国外论著译文

专题论文

北宋环庆路蕃部刍议

王一凡

内容提要：环庆路是北宋防御西夏的重要军事区域，其主要作用在于配合其他帅司路牵制西夏和经略沿边蕃部。散布在宋夏沿边地区的蕃部是环庆路防御西夏的重要力量。作者通过对相关史料的梳理，试对北宋环庆路蕃部的一些问题加以论述，进而对北宋环庆路的蕃部有一个更加深入的认识。

关键词：北宋；环庆路；蕃部；西夏

环庆路是北宋庆历年间设立的陕西四大帅司路之一。其地理范围包括今甘肃东部庆阳地区的全部、陕西咸阳地区北部和陕北部分地区。由于北宋军事重镇灵州的失陷，环庆地区由“次边”一跃成为“极边”。环庆路处于宋夏对峙的最前线，常常受到西夏的进攻，所以一些较大规模的战役也出现在这里；并且该地区“切近贼（西夏）之巢穴，勒兵出塞，掩袭不备，可以戕其腹心，最为顺便”①。环庆地区分布着大量宋夏沿边蕃部，他们往往成为宋夏双方争夺的对象。终北宋一代发生在环庆路地区大大小小的战役，“蕃部”“蕃族”等词是出现频度非常高的词语，他们是宋夏战争中的一个至关重要的因素。这些蕃部、蕃族“生长边陲，习山川道路，知西人情伪，材气勇悍，不惧战斗，从来国家赖之以为藩蔽”②，他们“各有首领，内属者谓之熟户，余谓之生户”③，正是这些熟户成为北宋对夏作战的重要力量，他们所组成蕃兵也有着不亚于正军的强大战斗力。对于这些蕃部的态度，宋廷从“以禽兽畜之”转变为“赖之以为藩蔽”，具体体现在环庆路对于蕃部的经略过程上，也反映出北宋经营西北边疆策略和手段的不断成熟。

---

① （宋）李焘：《续资治通鉴长编》卷469，中华书局，1995年，第11209页。

② （宋）李焘：《续资治通鉴长编》卷204，中华书局，1995年，第4949页。

③ （元）脱脱等：《宋史》卷492，中华书局，1977年，第14151页。

一、唐朝以降环庆地区的北族之患

北宋环庆帅司路设置的一个重要因素就是受唐代建制的影响，而唐廷设置此道的一个重要目的是防御自北方经重镇灵州南下的强敌。“唐代邠、宁、庆三州乃沿泾水及其北源马岭河而建制，其为一道乃自然形成之势。”① 对于唐当时的劲敌吐蕃、党项等族来说，进攻这些近迩京畿之地会对唐廷构成巨大的威胁，故唐朝的西北防务也就由传统的北方重心向西南部转移，特别是转向朔方军属地泾原、邠宁等镇。② 唐大历三年（768），朝廷因“吐蕃连岁入寇，马璘以四镇兵屯邠宁，力不能拒，而郭子仪以朔方重兵镇河中，深居腹中无事之地”，令“以朔方兵镇邠州”③。次年二月，郭子仪“自河中迁于邠州”④。邠、宁、庆三州中，邠州作为此道的指挥中枢，而庆、宁二州作为邠州藩屏拱卫邠州。⑤ 邠州以北的灵州一旦有急，则邠州可出兵经庆、宁赴援灵州。庆州作为抵御南下强敌的一道重要防线，对于保卫关中地区发挥着不可替代的作用。同时，在北方强敌的入侵中，庆州也往往首当其冲。庆州一旦遇到危机，邠、宁二州则可以迅速救援；反之，邠、宁遭受攻击，庆州也难免于兵燹。⑥

宋代之环州⑦的地域范围在唐代属于庆州，由于和庆州一样都处在关中通往灵州地区的大道上，这一地区从唐后期遭到吐蕃、党项等族进攻的史料屡见于史册。唐大历十一年（776），浑瑊“领邠州刺史。其年，吐蕃入寇州方渠、怀安等镇，瑊击却之”⑧；后唐长兴三年（932），枢密使范延光上言曰：“自灵州至邠州（庆州）方渠镇，使臣及外国入贡者多为党项所掠，请发兵击之。”⑨ 其中以位于灵州

① 严耕望：《唐代交通图考》，“中央研究院”历史语言研究所，1985年，第180页。

② 李鸿宾：《唐朝朔方军研究——兼论唐廷与西北诸族的关系及其演变》，吉林人民出版社，2000年，第233页。

③ （宋）司马光：《资治通鉴》卷224，中华书局，1956年，第7203—7204页。

④ （宋）司马光：《资治通鉴》卷224，中华书局，1956年，第7208页。

⑤ 《资治通鉴》卷224《唐纪十四》代宗大历三年八月壬戌条载：“丁卯，吐蕃尚赞摩二万众寇邠州，京师戒严；邠宁节度使马璘击破之。”

⑥ 《资治通鉴》卷267《后梁纪二》载：后梁开平三年（909），岐王李茂贞遣刘知俊攻取灵州，后梁遣镇国节度使康怀贞“将兵攻（岐）邠宁以救之。怀贞所向克皆，克宁、衍二州，拔庆州南城，刺史李彦广出降……刘知俊闻之……解灵州围，引兵还”。

⑦ 《旧唐书·地理志》载：“至德元年七月，肃宗即位于灵武，升为大都督府。乾元元年，复为灵州，旧领县五……鸣沙、随县。武德二年，置西会州，以县属焉。贞观六年，废西会州，置环州。九年废环州，县属灵州。神龙二年，移治废丰安城。”但要注意的是，此环州非为后来北宋环庆路之环州（今甘肃环县），而后者据《新五代史·职方考》载：“五代自后晋至后周都有威州，其治所均为方渠，后周改为环州，又改为通远军。北宋复改通远军为环州，环庆路的环州当为此地。”见严耕望《唐代交通图考》第1卷，第180—190页。

⑧ （后晋）刘昫等：《旧唐书》卷134，中华书局，1975年，第3704页。

⑨ （宋）司马光：《资治通鉴》卷277，中华书局，1956年，第9064页。

道的方渠、马岭和木波诸镇最易受到攻击,[①] 故而至五代时，中原王朝已在这些地区重重布防,[②] 并取得了一定的成效。[③]

在唐代灵、庆、宁、邠一线的基础之上，宋代设立了环庆路，依旧作为防御西北方强敌的重要军区。其主要目的依旧在于牢牢控制住通往西北的马岭水要道，而今非昔比的是重镇灵州已经不再属于中原王朝。党项、吐蕃、吐谷浑等部落的势力在由唐到宋的这段时间内发生了显著的变化。但西夏的建立，依旧给宋带来了巨大的威胁，更使地处极边的环庆路“不能弛备也”[④]。面对宋夏间八百里瀚海屏障，宋军“出界便入沙漠之地”[⑤]，只能望“海”兴叹，而“倚远恃险”[⑥] 的西夏军队的神出鬼没却令宋军挠头。无论是环庆军进入夏境还是夏军侵入环庆地区，“利害全在沙幕，若彼率众度幕入寇，则彼先困；我度幕往攻，则我先困”[⑦]。在环庆地区无险可守的情况下，其防御就很大程度上依赖于散布在环庆路的各个蕃部。

二、“边患”到“藩屏”：宋廷对环庆地区蕃部的再认识

环庆地区分布着吐蕃、党项等诸多部族。宋时吐蕃已分居三大地区，其中一个吐蕃聚居地便为陇西、陇东地区。[⑧] 环州青刚峡有“吐蕃野利、大虫二族数千帐”[⑨]，并“自仪、渭、泾、原、环、庆及镇戎、秦州暨于灵、夏皆有之（吐蕃）”[⑩]。而党项的分布，在“灵、夏、绥、麟、府、环、庆、丰州，镇戎、天德、振武军并其族帐”[⑪]，并且陇东、陕北地区是北宋内附党项最主要的输入地[⑫]。环州为党项、吐蕃杂居之地，以至于史家常常将该地区的党项、吐蕃弄混。“庆州有破氏族三，野利氏族五，把利氏族一，与吐蕃姻援”[⑬]，并且“寄治州界”[⑭]。这些蕃部往往成为宋夏角力所争夺和利用的对象。他们“生长极边，勇悍善斗”，若宋朝

---

① 严耕望：《唐代交通图考》，“中央研究院”历史语言研究所，1985 年，第 187 页。

② 《旧唐书·张献甫传》载贞元四年（788）张献甫坐镇邠州时，曾于“方渠、马岭等县选险要之地为烽堡”；邠宁节度使杨朝晟于贞元十年（794）“请城其地以备之（方渠、木波）”，并“军次方渠”。

③ 《资治通鉴》卷 234 贞元九年载：“杨朝晟戍木波堡，由是灵夏河西获安。”

④ （元）脱脱等：《宋史》卷 325，中华书局，1977 年，第 10501 页。

⑤ （宋）李焘：《续资治通鉴长编》卷 500，中华书局，1995 年，第 11912 页。

⑥ （宋）李焘：《续资治通鉴长编》卷 134，中华书局，1995 年，第 3202 页。

⑦ （宋）李焘：《续资治通鉴长编》卷 326，中华书局，1995 年，第 7856 页。

⑧ 刘建丽：《宋代西北吐蕃研究》，甘肃文化出版社，1998 年，第 193 页。

⑨ （宋）司马光：《资治通鉴》卷 276，中华书局，1956 年，第 9035 页。

⑩ （元）脱脱等：《宋史》卷 492，中华书局，1977 年，第 14151 页。

⑪ （元）脱脱等：《宋史》卷 491，中华书局，1977 年，第 14138 页。

⑫ 杨蕤：《西夏地理研究》，人民出版社，2008 年，第 366 页。

⑬ （宋）欧阳修等：《新唐书》卷 221 上，中华书局，1977 年，第 6217 页。

⑭ （宋）曾公亮：《武经总要前集》卷 18 上，解放军出版社，1987 年，第 889 页。

失去这部分力量，则“其害岂小哉”①。环庆路对于沿边蕃部的经营，早期主要防止生变，原因在于这些蕃部“与贼界错居，屡为胁诱”②。这些蕃部有时为获取生活资源和被眼前既得利益所左右经常朝秦暮楚，正如王安石所说“视西夏与中国强弱为向背”③，而如熟仓族这种“为环庆藩篱”④并“一心向汉，誓死不移”⑤一类蕃部的出现实属难能可贵。对于敌方来投蕃部，宋廷也表示出强烈的不信任感，如真宗就曾对环州的牛羊族、苏家族来投一事表示“尚疑其诈”⑥；夏竦曾欲将大批投环庆路的蕃部迁至襄、唐州界，担心他们“内应为患”⑦。可见宋廷开始并没有把他们真正当作一股可靠的制夏力量来对待，而这种不信任感在无形中减少了蕃部内属的可能性，有些已经附宋的蕃部也心怀疑虑，有的甚至因为犯“小过疑惧而遁”⑧。

如前所述，唐代庆、宁、邠地区经常受到党项、吐蕃等部的侵扰，尤以吐蕃为甚。入宋后，吐蕃势虽式微，但党项崛起，所以这些地区受到蕃部侵扰的状况实际上依旧存在。环庆路蕃部林立，特别是宋夏沿边蕃部在宋夏战争中与宋的利害关系最为密切：“党项、吐蕃、唃厮啰、董毡、瞎征诸部，夏国兵力之所必争者，宋之威德亦暨其地，又间获其助焉”⑨，宋人甚至称他们为宋之“捍蔽”⑩或“藩蔽”。同时他们往往又成为宋夏战争中最直接和最大的受害者，许多北宋边帅往往对他们采取高压政策，而当西夏入侵时，他们又往往“多为所擒戮”⑪。蕃族在心理认同上更倾向于自称是拓跋鲜卑后裔的李氏政权，⑫所以他们更容易成为李氏政权争取和利用的对象，同时李氏也巧妙地利用了这一点来团结可为己用的蕃部，故继迁起兵时就曾向戎人“出其祖彝兴像”使“戎人皆拜泣”。⑬这一状况使得宋朝在处理这一地区问题时显得更加棘手，而经济制裁对宋来说终非长久之道，使用大量正规军作战又因“劳师以袭远”而增加伤亡和军费开支，所以西北边帅逐渐开始关注这些“劲悍善战”⑭的蕃部。一般来讲，宋夏双方“各以边人为强”⑮，不会轻易将他

① （宋）李焘：《续资治通鉴长编》卷204，中华书局，1995年，第4949页。

② （宋）李焘：《续资治通鉴长编》卷54，中华书局，1995年，第1186页。

③ （元）脱脱等：《宋史》卷191，中华书局，1977年，第4758页。

④ （清）吴广成撰，龚世俊等校证：《西夏书事校证》卷5，甘肃文化出版社，1995年，第55页。

⑤ （元）脱脱等：《宋史》卷491，中华书局，1995年，第14142页。

⑥ （宋）李焘：《续资治通鉴长编》卷54，中华书局，1995年，第1181页。

⑦ （宋）李焘：《续资治通鉴长编》卷132，中华书局，1995年，第3134页。

⑧ （元）脱脱等：《宋史》卷330，中华书局，1977年，第10622页。

⑨ （元）脱脱等：《宋史》卷485，中华书局，1977年，第13981页。

⑩ （宋）李焘：《续资治通鉴长编》卷65，中华书局，1995年，第1465页。

⑪ （宋）李焘：《续资治通鉴长编》卷65，中华书局，1995年，第1465页。

⑫ 《宋史·夏国传上》载宝元元年（1038）元昊在上宋朝表文中提道：“臣祖宗本出帝胄，当东晋之末运，创后魏之初基。”

⑬ （宋）李焘：《续资治通鉴长编》卷25，中华书局，1995年，第586页。

⑭ （元）脱脱等：《宋史》卷335，中华书局，1977年，第10747页。

⑮ （宋）范仲淹：《范仲淹全集》，四川大学出版社，2007年，第591页。

们从原居住地内徙。[1] 对于蕃部的利用问题，西夏比北宋要清楚很多，由于李氏叛宋早期已无承受失败的筹码，被逼至绝境，所以尽可能地利用每一处地方的蕃部。而宋夏战争初期，宋廷将夏州的回收看作泉漳纳土、吴越归地一类性质的问题。并且，宋廷在“治国在乎修德”“四夷当置之度外”[2] 这一类指导思想的影响下，将这些蕃部及其土地作为食之无味弃之可惜的“鸡肋”对待。正是在这种纠结的心态下，宋廷不断错失良机，直到局势脱出可控范围，才幡然醒悟。后如“羁縻属羌以为藩篱”[3]、“诸路置招抚蕃落司”[4] 等一系列经略蕃部方案的实施，反映出宋廷对于沿边蕃部作用的认识发生了实质性的转变，也为反制西夏争取了重要力量。

三、“驱兵攻夷”到“联蕃制夏”：环庆路边帅对蕃部的措施

宋初统治者采取了羁縻边酋豪帅、选任良将能吏的方针来稳定西北地区，如对环州董遵诲、庆州姚内斌等人皆“优其禄赐，宽其文法”[5]，对他们“悉付以阃外之事”[6]。所以，北宋早期西北边帅在这种环境下能够充分发挥自己在边地的影响力，这些人对自己辖区及其周边地区的“敌人情状、山川道路，罔不备见而周知之”[7]。而这种羁縻边帅的措施也确实收到了“疆场晏然，朝廷无旰食之忧，疆场无羽书之警”[8] 的成效。董遵诲赴任后，“召诸族酋长，谕以朝廷威德，刲羊釃酒，宴犒甚至，众皆悦服。后数月，复来扰边，遵诲率兵深入其境，击走之，俘斩甚众，获羊马数万，夷落以定”[9]。而“庆州刺史姚内斌号武猛，在镇十余年，西夏畏伏，不敢犯塞”[10]。这些方法虽起到一定的安边作用，使宋廷“十余年无西、北之忧”[11]，但是带有很大的随意性。这些边帅往往随己意来驱使，掠夺和杀戮蕃部，造成其反抗。[12] 其后的慕容德丰虽“居任九年，以简静为治，边镇安之”，但仍然对蕃部进行一定程度的打压。[13] 而随着李继迁势力的不断壮大，朝廷在打击蕃部的

---

① 很多蕃部多为“献地来降”，内属后生活在自己的土地上；还有些蕃部常“率族来归”，无土地献上，韩国学者金成奎称此二者为“移居型”和“献地型”，见氏著《宋代の西北問題と異民族政策》，汲古书院，2000年，第168—172页。

② （宋）李焘：《续资治通鉴长编》卷34，中华书局，1995年，第758页。

③ （宋）李焘：《续资治通鉴长编》卷123，中华书局，1995年，第2912页。

④ （宋）李焘：《续资治通鉴长编》卷132，中华书局，1995年，第3122页。

⑤ （元）脱脱等：《宋史》卷318，中华书局，1977年，第10357页。

⑥ （元）脱脱等：《宋史》卷350，中华书局，1977年，第10082页。

⑦ （宋）范镇：《东斋记事》卷1，中华书局，1980年，第1页。

⑧ （元）脱脱等：《宋史》卷350，中华书局，1977年，第10082页。

⑨ （元）脱脱等：《宋史》卷273，中华书局，1977年，第9343页。

⑩ （元）脱脱等：《宋史》卷273，中华书局，1977年，第9341页。

⑪ （宋）范镇：《东斋记事》卷1，中华书局，1980年，第1页。

⑫ （元）脱脱等：《宋史》卷350，中华书局，1977年，第10082页。

⑬ （元）脱脱等：《宋史》卷251，中华书局，1977年，第8835页。

同时也多次采取贸易禁止政策从经济上遏制党项，但效果不为乐观。这种经济制裁是贯穿宋夏战争的重要手段，而这类两败俱伤的制裁方法并不能从根本上遏制西夏，更使沿边蕃部苦不堪言。① 庆历以前，从董遵诲、姚内斌到慕容德丰、阎日新、刘平、赵振、张崇俊，以上述人物为代表的环庆路将帅大多以讨伐环庆路地区周边蕃部为应对西夏的主要措施，② 宋廷能否将继迁一伙一网打尽的关键因素也在于经制蕃部，打击依附于继迁的蕃部可直接减少继迁屡败屡战的可能性。在继迁攻打潘罗支败亡后的景德年间，原本不附宋蕃部出现了一波附宋的小高潮，③ 作为继迁战力的一些蕃部有作鸟兽散的趋势。这从反面验证了早期宋代西北边帅选择打击蕃部的合理性，在无法一鼓作气消灭继迁的情况下，只有打击这些蕃部，才可逐渐削弱继迁的战力。不过这些边将们发动的打击蕃部战役虽相对较小，但他们动辄采取击杀、焚帐等严厉手段，对于小聚居的沿边蕃部则造成较大的杀伤。曹玮的手段则明显地不同于上述边将，其任环庆路边帅期间，不仅严禁边人交易蕃部田产，将被侵夺的田产归还给蕃部，并且将蕃部中善战者组编成军队，实施各种奖励政策，真正做到了对蕃部的抚而用之。④ 但由于这一时期大多数环庆路边帅缺乏对本地区蕃部的有效的管理和控制手段，一味地采取高压政策，所以导致其叛附不定，其中以环州洪德寨蕃官庆香的事例最具代表性。庆香本为属宋蕃户，并曾于咸平六年（1003）击退过李继迁的进攻，但他在乾兴元年（1022）突然反水，设计诱杀将官胡宁，逃入夏境。⑤ 个中的原因耐人寻味，但本路边帅脱不了管理不利之责。自宋夏达成庆历和议后，以范仲淹、种世衡、孙沔⑥为代表的环庆路边帅更加注重对蕃部的笼络，如范仲淹深知蕃部的重要性，强调“需用土兵”⑦，而种世衡对于招诱蕃部似乎更有手段，⑧ 他们的措施在一定程度上达到了“威德著闻，夷夏耸服”⑨的效果。自范仲淹以降，环庆边帅更加注重对沿边蕃族的笼络和安抚，也收到了良好的效果，更加牢固地控制住了蕃部。范仲淹子纯仁甚至为了给被种古“冤执”的环州熟羌昭雪而“就逮”，他离开时“民万数遮马涕泗，不得行，至有自投于河

① 《宋朝诸臣奏议》卷 138 载：庆历年间“施昌言为环庆经略使，以禁私市”，当西人发兵压境，施昌言遣使问其所以来之故时，“西人言无他事，只为交易不通”，而“使者惧其兵威，辄私许之，法遂复坏”。

② （元）脱脱等：《宋史》卷 273，中华书局，1977 年，第 9341—9342 页；卷 251，中华书局，1977 年，第 8835 页；卷 390，中华书局，1977 年，第 10167 页；卷 325，中华书局，1977 年，第 10500 页；卷 323 第，中华书局，1977 年，10461 页；卷 485，中华书局，1977 年，第 13996 页。

③ 据金成奎统计，单景德元年（1004）就有 8 次蕃部率族归附北宋的情况，景德三年（1006）五月有蕃部三千帐归宋，见氏著《宋代の西北問題と異民族政策》，汲古书院，2000 年，第 164 页。

④ （元）脱脱等：《宋史》卷 258，中华书局，1977 年，第 8988 页。

⑤ （宋）李焘：《续资治通鉴长编》卷 99，中华书局，1995 年，第 2296—2297 页。

⑥ （宋）李焘：《续资治通鉴长编》卷 204，中华书局，1995 年，第 4935 页。

⑦ （宋）范仲淹：《范仲淹全集》，四川大学出版社，2002 年，第 589 页。

⑧ （宋）司马光：《涑水记闻》卷 9，中华书局，1989 年，第 172 页。

⑨ （宋）王辟之：《渑水燕谈录》卷 2，中华书局，1981 年，第 14 页。

者”。[①] 在宋廷庙堂之上，统治者们逐渐认识到“昔取之（夷狄）者，威也，故其力屈”，而“今与之者，恩也，故其心怀”。[②] 环庆路经略者们也由过去“驱兵攻夷”的粗暴方式向被认为是“中夏之上策”[③] 的“联蕃制夏”方式转换。北宋中后期宋廷逐渐将经制西夏的战略转移到夺取位于鄂尔多斯沙漠南部、环庆路北部的横山[④]上来。随着“招缉横山蕃部”[⑤] 这一策略不断被提出，北宋步步蚕食横山地区，使宋夏沿边蕃部“归汉者益众”[⑥]，大批靠近环庆路的蕃部成为北宋的战斗力。政和年间，吸收了大量蕃兵的环庆军配合着童贯“合诸路兵出塞进筑，遂得横山之地”[⑦]。与其他帅司路一起，将进攻前沿继续向夏地扩张，使“夏人覬视不敢动”[⑧]。最终北宋“渐夺其横山之地”[⑨]，基本形成了对西夏的压制之势。

四、“蕃汉分离”到“蕃汉合一”：环庆路蕃兵制的改进——兼谈徐禧与“环庆法”

蕃兵是北宋对夏作战的重要战斗力，他们在战场上配合正规军作战，给西夏带来了很大的威胁。“蕃兵者，具籍塞下内属部落，团结以为藩篱之兵也。”[⑩] 西夏也“以为（宋）东方客军皆不足畏，唯熟户、弓箭手生长极边，勇悍善斗，若事先剪去，则边人失其所恃，入寇之时通行无碍也”[⑪]。环庆路较早地使用蕃兵来抗击西夏，特别是前述曹玮施行的各项措施也成为仁宗宝元以后，大规模招募蕃部弓箭手和创制蕃兵的先河，[⑫] 并逐渐成为西北诸路效仿的对象。此后，从蕃部中招募的蕃兵在宋夏历次大战中发挥了重要的作用，在这些战斗中也涌现出庆香、慕恩、赵明、赵余庆、赵余德等一批骁勇善战的蕃官，他们不仅拼杀于正面战场，而且经常参与侦查、间谍、诈降等危险系数较高的任务。但蕃兵往往受到不平等的待遇，如

① （元）脱脱等：《宋史》卷 314，中华书局，1977 年，第 10285 页。

② （宋）赵汝愚：《宋朝诸臣奏议》卷 138，上海古籍出版社，1999 年，第 1559 页。

③ （宋）李焘：《续资治通鉴长编》卷 68，中华书局，1995 年，第 1537 页。

④ 宋代对横山的地域范围的定义差别很大，有广义和狭义之分，本文指广义上的横山。参见前田正名：《陕西横山の歷史地理学的研究——十世紀，十一世紀におけるオルドス沙漠南縁の白于山付近山地に関する員》，學術出版社，1962 年，第 8—9 页。

⑤ （宋）李焘：《续资治通鉴长编》卷 204，中华书局，1995 年，第 4939 页。

⑥ （清）吴广成撰，龚世俊等校证：《西夏书事校证》卷 31，中华书局，1995 年，第 352 页。

⑦ （清）张鉴：《西夏纪事本末》卷 31，甘肃文化出版社，1998 年，第 210 页。

⑧ （元）脱脱等：《宋史》卷 328，中华书局，1977 年，第 10590 页。

⑨ （宋）李心传：《建炎以来朝野杂记》乙集卷 19，中华书局，2000 年，第 846 页。

⑩ （元）脱脱等：《宋史》卷 191，中华书局，1977 年，第 4750 页。

⑪ （宋）赵汝愚：《宋朝诸臣奏议》卷 136，上海古籍出版社，1999 年，第 1523 页。

⑫ 李华瑞：《宋夏史研究》，天津古籍出版社，2006 年，第 353 页。

“每陈多以蕃部为前锋，而汉兵守城”①，而这些蕃部又“常以汉官驱策”②。并且，蕃部经常在遭到西夏的攻击时得不到宋廷的有效救援，“将帅之臣，但坐而视，不能救援，遂使其余熟户皆畏惮凶威，怨愤中国，人人各有离叛之心”③。王安石执政后，在施行“将兵法”的大前提下，提出“蕃兵稍与汉同，与蕃贼异”④，此即“蕃汉合一”思想。而“蕃汉合一”与“蕃汉分离”一直是北宋中后期兵制改革中争论不休的问题。作为王安石改革得力助手的吕惠卿虽然后来与王安石交恶，但他在一定程度上继承了王安石的思想，其为鄜延帅时就“始变旧法，杂汉蕃兵团结，分守战，每五千人随屯驻”⑤。而与吕惠卿关系密切、“尤喜言兵”的徐禧则成为推广吕惠卿“蕃汉合一”法的不二人选。徐禧以吕惠卿在鄜延时施行的方法为基础，同时考虑了环庆路的实际情况而创制成所谓的“环庆法”，得到了神宗的支持。宋廷也试图将这一方法推广到泾原、熙河等帅司路，但先后遭到了蔡延庆、李宪等人的否定。徐禧的“环庆法”为何在环庆路就可顺利施行，但推而广之在泾原、熙河路却受到了阻力，这一问题颇值得玩味。“环庆法”的顺利实施，固然有吕惠卿对神宗的游说⑥以及神宗对徐禧的信任⑦等因素，但就结果来看，元丰年间环庆路军除了参与五路伐夏主动出击失败外，取得了不少可观的战绩，⑧ 这也从侧面印证了“环庆法”的成效，否则神宗也不会“颇采听，将推其法于他路，遣禧往经画”⑨。不过就鄜延、泾原、熙河诸路的许多将帅反对这一点来看，“蕃汉合一”法的实行应有其实际的困难。徐禧虽好谈兵，但反对他的边将毕竟常在边疆，熟悉前线情况，并且就其永乐之役的表现⑩来看，可谓纸上谈兵之辈，所以其主张遭到激烈反对是可以理解的。但究其成功施行“环庆法”之原因，据笔者推测，可能是与前述自范仲淹⑪以降的环庆边帅对改善蕃汉关系所做出的一系列努力有关，加上曹玮在环庆路较早地组建蕃兵，使得“环庆法”在推行时不需要花费太多的时间进行蕃汉之间的磨合，同时也不需要在防止蕃兵生变上耗费大量精力。王韶在“环庆法”施行前的熙宁年间就对宋神宗称赞环庆路蕃兵自来“有成法，使之战斗及守境，皆与

---

① （宋）王偁：《东都事略》卷86，齐鲁书社，2000年，第273页。

② （宋）李焘：《续资治通鉴长编》卷337，中华书局，1995年，第8119页。

③ （宋）赵汝愚：《宋朝诸臣奏议》卷136，上海古籍出版社，1999年，第1523页。

④ （宋）李焘：《续资治通鉴长编》卷245，中华书局，1995年，第5964页。

⑤ （宋）王偁：《东都事略》卷86，齐鲁书社，2000年，第273页。

⑥ 金成奎：《宋代の西北問題と異民族政策》，汲古书院，2000年，第238—239页。

⑦ 《续资治通鉴长编》卷330元丰五年十月乙丑注载宋神宗称徐禧为“天下奇才”；同书卷297元丰二年三月丙戌载神宗认为徐禧“异日为一代良臣矣”，其对徐禧之信赖可见一斑。

⑧ （元）脱脱等：《宋史》卷333、332，中华书局，1977年，第10702、第10666页；（宋）李焘：《续资治通鉴长编》卷327，中华书局，1995年，第7865页。

⑨ （元）脱脱等：《宋史》卷334，中华书局，1977年，第10722页。

⑩ （元）脱脱等：《宋史》卷334，中华书局，1977年，第10723—10724页。

⑪ 范仲淹帅环庆时，认为蕃兵“黠诈，畏强凌弱，常有以制之则服从可用，如倚为正兵必至骄蹇”，强调蕃兵“不可倚为正兵”，见《宋史》卷191兵5乡兵2。故可推断范仲淹应常对蕃兵进行调教，使之向化。

汉兵无异，往往御敌杀将立功塞外"①，肯定了之前环庆路边帅对于蕃兵训练的成就。但这一方法应用到其他路就出现了新的问题：泾原路在曹玮离任后，其守将对于蕃兵"失于抚驭，寖成骄黠"②，所以反对"环庆法"的泾原路边帅蔡延庆就"以蕃兵人马为别队，各随所近分隶焉"，并且使"诸将之数，不及正兵之半"，达到钳制蕃兵的目的。③ 李宪经略"新造"之地熙河路时，更是将这些"嗜好语言不同，部分居止悉皆不便"④ 的蕃部与正军分离开来，以达到"蕃汉分离"的目的。前述王韶对环庆路蕃兵夸赞的同时也发出了"何独在鄜延、环庆则可用，在泾原、秦凤不可用"⑤ 的疑问，这从中可以窥见：环庆、鄜延两路较早地重视了蕃部的经略以及蕃兵队伍的建设，故而吕惠卿在鄜延的"新法"以及徐禧的"环庆法"得以实行，而以"蕃汉分离"为指导思想的蔡延庆的"泾原法"和李宪的"三门法"则适应于泾原路与熙河路的情况。从"环庆法"的内容来看，此法确实有助于改善蕃兵作战时不平等的境遇，同时也使得"战守分明"，消除了"调发不能速集"⑥ 等问题。"环庆法"对于整个宋代西北战区可能不具备普适性，但其恰巧符合环庆路的现状，因而更多地发挥了其积极的作用⑦。这样一来，环庆军的战斗力就有了质的飞跃，"不若往年寡弱之骄军也"⑧，始终没有让西夏军突破环庆地区而进一步深入，直到北宋灭亡，环庆路蕃兵一直在宋夏战场上发挥着重要的作用。

结　语

北宋在前代建制的基础之上设立了环庆路，而其面对的威胁实质上并未衰减。而终北宋一代宋廷对于该地区蕃部问题的认识不断加深，其经略手段也由粗犷走向细致。伴随着宋夏势力的消长以及宋廷对夏政策的变化，环庆路对该地区蕃部的经略逐渐走向体系化、制度化。而蕃部在环庆路乃至整个北宋西北边疆的作用也日渐加强。环庆路作为一个战略牵制性的帅司路，其对地区内蕃部的经略无疑是成功的，所以北宋中后期无论是防守还是主动出击，环庆路都取得了可观的战绩，成功地维护了北宋西北防御体系。

（王一凡，男，1991 年生，中央民族大学历史文化学院博士研究生。北京：100081）

---

① （宋）赵汝愚：《宋朝诸臣奏议》卷 141，上海古籍出版社，1999 年，第 1591 页。

② （元）脱脱等：《宋史》卷 191，中华书局，1977 年，第 4751 页。

③ （元）脱脱等：《宋史》卷 286，中华书局，1977 年，第 9639 页。

④ （元）脱脱等：《宋史》卷 188，中华书局，1977 年，第 4629 页。

⑤ （宋）赵汝愚：《宋朝诸臣奏议》卷 141，第 1591 页。

⑥ （宋）王偁：《东都事略》卷 86，齐鲁书社，2000 年，第 273 页。

⑦ 环庆路帅范纯粹在元祐年间依旧认为"蕃汉兵马诚不可杂用"，似乎是从"尊中国，制远人"这一夷夏之防的角度来谈的，而不是由于操作层面上出现了问题，见《宋史》卷 191 兵 5 乡兵 2。

⑧ （宋）李焘：《续资治通鉴长编》卷 204，中华书局，1995 年，第 4937 页。

《山居新语》作者杨瑀生平考述

杨国彭

内容提要：《山居新语》是元代重要的一部笔记，诸多内容可补《元史》记载之不足，《南村辍耕录》对其内容进行了颇多抄录。本书作者杨瑀是元末杭州人，在元代前期科举不兴的社会状况下，他借助亲友的引荐以及书画交游的方式结识到诸多的文士高官，并以某种方式与统治高层——大司徒畏兀儿人阿怜帖木儿家族产生了密切联系，最终成为顺帝身边的心腹。杨瑀颇有谋略，又能急流勇退，晚年退隐于上海松江。本文对杨瑀的人生轨迹及交游情况进行了揭示。

关键词：《山居新语》；杨瑀；生平；元顺帝；杭州

杨瑀（1285—1361），字元诚，号山居道人，杭州人。他幼年曾侍座于赵孟頫席间，天历年间（1328—1329）游历大都，在畏兀儿人沙剌班之父北庭文贞王阿邻帖木儿的引荐下，拜谒元顺帝于奎章阁，先后任广成局副使、中瑞司典薄，后襄助顺帝罢黜权臣伯颜，夺回大权，擢为太史院判官，继升为同佥院事。后辞官归乡，至正十五年（1355），任建德路总管，不久辞去官职，迁居淞江鹤砂（即下砂，今上海市浦东新区）。后朝廷虽升其为浙东道宣慰使、都元帅，进阶中奉大夫，但他终不仕就，至正二十一年（1361）去世。其著作《山居新语》主要记载了他的生平见闻，内容丰富，颇具史料价值。杨瑀作为一名杭州人，是如何与大都诸名士相结识的？又是如何受到元顺帝宠信的？其生平任职及交游情况是怎样的？这些问题值得深究。

一、家　世

杨瑀家族本居婺州（今浙江金华），五世祖时迁入杭州，其祖父杨荣祖，南宋时任承信郎、镇江都统司账前提举，其外祖父冯世安在入元后任英德路治中。杨瑀并非生于显赫世家，因此史料中对他祖先的记载并不多。他的父亲杨昌（生卒年不详）曾在南宋供职，入元后，任邳州万户府经历，去世后赠奉议大夫、枢密院判官、骁骑卫。① 杨昌虽身为武将，却喜好文史，并且喜欢结交文人，去世后，他与杭州诸多文人的书信由杨瑀携至大都，请虞集为之作序，其文曰：

> ……杨将军好事，有闻于时，一时诸君子莫不与之过从。此卷书尺可考也。然未四十年，卷中无一存者，亦可慨乎！高尚书赋诗写山水，有古人之趣，当代论书法者，北尚鲜于，南推吴兴，是皆见太平之盛者。善观者，不特于书简论也。将军之子瑀持来京师，予阅之柯氏玉文堂中，闽陈众旅、陈赵子期、太原王君实、吴陆友仁同观。至顺元年十月日，蜀人虞某伯生甫敬书。②

序中显示杨昌与高克恭、鲜于枢、赵孟頫多有交往。这些人在当时都是闻名于世的书画大家，能与他们有书信往来，表明杨昌具有一定的文学素养；杨瑀幼年曾“侍坐于赵子昂学士席间”③，这自然是其父安排的，可见杨昌与赵孟頫颇有交情。元初杭州地区的文风浓厚，文人间雅集活动特别盛行，这也正是虞集在序中称赞临安“交游文翰之彬彬，尤他郡莫及矣”的原因。杨昌作为杭州本地人能与以上文士结交，正得益于这种良好的文风条件。虞集在序中说“杨将军好事有闻于时，一时诸君子莫不与之过，从此卷书尺可考也”，可见身为武将的杨昌好文习史在当时确实已经颇有名气，能将其与“诸君子”的往来通信汇编成书，足以说明当时与他交游的文人非常之多。杨昌如此好文，所结识的文士名气又如此之大，其子杨瑀能请到当时炙手可热的虞集等人为《杨将军往复书简》作序是不足为奇的。

杨昌不仅喜好文史，其品行也颇有值得称道之处。钱塘贫士李和精于碑刻，为

---

① 杨维祯：《元故中奉大夫浙东道宣慰杨公神道碑》，《东维子文集》卷 24，四部丛刊初编本。因万户府为元朝始设，两宋及金并无“万户府”这一机构，且当时的邳州（今江苏邳州）为金朝所占据，因此，不存在杨昌在南宋朝任邳州万户府经历这一情况。今人所编《元人传记资料索引》认为杨瑀之父应名为“杨昌宋”，笔者认为这种说法欠妥。从文法上分析，此处所指的“宋”应该是对应前面其祖在宋朝担任的官职，后面的“今赠”方是入元后的宦迹。若按“杨昌宋”分析，那么邳州万户府经历是入元后的职务，“今赠”一词就说不通了。因为据神道碑记载，杨瑀后来辞官归乡，理由是为其父立碑，顺帝为此“敕赠考枢密公墓碑”。杨瑀在《新语》中通篇称呼其父为“先父枢密”，说明在他生前，其父即被追赠为枢密院判官，而杨维桢作《神道碑》是在杨瑀去世之后，上距杨瑀之父受封赠已数十年之久，用“今赠”一词显然不合适。可以肯定的是，杨瑀之父确曾在南宋朝担任过官职。虞集在《题〈杨将军往复书简〉后》中提到“未四十年，卷中人无一存者”，说明至顺元年（1330），杨瑀父亲已经去世了。又，杨瑀生于 1285 年，据此推算，杨昌的年龄大约与赵孟頫（1254—1322）、鲜于枢（1256—1301）、高克恭（1248—1310）等相仿，元军攻克南宋都城临安之时（1276），他至少二十多岁了，已经到了做官的年龄。另据《新语》记载：“余儿时闻先父枢密言：尝于宋官库中见孟蜀王锦衾……”杨瑀之父能进入宋官库，说明他确曾在南宋朝出任过官职。虞集在题跋中称杨瑀之父为“杨将军”，说明杨昌在入元后仍做过官，因邳州万户府为元代始设，因此我们有理由相信，杨昌任邳州万户府经历是在入元之后。

② 虞集：《题〈杨将军往复书简〉后》，《道园学古录》卷 10，四部丛刊初编本。

③ 杨瑀：《山居新语》卷 2，中华书局，2006 年，第 209 页。

人耿直，拒绝富人贿赂，不肯为赝本识其印，对于这种有骨气的文士，杨昌“常称道之”；另外，他还告诉杨瑀宋妃壮烈殉国之事[①]，此事为当时许多著作失载。可知他本人也是一个正直的人，这或许正是当时诸文人乐于与之交游的重要原因。

杨瑀自幼便受到其父的影响，这可从《新语》的记载中探知，杨瑀儿时曾听其父讲述宋官库中孟蜀王的“鸳衾”的故事；钱塘贫士李和的事迹是杨瑀闻自其父而载入《新语》的；另外，在杨昌安排下，年幼的杨瑀还曾在赵孟頫门下学习过；宋妃殉国之事也是杨昌告诉杨瑀的。不难想象，这些经历不仅增加了杨瑀对文史的兴趣，开阔了其眼界，还对他以后廉慎正直的品行产生了一定影响。

二、生　平

（一）游历大都

杨瑀早年的经历，史料记载极少，除他在《新语》中对儿时的一些回忆外，杨维祯所作《神道碑》还记其“生而警颖，长而玉立长身，紫髯如画”，史料中关于杨瑀的事迹渐渐清晰，是从他中年游历大都之后开始的。天历年间（1328—1329），已经四十多岁的杨瑀自家乡来到大都，请擅卜术的婺州（今浙江金华）人厉周卿为之卜，厉周卿的卜测后来得到应验，杨瑀感叹道：“其应果在十年后”。据推算，“十年后”是在元顺帝至元四年（1338）之后。杨瑀助顺帝秘密罢黜伯颜后“朝瑞动色，至求识其面，以为异人”[②]，是年为至元六年（1340），这说明他所感叹的十年之后的“其应”即为此刻仕途的辉煌。从他占卜一事我们可以窥见杨瑀当年游历大都的主要目的是获取仕进的机会。

杨瑀生于武将世家，父仅官至邳州万户府经历，秩从七品，并且“未四十年”他所结识的一些大名鼎鼎的文士如赵孟頫、高克恭、鲜于枢等“无一存者”，因此杨瑀在游历大都之前显然不可能与大都的诸权贵及文士结识，那他是通过什么方式打开仕宦之门的呢?

通过考察《新语》的记载发现，杨瑀有一儿女亲家名为应本，字中甫，是钱塘人，他壮年笃志学道，是“儒者也，外貌矍铄，为人敦笃，有膂力，能手搏，无与敌者”。卒于至正九年（1349），时年七十有八。应中甫去世后，黄溍为其撰写《应中甫墓志铭》，其中记载：

> 中甫应氏，讳本，中甫其字也。……中甫生而秀异，稍长，能自植立，治家务勤俭，与朋友交以信，好为人排难释纷而矜恤孤寡人，以此称

① 杨瑀：《山居新语》卷4，中华书局，2006年，第230页。

② 杨维祯：《元故中奉大夫浙东道宣慰杨公神道碑》，《东维子文集》卷24，四部丛刊初编本。

之。始中甫与予同年进士，前史官杨公载共学，明于《礼》《春秋》，喜为歌诗，颇有志于官，进而弗遂。年逋三十，赵魏公以集贤直学士提举江浙儒学，辟主教仁和县，辞不就。后游京师，集贤大学士王文定公力荐于朝，年已六十，无意于仕，进归隐西湖上，……善鉴定古书画，一时名人咸服其精，旁通数术方技而最深于医，晚遂混迹于药市，至正九年七月二十五日返柩葬于钱塘县水月乡葛岭之原。

对比来看，《新语》与《应中甫墓志铭》所载应中甫的去世时间、年龄、性格、爱好、生平事迹等记载相符，说明《新语》的记载是可信的。应中甫长杨瑀14岁，却与杨瑀是儿女亲家，如《新语》卷3提到应中甫为杨瑀的“姻家”，杨瑀《神道碑》载其长女适应中甫的儿子应才。杨瑀对这位亲家十分敬重，不仅在《新语》中大篇幅记载其事迹，去世后还与他同葬在杭州葛岭之原。

应中甫与黄溍为同年进士，又曾与杨载共同学习，因此与二人友谊深厚。《杨仲弘集》中就有两首诗①，是杨载为应中甫所作。应中甫还与赵孟頫颇有交情，如赵孟頫曾一度推荐他任仁和县主教，并亲临小楷《黄庭经》一幅赠给他②。此《黄庭》小楷来历可据卷后跋文得知，应中甫得宋刻太清楼本《黄庭》并《禊帖》，精妙于诸刻，赵孟頫闻之爱不能释，自京师致书求之，应氏因重模二帖入石自藏，举原本以赠赵孟頫，赵氏为临此卷谢之。卷后有一十五位元代人的题跋，其中包括邓文原、杨载、柯九思、黄溍、黄公望、欧阳玄、赵奕等著名文人，杨瑀跋文亦赫然在列。由于赵孟頫晚年不复为人作小楷，因此此卷《黄庭》尤为珍贵，对于这幅作品的水平，诸人也都给予了极高的评价。

杨瑀与这卷《黄庭经》小楷颇有渊源，他不仅跋文于此卷之后，还曾一度持有它。据黄公望题跋可知，黄氏于至正五年（1350）三月十二日回访杨瑀，杨瑀出示此卷，黄氏辄题文于其后。应中甫视此卷小楷如珍宝，告诫子孙要“永宝之”，他肯将此珍品托付杨瑀代保管，说明他对杨瑀十分信任。另据《应中甫墓志铭》可知，应中甫60岁时尚在大都游历，并拒绝了集贤大学士王约的举荐，可以推算出是年为至顺元年（1330）。而在应中甫所藏《黄庭经》后的题跋中，柯九思跋文作于至顺元年六月八日，黄溍跋文作于至顺元年九月十八日，说明此二跋文是应中甫在大都游历时请二人题写的。巧合的是，杨瑀的题跋刚好位于二人之后，且与之同位于一联，这说明杨瑀题跋当在此不久。更为巧合的是，此年的十月某日，杨瑀即携《杨将军往复书简》请虞集、陈旅、赵颐、王君实及陆友等文人在柯九思的玉文

① 杨载：《怀钱唐故人柬应中父》，《翰林杨仲弘诗》卷6；《题应中父所藏陈仲美山水小景》，《翰林杨仲弘诗》卷8，四部丛刊初编本。

② 徐邦达：《古书画过眼要录：元明清书法》（一），《徐邦达集》（七），紫禁城出版社，2006年，第65—67页。

堂中共同观摩，并由虞集为之作序。这些透露出一个信息：由于杨瑀的亲家应中甫不仅品行高尚，而且还与赵孟頫、王约、杨载、黄溍、柯九思等名士相熟，因此与初来大都的杨瑀，很可能是通过应中甫的引荐，才得以与在大都的众名士结识的。

至顺元年十月某日，虞集与陈旅、赵颐、王君实、陆友等文人在柯九思的玉文堂中共同赏阅了杨瑀之父与高彦敬、赵孟頫、鲜于枢等人的往来书信。元人对高彦敬、赵孟頫、鲜于枢等人的书画作品推崇备至，虞集指出“国朝名笔谁第一？尚书醉后妙无敌”[①]、“当代论书法者，北尚鲜于南推吴兴”，因此对于这些书信，他认为“善观者不特于书简之论也”[②]，即不能仅仅将其看作普通的书信，而更应该将其看作是难得的书法作品。柯九思时任奎章阁鉴书博士，“凡内府所藏法书名画，咸命鉴定”[③]，陆友亦是一位鉴赏书画的名家，“法书名画皆从陆氏鉴定，一经品题，价遂十倍”[④]。可以想象，这些货真价实的信札不仅出自名家手笔，亦是当时的名士们与杨瑀之父交游的证明，正因如此，才陡然增加了杨瑀的“身价”。另外，杨瑀本人幼年还曾“侍坐于赵子昂学士席间”，并对赵孟頫的言行记忆深刻，如他后来与巎巎讨论书法时说：“曾闻雪松公言，一日写一万字。”[⑤] 这样的经历无疑使得虞集等人对其刮目相看。而颇与诸君子有往来、并年长杨瑀14岁的应中甫，肯与他结为儿女亲家，本身就证明了杨瑀家族在当地有一定名望。元代前期由于科举不兴，导致江南士人入仕无门，不得不采取游学的方式来获取仕进的机会，到元代中后期，游士之风愈来愈盛。游士们要想更好的打开自己的仕途，不仅要“有其志，有其财，有其时”[⑥]，还需要声望很高的名士为其所写的推荐揄扬的文章，而游历过程中，结识到更多的文士也有利于得到权贵的注意及垂青。因此，作为“名家之后”的杨瑀，很可能是经应中甫的引荐，才结识到更多的文士及权贵，进而为步入仕途铺平了道路。

杨维祯所作的《神道碑》提到杨瑀是“受知于中书平章政事沙剌班大司徒之父文贞王”[⑦]，即《新语》中常提到的阿怜帖木儿（《元史》作阿邻帖木儿）。天历二年（1329）的阿邻帖木儿为翰林学士承旨[⑧]，官至从一品，至顺元年（1330）又拜为大司徒，且为畏兀人，而杨瑀作为天历年间（1328—1329）才来大都游历的江

---

① 虞集：《题〈高彦敬尚书赵子昂承旨共画——轴为户部杨显之侍郎作〉》，《道园类稿》卷4，明初翻印至正刊本，王颋点校：《虞集全集》，天津古籍出版社，2007年，第44页。

② 虞集：《题〈杨将军往复书简〉后》，《道园学古录》卷10，四部丛刊初编本。

③ 王徐：《稗史集传》，《历代笔记小说集成——元代笔记小说》第三册，河北教育出版社，1994年，第6页。

④ 王徐：《稗史集传》，《历代笔记小说集成——元代笔记小说》第三册，河北教育出版社，1999年，第14页。

⑤ 杨瑀：《山居新语》卷4，中华书局，2006年，第231页。

⑥ 虞集：《道园学古录》卷32，四部丛刊初编本。

⑦ 杨维祯：《元故中奉大夫浙东道宣慰杨公神道碑》，《东维子文集》卷24，四部丛刊初编本。

⑧ 宋濂等：《元史》卷33《文宗纪二》，中华书局，1976年，第734页。

南之人，在这之前显然是不可能与阿邻帖木儿结识的。短短几年后，阿邻帖木儿引导杨瑀面见妥懽帖睦尔于奎章阁，说明二人之间的关系非同一般，为何两个身份、地位、族属、生活习俗颇为悬殊的人关系密切至如此？因史料阙如，二人如何结识已不得而知。但从现有记载来看，杨瑀很可能是阿怜帖木儿家中的一名养士。元代权贵们的养士之风也十分常见，杨维祯所作的《神道碑》中提到杨瑀“受知于”阿邻帖木儿，并经过他的引荐，才得以在奎章阁见到元顺帝，后来杨瑀不仅与阿邻帖木儿之子沙剌班一起供职于奎章阁，还与沙剌班之子世杰班共同谋划罢黜伯颜的行动，可以说，他的政治命运与阿邻帖木儿家族紧密联系在一起。《新语》各种记载共150条，仅对阿邻帖木儿一家三代的记载就有11条之多，内容不仅涉及阿邻帖木儿的家事，其敬重之意也溢于言表，这些皆透露出杨瑀曾是阿邻帖木儿家族中的一名养士这一层信息。后至元六年（1340）与杨瑀一同起草罢黜伯颜诏书的江西人范汇（生卒年不详）则有史料明载他曾“客于公卿之门”①。

（二）朝中任职

至顺三年（1332），被流放到静江（今广西桂林）的妥懽帖睦尔被迎至大都后，因受到燕铁木儿的猜疑与敌视，久不得立，“迁延者数月”②，燕铁木儿死后，方在次年六月登基。正是在妥懽帖睦尔登基前过得最艰难的这段时间，阿邻帖木儿偕杨瑀在奎章阁觐见了他，此即《元史》所提到的“钱唐杨瑀尝事帝潜邸”③。

杨瑀与顺帝在奎章阁中讨论“治道与艺文事”，又为他篆刻“洪禧”小玺，颇能得到少年顺帝的喜爱④，加之杨瑀本人“生而警颖”，为人“廉慎”，故日渐得到顺帝的信任。随后他被任命为广成局副使，并赐牙符珮，出入禁中无碍，继而又擢为中瑞司典簿。

后至元元年（1334），伯颜诛除唐其势之后，势焰日益嚣张，顺帝着手准备消灭伯颜势力。顺帝曾对近侍世杰班说过：“杨瑀有谋，事必咨之行。”⑤ 因此每与世

---

① 刘诜：《桂隐先生集》卷1，《元人文集珍本丛刊》（五），新文丰出版公司，1985年，第23页。

② 宋濂等：《元史》卷38《顺帝纪一》，中华书局，1976年，第816页。

③ 宋濂等：《元史》卷138《伯颜传》，中华书局，1976年，第3342页。

④ 《正德松江府志》《嘉庆松江府志》《四库全书总目提要》《新元史》等书悉认为杨瑀在天历年间受召见、为二玺篆文并授予官职，今人所著《元人传记资料索引》及中华书局点校本《新语》等书在论及杨瑀生平时也无一例外的沿袭了这种说法。我们细致分析杨瑀记载：“文皇开奎章阁，作二玺，一曰‘天历之宝’，一曰‘奎章阁宝’，命虞伯生篆文。今上皇帝作二小玺，一曰‘明仁殿宝’，一曰‘洪禧’，命瑀篆文。洪禧小玺，即瑀所上进者。”可知文皇即是元文宗，他的两枚玉玺是虞集所篆文，而“今上皇帝”的玉玺才是杨瑀所篆文，且此二玺中只有“洪禧”小玺是杨瑀篆文的。杨瑀的《新语》成书于元顺帝在位年间，所以“今上皇帝”自然是指元顺帝妥懽帖睦尔；又，杨瑀多次明确提到他在奎章阁任职是在元统年间，故《神道碑》中提到的接见杨瑀及命其篆玺文的皇帝是元顺帝无疑。

⑤ 杨维祯：《元故中奉大夫浙东道宣慰杨公神道碑》，《东维子文集》卷24，四部丛刊初编本。

杰班、阿鲁商量对策，都“使瑀参焉”[①]。后至元六年（1340），在罢黜伯颜的前一夜，杨瑀与顺帝诸心腹共同商量罢黜伯颜对策，杨瑀首先献策增粜城中官米，保证了这场行动没有发生意外。杨瑀的另一重要作用突出地表现在他与范汇共同起草了罢黜伯颜的诏书。这场行动稍有不慎就可能引来杀身之祸，因此诏书的起草需要字字斟酌，甚至连顺帝都亲自参与修改[②]。诏书下达之后，“自朝廷百司庶辟四海藩辅郡国荒服，莫不稽首欣忭，歌颂太平，赞扬圣天子之英武仁惠”[③]，其效果完全达到。

罢黜伯颜之后，杨瑀以功授奉议大夫、太史院判官，继而升为太史院同佥，“特旨令知天象事”，并受顺帝亲笔“山居”二字之赐，他迎来一生中最为辉煌的时刻，“朝瑞动色，至求识其面，以为异人”[④]。杨瑀成为顺帝身边炙手可热的人物，太史院的同僚们也将他视作升官发财的“工具”，稍有祥兆即遣他向顺帝奏闻，以期获得“厚赐”，杨瑀对此进行了坚决的抵制。

（三）晚年事迹

未几年，杨瑀便借为父树碑之名辞官归乡，他本人早在元统年间（1333—1335）即作过春帖，“光依东壁图书府，心在西湖山水间”[⑤]，说明他心系故乡。回到钱塘故里后，友人董成作《赠杨山居太史》一诗[⑥]，其中有“厌直承明动归兴，锦衣光彩照湖山”句，显示他因厌倦了官场上的生活而“动归兴”。杨瑀辞官之后退隐江湖，“公卿大夫赋诗以荣其归”，其主要生活是同友人寄情山水、吟诗作赋，“人不堪其淡泊，而自裕如”[⑦]。他辞官后数年的淡泊行迹，颇能说明他对官场生活的厌倦之情。

至正十五年（1355），随着江东、浙西地区的暴动及起义愈演愈烈，已经七十一岁高龄的杨瑀被任命为行宣政院判官，继而又改迁建德路总管。杨瑀为官，每次视察民情都视之如家，而百姓亦视其如父母，当时避乱的百姓纷纷迁入建德投奔他[⑧]。至正十七年（1357）杨瑀辞官，在短短两年任职时间内，他“以敬居邑官，务仁厥政，故民生日用之”[⑨]，政绩斐然，广受百姓称颂。

晚年的杨瑀定居于鹤砂（即下砂，今上海市浦东新区），后来元廷虽又升他为

① 宋濂等：《元史》卷138《伯颜传》，中华书局，1976年，第3342页。

② 杨瑀：《山居新语》卷1，中华书局，2006年，第200页。

③ 刘诜：《桂隐先生集》卷1，《元人文集珍本丛刊》（五），新文丰出版公司，1985年，第23页。

④ 杨维祯：《元故中奉大夫浙东道宣慰杨公神道碑》，《东维子文集》卷24，四部丛刊初编本。

⑤ 杨瑀：《山居新语》卷1，中华书局，2006年，第206页。

⑥ 赖良：《大雅集》卷7，文渊阁四库全书本。

⑦ 杨维祯：《元故中奉大夫浙东道宣慰杨公神道碑》，《东维子文集》卷24，四部丛刊初编本。

⑧ 杨维祯：《雪篷子传》，《东维子集》卷28，四部丛刊初编本。

⑨ 刘仁本：《新刻〈山居四要〉序》，杨瑀、汪汝懋：《山居四要》，万历年刻本，中国中医药出版社，1997年。

中奉大夫、浙东道宣慰使、都元帅，然杨瑀终不就仕。这段时间他所著的《山居新语》《山居要览》相继整理成书，《新语》刊行于至正二十年（1360），《山居要览》后为桐江（今安徽歙县）人汪汝懋增益为《山居四要》，亦于至正二十年（1360）刊行，并流传至今。晚年的杨瑀颇注重养生之道，他主张“与其病后能求药，不若病前能自防之意也，防之不谨则疾必生焉”①，这正是他写作《山居要览》的原因。

至正二十一年（1361），杨瑀去世，享年77岁。他为官清廉，去世后，“囊无一钱”②，最后的长物除“琴剑书外，无铢金斗粟，贫无以为葬”③。晚年友人王逢（1319—1388）曾写诗称赞他“累官浑似隐，一饭不曾奢”④，这应该是其一生廉洁的写照。在朋友的帮助下，杨瑀迁葬至杭州葛岭其祖坟处。

（四）传世作品及交游

1. 书法及诗文作品

杨瑀善于篆文，亦工于书法，当时顺帝的“洪禧”小玺即由他篆文，顺帝颇为喜爱。他流传至今的墨迹，除在赵孟頫临《黄庭经》后所题的跋文外，另见藏于辽宁省博物馆的《竹西草堂图卷》，上有其行书题诗一首；及藏于美国弗勒尔博物馆的《春消息》（墨梅卷），引首处有其隶书“春消息”三个大字，其书法颇具欣赏水平，此三字是研究元代隶书的重要作品。杨瑀幼时曾师事赵孟頫，朝中任职之时又常与巎巎论书法，晚年与杨维祯相交甚笃。他曾收藏过的法帖有《奎章阁记》碑帖⑤、《万年宫碑阴题名》碑帖、《智永石刻千文》《九成宫石刻》碑帖、《唐王建亲书宫词小诗》等⑥。另外，杨瑀还是一位造诣很高的诗人，从流传下来的作品看，其诗作或恬淡自然，或格调高古，或空灵荒寂，具有较高的欣赏水平，即便在当时，亦受到杨维祯的肯定。如《静安八咏·陈桧》一诗：

> 殿前双桧郁龙蛇，翠雨溟濛锁绿霞。
> 不逐后庭花片落，托根却在梵王家。

杨维祯赞曰：“可见此老志节，岂与纷纷者同日而语哉！”又如《静安八咏·芦子渡》一诗：

---

① 杨瑀、汪汝懋：《山居四要》卷1，万历年刻本。
② 杨维祯：《雪篷子传》，《东维子文集》卷28，四部丛刊初编本。
③ 杨维祯：《元故中奉大夫浙东道宣慰杨公神道碑》，《东维子文集》卷24，四部丛刊初编本。
④ 王逢：《奉题杨同佥山居》，《梧溪集》卷1，丛书集成本，商务印书馆，1935年，第39页。
⑤ 杨瑀：《山居新语》卷2，中华书局，2006年，第215页。
⑥ 汪珂玉：《珊瑚网名画题跋》卷22，适园丛书本。

路人西风十里秋，月明飞雪下汀州。
关山著处皆戎马，容得山人不系舟。

杨维祯评曰："此诗颇有兴趣，亦佳。"① 至正七年（1347），都城"巨室"有得松石者，欧阳玄、揭傒斯为其专作《寿松记》，此"巨室"亦专门向杨瑀致信求诗②，可见在当时，杨瑀的诗作在文坛颇占有一席之地。甚至有后人将他与杨维祯相提并论，称"杨山居、铁崖二公文采名天下"③。

2.《山居新语》之创作

《山居新语》全书分条目记载事项，共150条。从时间上来看，全书对文宗朝以前的记载有18条，天历至至顺年间（1328—1332）的记载有8条，元统年间（1333—1334）的记载有6条，后至元年间（1335—1340）的记载有21条，至正年间的记载有30条（包括后序）；从地点上来看，《新语》记与大都上都有关史事共62条，记江浙地区之事（杭州、钱塘、嘉兴、上海、松江等）有53条；另外，书中还有关于诗词的品评、器物的描述、制度的介绍、常识的记述，共有34条。《新语》内容多与作者的生平经历相联系，杨瑀天历间游历大都，元统间始任职于朝廷，至正年间辞官归杭，晚年迁居松江。整体而言，作者的活动区域主要在大都、上都及浙东地区，上述数据的统计正与作者的生平经历相吻合。

据杨瑀自作本书《后序》可知，该书主要材料来源于"习阅旧卷或友朋清谈"及"目之所击，耳之所闻"。在统计了《新语》内容来源情况之后，笔者发现书中一半以上的记载系作者亲历或闻于他人，且绝大多数为第一手材料，《四库提要》也评价说"其书皆记所见闻"，这就明显区别于众多以大量采撷他书内容为己用的同类笔记小说。由于作者曾担任太史院判官，因此其"引据而书之"的谨严态度很大程度上得益于他良好的史学素养。

3. 与时人之交游

杨瑀交际颇广，他中年游历大都之时曾拜会虞集、柯九思、陈旅、陆友等名士，在奎章阁任职之时又结识了揭傒斯、康里巎巎、欧阳玄等名流。他任广成局副使及中瑞司典簿时曾两度到南方处理公务，并借此回钱塘故里，得到了包括傅若金④、陈旅⑤、柳贯⑥、钱惟善⑦等一批文人儒士的赋诗送行。杨瑀豪迈的性格，使

---

① 顾嗣立：《元诗选（癸集）》（下册），中华书局，2001年，第953页。

② 杨瑀：《山居新语》卷3，中华书局，2006年，第219页。

③ 凌迪知：《万姓统谱》卷40，上海古籍出版社，1994年。

④ 傅若金：《送奎章阁广成局副杨元成奉旨之徽州熟纸因道便过家钱塘》，《傅若金文集》卷3，民国嘉业堂本。

⑤ 陈旅：《送杨元诚奉旨南还造纸》，《安雅堂集》卷2，文渊阁四库全书本。

⑥ 柳贯：《送杨元诚库使制纸事毕还京》，《柳待制文集》卷6，续金华丛书本。

⑦ 钱惟善：《送中瑞师典薄杨元城还京师》，《江月松风集》卷9，武林往哲遗著本。

得“廉直寡交”的蒙古人刘正卿都能与之推心置腹，成为至契好友[①]。而倜傥不羁、被人称为“陈颠”的陈云峤也与杨瑀一起游山赋诗[②]。同样具有豪放性格的著名文人张翥亦与杨瑀交谊甚密，在张翥的诗集中，时有与杨瑀饮酒唱和、赏景散步、探访古迹的诗作[③]。元末著名道人张雨亦与杨瑀交谊颇厚，张雨流传下来的书法作品《登高诗帖》提到他曾与杨瑀在重阳节登高赏景。书画大家、自号为“大痴”的黄公望也与杨瑀有往来，黄氏于至正五年（1350）三月十二日造访杨瑀，二人共赏赵孟頫《黄庭经》小楷[④]。元末，江南的松江地区成为诸文人避乱的聚集地，杨瑀晚年迁居此地，颇为众人所景仰，元代画家张渥为杨谦所作《竹西草堂图卷》，上有杨瑀题诗一首，说明杨瑀与此二人熟识。大文人陶宗仪还曾专门拜会他[⑤]，诗人王逢在《梧溪集》中有颇多书信及诗篇是答赠杨瑀的[⑥]。杨维祯不仅为其著作《新语》作序，还为其撰写神道碑。综观整个元朝中后期所涌现的一批著名的文人雅士，与杨瑀有或多或少的交往，他那种“气豪而有风尚”[⑦]的性格以及“生而警颖，长而玉立长身，紫髯如画”的形象，使得时人皆欣然与之结交。

综观杨瑀的一生，他生长于杭州的一个仕宦家庭，却因元代科举不兴，入仕无门而不得不通过游历的方式结交权贵，获得仕进机会。在帮助顺帝罢黜伯颜后，虽然屡次得到提拔，但最终还是辞官而去。后因形势所迫，出任建德路总管，但面对愈演愈烈的起义军形势，他再次辞官隐居，终不就仕。总体而言，杨瑀能顺势抓住机会攀升，又能及时急流勇退，因此其一生可谓平顺。面对元末混乱的社会形势，他选择了遁于草野的方式以自适。杨瑀的生平经历是晚元众多江南文人命运的一个缩影，也在某种程度上代表了他们多数人的最终选择与归宿。

（杨国彭，男，1988 年生，故宫博物院馆员。北京：100009）

---

① 杨瑀：《山居新语》卷 2，中华书局，2006 年，第 212 页。

② 杨瑀：《山居新语》卷 1，中华书局，2006 年，第 206—207 页。

③ 张翥：《偕杨瑀元诚王徙自行湖堤闲步》，《蜕庵诗集》卷 2、《上元宿通州杨原诚寓宅》，《蜕庵诗集》卷 3，四部丛刊本；《齐天乐夜宴杨元诚山楼送陈子敬之三山瞿子城之吴门》，《蜕严词》卷上，《婆罗门外——七月望西湖舟观水灯一鼓归宴杨山居山楼达曙》，《蜕严词》卷下，丛书集成本。

④ 徐邦达：《古书画过眼要录：元明清书法》（一），《徐邦达集》（七），紫禁城出版社，2006 年，第 65—67 页。

⑤ 昌彼得：《陶南村先生年谱初稿》，载《陶宗仪研究文集》，浙江人民出版社，2006 年，第 498 页。

⑥ 王逢：《敬题〈杨山居太史所藏文皇帝御书奎章阁碑本〉后》《寄杨太史》《奉题杨同佥山居》《梧溪集》卷 1；《奉谢杨山居宣慰寄遗茧紙》《则天皇后玉玺歌，杨山居宣慰征赋》《题杨元诚太史宫词》，《梧溪集》卷 2；《奉寄杨宣慰》，《梧溪集》卷 4 下，丛书集成本。

⑦ 李日华：《六研斋笔记》卷 1，凤凰出版社，2010 年。

元朝“象舆”与“贡象”述略

武晓丽

摘要：大象与元代结缘始于元世祖忽必烈时期。忽必烈对于大象的喜爱远超过以往历史上的其他皇帝，其时不仅有“贡象”制度，甚至出现御用“象舆”这样独特的宫廷景观。“象舆”在元朝一直作为巡幸两都的车舆形式，以此彰显元代皇帝至高无上的地位。元代大象主要来源于南方诸国的供奉，随着诸国国力的衰微，入贡大象的数量变得越来越少。

关键词：元代；大象；象舆；入贡

元朝的象舆在许多著作中被提及，如《蒙古史纲要》中如此描述：“在元代的宫廷中，车舆是必备之物。除了架在4头大象背上的轿子（即象辇）外，还有各种各样的车舆。”① 然而关于其为何兴起与元朝，未有详细探讨。象舆与象辇、象轿的概念也被混淆。如史卫民《都市中的游牧民》：“所谓象辇，实际上就是架在四只大象背上的大木轿子。轿子上插有旌旗和伞盖，里面衬着金丝坐垫，外包狮子皮，每象有一名驭者。在狭窄的山路上行走或者穿过隘口时，皇帝独乘一象或坐在由两只象牵引的象辂里。所以，象辇又称作‘象轿’或‘象舆’。”② 李幹《元代民族经济史》：“象辇，又称象轿，亦称象舆，是架在象背上的大木轿子。”③ 而笔者通过分析发现象轿与象舆并不等同。关于元朝大象的研究有王颋《马可波罗所记大汗乘象史实补释》④，由马可波罗所记录的一条元世祖忽必烈的史实而引出元朝驯象的由来。本文拟在前人研究的基础上，探讨元朝大象何时入居宫廷，元朝的象舆制度及大象来源与贡象地。

---

① 乌云毕力格、白拉都格其主编：《蒙古史纲要》，内蒙古人民出版社，2006年，第77页。

② 史卫民：《都市中的游牧民》（元代城市生活长卷），湖南人民出版社，2006年，第30—32页。

③ 李幹：《元代民族经济史》，民族出版社，2010年，第1181页。

④ 王颋：《马可波罗所记大汗乘象史实补释》，邱树森，李治安主编，中国元史研究会编：《元史论丛》（第8辑），江西教育出版社，2001年，第24—32页。

一、元初大象入居宫廷

蒙古人最初对大象是非常陌生的。早在成吉思汗攻打撒马尔罕时，撒马尔罕人就以20头大象守城。后来"管理象的人将群象牵到成吉思汗处献给他，向他请领象食，他吩咐将象群放到野地上去，让它们自己觅食。象放走后，流浪［在外］，［后来］都饿死了。"① 由此可知，此前成吉思汗并没有见过这种动物，更不知道这些常年生活在花剌子模宫廷里的大象需要专人照顾。

大象进入元朝宫廷始于忽必烈时期。据笔者考察，忽必烈征伐大理时逐渐熟悉了大象的生活习性，并将其带回宫廷。魏初在《观象诗》中吟诵道："皇帝马棰开云南，始得一象来中国。"② 当时的云贵高原气候湿润，适宜的生存环境使大象得以在此繁衍生息。忽必烈远征大理，必能见到大象，无疑被这一拥有庞大身躯的动物所吸引。后来随着对云南征伐的胜利，这里的大象被源源不断的当作贡品送往大都。

忽必烈对大象的喜爱远远超出了历史上的任何一位皇帝，黄文仲《大都赋》云："惟我圣皇，五辂不乘，八鸾不驾，雨则独乘象舆，霁则独御龙马，何其然也。"③ 纵观元朝以前的历史，大象更多地用作宫廷娱乐，而非交通工具，即便作为交通工具也并不占重要地位。西汉时期大象被用来拉车，搭乘鼓吹乐人。史籍载曰："汉朝舆驾，象车鼓吹十三人中道。"④ 北魏时期，出现"象辇"，供太后出行专用。《魏书》称："太皇太后、皇太后助祭郊庙之副乘也。"⑤ 两晋时期，"帝行则以象车导引，以试桥梁。"⑥ 此时以大象拉车是放在卤簿前面，试桥梁是否坚固。隋唐时期大象较多，以至于不得不"放舞象三十有二于荆山之阳。"⑦ 但是大驾卤簿中根本没有大象。时至宋朝，这种状况得以改变。"宋卤簿，以象居先，……其象止在六引前排列。"⑧ 如上所述，各朝都没有把大象作为皇帝的专用交通工具，而忽必烈不仅建立了完整的"象舆"制度，还对明朝和清朝的"卤簿"制度深具影响。

---

① （波斯）拉施特主编：《史集》第1卷第2分册，余大钧、周建奇译，商务印书馆，1983年，第286页。

② （元）魏初：《青崖集》卷1，影印《四库全书》本，第15页。

③ （元）周南瑞：《天下同文集》卷16《大都赋》，《丛书集成续编》本（第105册），台湾新文丰出版公司，1988年。

④ （晋）葛洪辑：《〈西京杂记〉全译》，成林、程章灿译注，贵州人民出版社，1993年，第170页。

⑤ （北齐）魏收撰：《魏书》卷108《礼志四》，中华书局，1974年，第2812页。

⑥ （唐）徐坚等：《初学记》，中华书局，1962年，第698页。

⑦ （宋）欧阳修等撰：《新唐书》卷7《德宗本纪》，中华书局，1975年，第184页。

⑧ （元）脱脱等：《宋史》卷148《仪卫志六》，中华书局，1977年，第3461页。

二、元朝“象舆”制度

元朝皇帝以大象作为乘坐的这种交通工具无外乎有三种称谓，即“象轿”“象舆”和“象辇”。① 有些学者把它们归为一种，并非确切。“象舆”是“象轿”“象辇”的统称，而“象轿”和“象辇”在形制上有所不同。

轿是由人抬着走的交通工具，“象轿”则是由大象驮着走的车子。对此《马可波罗行纪》记载说：“大汗坐木楼甚丽，四象承之，楼内布金锦，楼外覆狮皮。”② 类似表述在元人诗作中也能寻觅到些许踪迹：“当年大驾幸滦京，象背前驮幄殿行。国老手炉先引导，白头联骑出都城。”③ 清代成书的《明史·舆服志》亦记载道：“轿者，肩行之车。……元皇帝用象轿，驾以二象。”④ 至于“辇”字，《说文解字·车部》解释说：“辇，挽车也，从车，从夫夫，在车前引之。”指两人拉的车。后来，“辇”字专指皇帝或天子才能乘坐的交通工具，并成为天子和皇帝居住的宫廷、京师的代称。由此不难推知，“象辇”是指大象拉的车子。具体形制参看下图。⑤ 这是陕西咸阳长武县博物馆收藏的《元末明初象舆人物图罐》，对我们深入了解元朝的“车舆”制度提供了具体的实物资料，也是目前关于元朝“象舆”形象的唯一资料。为了不引起混乱，本文姑且称为“象舆”。

① 有学者把“象辂”与“象舆”混为一谈，其实“象辂”是用大象来装饰的车舆。

② （意）马可·波罗：《马可波罗行纪》第92章《大汗之行猎》，A. J. H. Charignon 注，冯承钧译，中华书局，1954年，第372页。

③ （元）柯九思等：《辽金元宫词》，北京古籍出版社，1988年，第12页。

④ （清）张廷玉：《明史》卷65《舆服志》，中华书局，1974年，第1604页。

⑤ 此图来源于吴红艳：《元末明初象舆人物故事图青花大瓷罐》，《文物天地》2015年第8期。

《元史·舆服志》将“天子之五辂与腰舆、象轿”并重，一起列在宫廷卤簿中。而实际上元朝皇帝只用过五辂中的“玉辂”。《元史·舆服志》记载：

> 至治元年，英宗亲祀太庙，诏中书及太常礼仪院、礼部定拟制卤簿五辂。以平章政事张珪、留守王伯胜、将作院使明里董阿、侍仪使乙剌徒满董其事。是年，玉辂成。明年，亲祀御之。后复命造四辂，工未成而罢。①

据上引史料可知，“五辂”之中只有“玉辂”被制造出来。至治二年（1322），元英宗曾乘玉辂祭祀。另据《元史·祭祀志》：“英宗至治二年九月，有旨议南郊祀事。”② “英宗至治二年冬十月，用登歌乐于太庙。”③ 此次祭南郊所乘车舆就是“玉辂”。其他四辂“工未成而罢”，并伴随着“南坡事变”英宗被弑而永远搁置。而“象舆”作为元世祖忽必烈钦定之坐驾，被列在舆辂之首。

早在中统四年（1263），元世祖就设立成鞍局，“掌造御用鞍辔、象轿。”④ 至元十七年（1280）象轿制造完毕。泰定二年（1325），建造象辇。“象舆”主要用于元朝皇帝往返两都时乘坐。

皇帝巡幸启程前，一般举行隆重的欢送仪式，大宴百官，然后官员送行至大明门。巡幸时皇帝带上后妃家眷以及大量的文人、儒士，一路百官扈从，千军万马环护周围，声势浩大。当时不少诗作都描述了这种盛况。如周伯琦有云：“雷轰驼鼓振，霞绚象舆行。”⑤ 至正十二年（1352）四月，周伯琦官拜监察御史，随大驾北上出巡，例当扈从，这是他系列扈从组诗中的一首。此外，《扈从上京》云：“北阙迢峣号穆清，北山迢递绕金城。四时景色图丹壁，翠辇时临号太平。”⑥ 类似描述还见于柯九思的《宫词十首》之一：“黄金幄殿载前车，象背驼峰尽宝珠。三十六宫齐上马，太平清署幸滦都。”⑦

元人蒲道源在《和霍思齐接驾》诗中云：“六军严卫拖珠旛，晓发冲开宿雾寒。象辇尘清千里至，龙颜喜动万人看。践禾屡戒畋秋骑，献果争迎住夏官。自愧涓埃无以报，敢辞奔走候仪銮。”⑧ 王沂《送苏伯修侍郎扈跸之上京》：“晴川金鲤出芙蕖，持橐仙郎得句无。礼乐又新三代制，丹青应上两京图。云端驯象扶雕辇，仗外明驼络宝珠。拟待赐酺祠马祖，华光星里望骊驹。”⑨ 马祖常《上京效李长

---

① （明）宋濂等：《元史》卷78《舆服志一》，中华书局，1976年，第1946页

② （明）宋濂等：《元史》卷72《祭祀志一》，中华书局，1976年，第1785页。

③ （明）宋濂等：《元史》卷68《礼乐志二》，中华书局，1976年，第1699页。

④ （明）宋濂等：《元史》卷90《百官志六》，中华书局，1976年，第2279页。

⑤ （清）顾嗣立编：《元诗选初集》（下册），中华书局，1987年，第1871页。

⑥ （清）顾嗣立编：《元诗选初集》（下册），中华书局，1987年，第1864页。

⑦ （元）柯九思等：《辽金元宫词》，北京古籍出版社，1988年，第5页。

⑧ （清）顾嗣立编：《元诗选初集》（上册），第824—825页。

⑨ （清）钱熙彦编：《元诗选补遗》，中华书局，2002年，第385页。

吉》：“龙沙秋浅云光薄，画罗宫衣侵晓著。吴娃楚娘侍团扇，象舆凤辇明珠络。椒花染紫风雨香，三十六盘天路长。南都北都望行幸，千秋万岁迎君王。”① 杨允孚《滦京杂咏》诗：“纳宝盘营象辇来，画帘毡暖九重开。大臣奏罢行程记，万岁声传龙虎台。”② 以上诗作皆涉及“象辇”“驯象”和“象舆”等词。

“象舆”是元朝皇帝的御用车舆，象征着至高无上的地位。而当时元朝皇帝偏重佛教，尤其是藏传佛教，所以帝师也可以乘坐“象舆”。元“成宗北巡，命胆巴以象舆前导。过云州，语诸弟子曰：‘此地有灵怪，恐惊乘舆，当密持神咒以厌之’。未几，风雨大至，众咸震惧，惟幄殿无虞，复赐碧钿杯一。”③ 释念常《佛祖历代通载》对此亦多所记载，元贞元年（1295）四月，元成宗赏赐胆巴金刚上师使用皇帝出行时用的仪仗：“壬寅三月二十四日，大驾北巡，命师象舆行驾前。”④

忽必烈尤其喜爱乘坐“象舆”。至元二十四年（1287），元世祖忽必烈乘“象舆”征乃颜。郑元祐在《汤阴岳铉字周臣第二行状》记载道：“廿四年，纳延（乃颜）反北方，势张甚。上亲征，命公从军，凡屯行日时，营垒止作，乘机邀利，皆命秉于公（岳铉）。先是，上无意于必杀，故亲御象舆以督战，意其望见车驾必就降。锋既交，两阵矢激射几蔽天。纳延悉力攻象舆，时公已劝上下舆御马矣，平章李牢山（庭）固请以其众陷阵而入，尽歼纳延，非上意也。”⑤《元史·董士选传》亦谓：“乃颜军飞矢及乘舆前。”采用大象作为辕驾，具有很高的危险性。《元史·刘好礼传》：“至元十九年，又改礼部尚书。好礼建言中书：‘象力最巨，上往还两都，乘舆象驾，万一有变，从者虽多，力何能及。’未几，象惊，几伤从者。”⑥ 这种事情同样发生在至元二十四年（1287），《元史·贺胜传》记载：“帝一日猎还，胜参乘，伶人蒙采毳作狮子舞以迎驾，舆象惊，奔逸不可制，胜投身当象前，后至者断靷纵象，乘舆乃安。”⑦ 文中的“胜”，即指贺胜，如此危险的事件发生之后，对元世祖似乎并没有产生什么影响，反而继续乘坐“象舆”出行。

据笔者考察，元朝皇帝选择“象舆”出行的原因无外乎有两点：一是由于大象身躯庞大，仪态庄严，足以显示帝王至高无上的权威；二是元世祖忽必烈在巡幸两都时，有足疾，不便骑马，之后就形成了采用“象舆”外出的定制。

---

① （元）马祖常：《石田文集》卷2，元至元五年扬州路儒学刻本，第146页。

② （清）顾嗣立编：《元诗选初集》（下册），中华书局，1987年，第1955页。

③ （明）宋濂等：《元史》卷202《丹巴传》，中华书局，1976年，第4519页。

④ （元）释念常：《佛祖历代通载》卷22《丹巴》，《北京图书馆古籍珍本丛刊》至正影印本，书目文献出版社，1988年，第459页上。

⑤ （元）郑元佑：《侨吴集》卷12《元故昭文馆大学士荣禄大夫知秘书监镇太史院司天台事赠推诚赞治功臣银青荣禄大夫大司徒上柱国追封申国公谥文懿汤阴岳铉字周臣第二行状》，《北京图书馆古籍珍本丛刊》（95），书目文献出版社，2003年，第819页下。

⑥ （明）宋濂等：《元史》卷167《刘好礼传》，中华书局，1976年，第3925—3926页。

⑦ （明）宋濂等：《元史》卷179《贺胜传》，中华书局，1976年，第4149页。

三、元朝大象的来源与“贡象”地

中国古代社会的“贡象”制度由来已久。《新唐书》载曰：“（南诏）献铎鞘、浪剑、郁刃、生金、瑟瑟、牛黄、虎珀、縠、纺丝、象、犀、越賧统伦马。”① 上引史料表明早在唐朝时期，云南地区的大象就已经作为贡品进献朝廷。到了元代，这种制度并未中辍。《元史·舆服志》称：“元初，既定占城、交趾、真腊，岁贡象，育于析津坊海子之阳。行幸则蕃官骑引，以导大驾，以驾巨辇。”② 据此，元朝宫廷的大象主要来源于占城、真腊等地。当然，贡地远不止上述这几个地方。笔者根据获得大象的不同方式，将其分为两种：即征讨和岁贡。

（一）征　讨

《元史·昔里钤部（爱鲁）传》有如下记载：

> 爱鲁袭为大名路达鲁花赤。至元五年，从云南王征金齿诸部。蛮兵万人绝缥甸道，击之，斩首千余级，诸部震服。六年，再入，定其租赋，平火不麻等二十四寨，得七驯象以还。③

云南及其周围地区盛产大象，爱鲁征伐该地，把大象作为战利品献给元朝皇帝是情理之中的事情。

《马可波罗行纪》第二卷，第一百二十二章《重言此战》中记载了蒙古军大败缅军，并捕获大象的过程：

> 鞑靼见敌败走，乘胜追逐，杀戮无算，见之诚可怜也。已而还至林中，捕取逃象，谋捕象，伐象藏伏之处大树。虽如此，若无缅军俘虏之助，仍不能得。盖象性较他兽为灵，俘虏识其性，教以补之之法，得二百余头。自此战后，大汗始有多象。④

根据文中注释，此战发生在至元十六年。《元史·世祖纪》记载，至元十六年（1279），纳速剌丁招降西南诸国，“军还，献驯象十二。”⑤。这一史事在《元史·

---

① （宋）欧阳修等撰：《新唐书》卷222《南蛮列传上》，中华书局，1975年，第6275页。

② （明）宋濂等：《元史》卷79《舆服志二》，中华书局，1976年，第1974页。

③ （明）宋濂等：《元史》卷122《昔里钤部传》，中华书局，1976年，第3012页。

④ （意）马可·波罗著：《马可·波罗行纪》第122章《重言此战》，A. J. H. Charignon 注，冯承钧译，中华书局，1959年，第484页。

⑤ （明）宋濂等：《元史》卷10《世祖纪七》，中华书局，1976年，第213页。

纳速剌丁传》中同样得到验证："至元十六年，（纳速剌丁）迁帅大理……归以驯象十二人贡。"①

至元三十年（1293）十二月，"庚子，史弼、伊克密实、高兴至自征爪哇，献其所俘获，又以没理国所上金字表及金银犀象等物进。"② 此地的象与犀放在一起，很容易令人联想到象牙。大德五年（1301）八月十六日，"征缅万户曳剌福山等进驯象六。"③《元史·张立道传》亦称："有遗以驯象、金凤异物者，悉献诸朝。"④

在对金齿、缅国和没理国进行征讨时，大象作为战利品为元朝皇帝所得。但是征讨所得毕竟是少数，远远无法满足皇帝对大象的需求。而征讨的目的是为了让四方臣服，并纳贡于朝。

（二）岁　贡

元代史料中有大量关于"贡象"的记载，经汇集整理，有以下几个地方每年向朝廷贡奉大象：

1. 金齿

元世祖至元七年（1270）十二月，"丁未，金齿、骠国三部酋长阿匿、福勒丁、阿匿爪来内附，献驯象三、马十九匹。"⑤

元世祖至元二十六年（1289）三月，"癸巳，金齿人塞完以其民二十万一千户有奇来归，仍进象三。"⑥

元世祖至元三十一年（1294）六月，"乙酉，云南金齿路进驯象三。"⑦

至大四年（1311）五月十一日，"金齿诸国献驯象。"⑧

如若形成定制，按照之前金齿国纳贡大象的数量为3头，那么这一年该国贡献大象的数量可能也是3头。如果不是这样，至少也应有1头象入贡元朝。在1270—1311年的41年间，入贡大象最少7头。

2. 骠国

元世祖至元七年（1270）十二月，"丁未，金齿、骠国三部酋长阿匿、福勒丁、阿匿爪来内附，献驯象三、马十九匹。"⑨

---

① （明）宋濂等：《元史》卷125《纳速剌丁传》，中华书局，1976年，第3067页。
② （清）毕沅：《续资治通鉴》卷191《元纪九》，上海古籍出版社，1987年，第1068页。
③ （明）宋濂等：《元史》卷20《成宗纪三》，中华书局，1976年，第437页。
④ （明）宋濂等：《元史》卷167《张立道传》，中华书局，1976年，第3917页。
⑤ （明）宋濂等：《元史》卷7《世祖纪四》，中华书局，1976年，第132页。
⑥ （明）宋濂等：《元史》卷15《世祖纪十二》，中华书局，1976年，第321页。
⑦ （明）宋濂等：《元史》卷18《成宗纪一》，中华书局，1976年，第384页。
⑧ （明）宋濂等：《元史》卷24《仁宗纪一》，中华书局，1976年，第543页。
⑨ （明）宋濂等：《元史》卷7《世祖纪四》，中华书局，1976年，第132页。

3. 占城

据《马可·波罗行纪》记载：“（占巴国）每年贡象于大汗，除象之外不贡他物。”① 并叙述了此国每年贡象的原因。此“占巴国”即占城。

元世祖至元十五年（1278）十二月，“兼贡方物及二驯象。”②

元世祖至元十六年（1279）六月二十八日，“占城、马八儿诸国遣使以珍物及象、犀各一来献。”③

元世祖至元十七年（1280）八月，“戊寅，占城、马八儿国皆遣使奉表称臣，贡宝物、犀、象。”④

元世祖至元十八年（1281）七月四日，“占城国来贡象、犀。”⑤

元世祖至元二十一年（1284）八月六日，“占城国王乞回唆都军，愿以土产岁修职贡，使大盘亚罗日加翳、大巴南等十一人奉表诣阙，献三象。”⑥

元世祖至元二十一年（1284）十一月，“庚寅，占城国王遣使大罗盘亚罗日加翳等奉表来贺圣诞节，献礼币及象二。”⑦

至大三年（1310）九月二十五日，“占八国王遣其弟扎剌奴等来贡白面象、伽蓝木。”⑧

至大四年（1311），“占城国进犀、象。”⑨

皇庆元年（1312）十一月，“庚申，占城献犀、象。”⑩

泰定四年（1327）七月，“占城国献驯象二。”⑪

从1278—1327年的49年间，贡象的数量至少是15头。

4. 马八儿国

元世祖至元十七年（1280）八月，“戊寅，占城、马八儿国皆遣使奉表称臣，贡宝物、犀、象。”⑫

5. 安南

至元十七年（1280）十二月二十八日，“安南国来贡驯象。”⑬

---

① （意）马可·波罗：《马可·波罗行纪》第161章《占巴大国》，A. J. H. Charignon注，冯承钧译，中华书局，1959年，第641页。

② （明）宋濂等：《元史》卷209《外夷传二》，中华书局，1976年，第4639页。

③ （明）宋濂等：《元史》卷10《世祖纪七》，中华书局，1976年，第214页。

④ （明）宋濂等：《元史》卷11《世祖纪八》，中华书局，1976年，第226页。

⑤ （明）宋濂等：《元史》卷11《世祖纪八》，中华书局，1976年，第232页。

⑥ （明）宋濂等：《元史》卷13《世祖纪十》，中华书局，1976年，第269页。

⑦ （明）宋濂等：《元史》卷13《世祖纪十》，中华书局，1976年，第270页。

⑧ （明）宋濂等：《元史》卷23《武宗纪二》，中华书局，1976年，第517页。

⑨ （明）宋濂等：《元史》卷24《仁宗纪一》，中华书局，1976年，第544页。

⑩ （明）宋濂等：《元史》卷24《仁宗纪一》，中华书局，1976年，第554页。

⑪ （明）宋濂等：《元史》卷30《泰定帝纪二》，中华书局，1976年，第680页。

⑫ （明）宋濂等：《元史》卷11《世祖纪八》，中华书局，1976年，第226页。

⑬ （明）宋濂等：《元史》卷11《世祖纪八》，中华书局，1976年，第229页。

大德六年（1302）六月，“乙亥，太阴犯斗。安南国以驯象二及朱砂来献。”①

6. 交趾国

元世祖至元十六年（1279）七月，“丁巳，交趾国遣使来贡驯象。”②

7. 缅国

元世祖至元三十一年（1294）十月，“壬寅，缅国遣使贡驯象十。”③

元成宗元贞元年（1295）八月，“辛酉，缅国进驯象三。”④

元成宗元贞二年（1296）十一月二日，“答马剌一本王遣其子进象十六。”⑤

大德元年（1297）二月，“以缅王的立普哇拿阿廸提牙尝遣其子信合八的奉表入朝，请岁输银二千五百两、帛千匹、驯象二十、粮万石……”⑥

大德四年（1300），“四月，遣使进白象。”⑦

大德四年（1300）四月，“丁巳，缅国遣使进白象。”⑧

大德五年（1301）六月，“己酉，缅王遣使献驯象九。”⑨

大德五年（1301），“缅国主闻之，遂与使者偕来，献白象一。”⑩

大德七年（1303）八月，“庚戌，缅王遣使献驯象四。”⑪

至大元年（1308）一月，“己巳，缅国进驯象六。”⑫

至大元年（1308）五月，“缅国进驯象六。”⑬

泰定三年（1326）正月，“戊辰，缅国乱，其主答里也伯遣使来乞师，献驯象、方物。”⑭

综上，自1294—1326年的32年间，缅国贡象数量至少78头。

8. 海南诸国

元世祖至元十八年（1281）八月，“海南诸国来贡象、犀、方物。”⑮

元成宗大德三年（1299）五月，“海南速古台、速龙操、奔奚里诸番以虎象及

① （明）宋濂等：《元史》卷20《成宗纪三》，中华书局，1976年，第441页。
② （明）宋濂等：《元史》卷11《世祖纪八》，中华书局，1976年，第214页。
③ （明）宋濂等：《元史》卷18《成宗纪一》，中华书局，1976年，第388页。
④ （明）宋濂等：《元史》卷18《成宗纪一》，中华书局，1976年，第396页。
⑤ （明）宋濂等：《元史》卷19《成宗纪二》，中华书局，1976年，第407页。
⑥ （明）宋濂等：《元史》卷210《外夷传三》，中华书局，1976年，第4659页。
⑦ （明）宋濂等：《元史》卷210《外夷传三》，中华书局，1976年，第4659页。
⑧ （明）宋濂等：《元史》卷20《成宗纪三》，中华书局，1976年，第430页。
⑨ （明）宋濂等：《元史》卷20《成宗纪三》，中华书局，1976年，第435页。
⑩ （明）宋濂等：《元史》卷125《赛典赤赡思丁传》，中华书局，1976年，第3068页。
⑪ （明）宋濂等：《元史》卷21《成宗纪四》，中华书局，1976年，第454页。
⑫ （明）宋濂等：《元史》卷22《成宗纪五》，中华书局，1976年，第494页。
⑬ （明）宋濂等：《元史》卷22《成宗纪五》，中华书局，1976年，第498页。
⑭ （明）宋濂等：《元史》卷30《泰定帝纪二》，中华书局，1976年，第667页。
⑮ （明）宋濂等：《元史》卷11《文宗纪一》，中华书局，1976年，第233页。

桫罗木舟来贡。”①

9. 八百媳妇

皇庆元年（1312）二月十三日，“八百媳妇来献驯象二。”②

皇庆元年（1312）九月九日，“八百媳妇、大、小彻里蛮献驯象及方物。”③

延祐二年（1315）十月二十八日，“癸卯，八百媳妇蛮遣使献驯象二。”④

泰定三年（1326）五月十一日，“八百媳妇蛮招南通遣使来献驯象、方物。”⑤

致和元年（1328）五月七日，“八百媳妇蛮遣子哀招献驯象。”⑥

16 年间，八百媳妇之地贡象数量至少 7 头。

10. 大、小彻里蛮

皇庆元年（1312）九月九日，“八百媳妇、大、小彻里蛮献驯象及方物。”⑦

泰定二年（1325）七月一日，“秋七月戊申朔，大、小车里蛮来献驯象。”⑧

11. 占腊

天历二年（1329）四月十九日，“占腊国来贡罗香木及象、豹、白猿。”⑨

12. 云南

至顺二年（1331）二月，“云南景东甸蛮官阿只弄遣子罕旺来朝献驯象。”⑩

后至元五年（1339）八月，“甲申，云南老告土官八那遣侄那赛赍象、马来朝。”⑪

现据上述史料把以上国家和入贡大象的数量归纳成下表。

入贡国家和大象数量表

皇帝	时间	国家	数量（头）
元世祖	1270	金齿、骠国	3
	1278	占城	2
	1279	占城、马八儿、交趾	2
	1280	占城、马八儿、安南	2

---

① （明）宋濂等：《元史》卷 20《成宗纪三》，中华书局，1976 年，第 427 页。

② （明）宋濂等：《元史》卷 24《仁宗纪一》，中华书局，1976 年，第 550 页。

③ （明）宋濂等：《元史》卷 24《仁宗纪一》，中华书局，1976 年，第 553 页。

④ （明）宋濂等：《元史》卷 25《仁宗纪二》，中华书局，1976 年，第 571 页。

⑤ （明）宋濂等：《元史》卷 30《泰定帝纪二》，中华书局，1976 年，第 671 页。

⑥ （明）宋濂等：《元史》卷 30《泰定帝纪二》，中华书局，1976 年，第 686 页。

⑦ （明）宋濂等：《元史》卷 24《仁宗纪一》，中华书局，1976 年，第 553 页。

⑧ （明）宋濂等：《元史》卷 29《泰定帝纪一》，中华书局，1976 年，第 657 页。

⑨ （明）宋濂等：《元史》卷 33《文宗纪二》，中华书局，1976 年，第 733 页。

⑩ （明）宋濂等：《元史》卷 35《文宗纪四》，中华书局，1976 年，第 778 页。

⑪ （明）宋濂等：《元史》卷 39《顺帝纪二》，中华书局，1976 年，第 845 页。

续表

皇帝	时间	国家	数量（头）
元世祖	1281	占城、海南诸国	2
	1284	占城、海南诸国	4
	1289	金齿	3
	1290	金齿	1
	1294	缅国	10
元成宗	1295	缅国	3
	1296	缅国	16
	1297	缅国	20
	1300	缅国	2
	1301	缅国	10
	1302	安南	2
	1303	缅国	4
元武宗	1308	缅国	12
	1310	占城	1
	1311	占城	1
元仁宗	1312	占城、八百媳妇、大、小彻里蛮	4
	1315	八百媳妇	2
泰定帝	1325	大、小车里蛮	1
	1326	缅国、八百媳妇	2
	1327	占城	2
	1328	八百媳妇	1
元文宗	1329	占腊	1
元顺帝	1331	云南	1
	1339	云南	1
共计次数			115

根据以上列表不难发现，在1270—1339年（共计69年），12个区域至少向元朝贡象115头。同时可以看出，元世祖和元成宗两朝是入贡大象最多的时期。到元朝中后期，入贡大象数量逐渐减少。尤其是元顺帝一朝，只贡两头大象。贡献大象数量最多的时期是元朝统治的顶峰时段，元世祖忽必烈以武力征服了各方，使其来

朝称臣纳贡，小国俱其武力，不得不从万里之遥的地方把大象运到大都。

元朝时期，大象主要来自占城、缅国、交趾、真腊等国及中国云南等地。但是，即使以上十几个区域积极向朝廷供奉大象，也不能够满足宫廷的需求。大德七年（1303），元成宗“遣马扎蛮等使占城、占腊、龙牙门，索驯象。”① 在此之前，元朝索取大象的行为就遭到当地民众的反抗。《元史·张庭珍传》引用安南人光昞的话说：“既称大国，何索吾犀象？”庭珍答曰：“贡献方物，藩臣职也。”② 随后安南世子利用多种借口，不再向元朝贡献大象。《元史·外夷传》云：

> 六年十一月，光炅上书陈情，言：“……又据忽笼海牙谓陛下须索巨象数头。此兽躯体甚大，步行甚迟，不如上国之马，伏候敕旨，于后贡之年当进献也。”又具表纳贡，别奉表谢赐西锦、币帛、药物。③

安南盛产大象。但是据上表，在69年间他们只向元朝进贡了4头大象，所以元朝统治者非常不满意。至元七年（1270）十一月，中书省给光昺下了最后通牒，历数其种种不敬，痛斥其拒绝贡象的拙劣行径，命令其把朝廷索要的贡象和其他岁贡一起献来。而至元八年（1271）十二月，光昺回复说：

> 本国钦奉天朝，已封王爵，岂非王人乎？天朝奉使复称：王人与之均礼，恐辱朝廷。况本国前奉诏旨，令依旧俗，凡受诏令，奉安于正殿而退避别室，此本国旧典礼也。来谕索象，前恐忤旨，故依违未敢直对，实缘象奴不忍去家，难于差发。又谕索儒、医、工匠，而陪臣黎仲佗等陛见之日，咫尺威光，不闻诏谕，况中统四年已蒙原宥，今复谕及，岂胜惊愕，惟阁下其念之。④

此次拒绝“贡象”的理由是，象奴不忍心离开家，实在令人难以置信。入贡的大象一般被饲养于大都或析津坊海子之阳。御史中丞马祖常在《海子桥》中有“啼时驯象浴，不见狎鸥翔”⑤ 的诗句。元儒宋褧《过海子观浴象》诗亦曰：“四蹄如柱鼻垂云，踏碎春泥乱水纹。鸂好风景，一时惊散不成群。”⑥ 如此看来，大象不仅是文人墨客吟诵的对象，还是大都百姓眼中的吉祥之物。

（武晓丽，女，1986年生，中央民族大学历史文化学院博士研究生。北京，100081）

---

① （明）宋濂等：《元史》卷27《英宗纪一》，中华书局，1976年，第606页。
② （明）宋濂等：《元史》卷167《张庭珍传》，中华书局，1976年，第3920页。
③ （明）宋濂等：《元史》卷209《外夷传二》，中华书局，1976年，第4636页。
④ （明）宋濂等：《元史》卷209《外夷传二》，中华书局，1976年，第4636页。
⑤ （清）吴长元辑：《宸垣识略》，北京古籍出版社，1982年，第152页。
⑥ （清）吴长元辑：《宸垣识略》，北京古籍出版社，1983年，第152页。

明代中朝边疆地带的人员流动及遣还

王桂东

内容提要：明代中朝边疆地带的人员流动及遣还几乎是一个与明王朝相始终的持续性的现象，其人员构成也较为多元复杂。这其中既包含两国边民、驻边军士、僧侣等由于各种原因而潜逃至对方境内形成的“逃人”；还包括两国边民中那些被女真人或倭寇掳掠后又得以逃脱的“走回人”，以及在海上活动中遭遇海难事故的“漂流人”等。这三类人员在中朝两国官方的主持下，最终大部分又经由两国的边疆地带得以返回故土。值得强调的是，在其返还故土的过程中，明朝的辽东都司以及朝鲜的平安道、咸吉道等边疆地方无疑起到了不可或缺的重要作用。

关键词：明代；中朝边疆地带；逃人；走回人；漂流人

明代的中朝边疆地带，在地理范围上大体上包括明朝的辽东都司以及朝鲜国的平安道和咸吉道等地方，而发生在这一边疆地带的人员流动及遣还，则是一个几乎与明王朝相始终的持续性的现象，而且流动人员的构成同样亦较为复杂多元。这其中既包含两国边民、驻边军士、僧侣、罪犯等由于各种原因而潜逃至对方境内形成的“逃人”；也包括两国边民中那些被女真人或倭寇掳掠后又得以逃脱的“走回人”，以及在海上活动中遭遇海难事故的“漂流人”。以上三类人员在中朝两国官方的主持下，最终大部分又得以通过中朝边疆地带辗转返回故土。在以往的研究中仅是对其中的某一个类别的人员流动情形有所论及，而如同本文这样分门别类进行全面论述并给出理性分析的著作，国内外学术界至今还较为罕见。①

---

① 相关研究可参见葛振家主编：《崔溥漂海录研究》，社会科学文献出版社，1995 年；（韩）徐仁範：《조선시대 승려들의 압록강 월경사건（越境事件）》，《韓國思想과文化》，第 54 辑，2010 年；张燕霞：《朝鲜初期（1392—1450 年）对于“唐人”的安置与遣返问题研究》，硕士学位论文，山东大学历史文化学院，2010 年；（韩）김덕진：《17 세기 전반 후금의 요동진출과 요민의 조선이주》，《역사와 교육》，第 14 辑，2012 年 4 月；李智裕：《明代中朝之间“瓯脱”地带人口变迁考》，《东北史地》2012 年第 3 期。

一、两国边疆地带的“逃人”及其遣还

中朝边疆地带的人员流动由来已久，浅浅的鸭绿江水在历史上从未能有效地阻挡住两国边民的跨境流动，只是这些参与其中的流动人员大多是有国家编户齐民或者是被编入军籍的军户等身份，故而他们私自偷逃至境外无疑是非法的“迁徙”行为，这一点对于明帝国与朝鲜王朝来说并无二致，因此双方之间的索还与遣返行为也就成为伴随着“逃人”潜逃行动的共生现象。

（一）明朝边民逃往朝鲜的情况

蒙元初期曾多次武力征伐高丽并从中掳掠了数量可观的高丽人口，再加之像洪福源之类的高丽武将主动迎降于蒙古大军，其后又带领管下军民西迁进入辽东地区，因此元代时辽阳行省中部（即今辽、沈一带）聚集了大量的原为高丽籍的人口。① 但是到了元朝末年中原与南方地区群雄并起，不久战火也波及辽东地区，尤其是“红巾军”接连攻拔辽阳行省的主要城池且长期滞留于辽东，故而已居住在辽东地区近一个世纪的高丽人为了躲避战乱，纷纷渡过鸭绿江逃回故国朝鲜半岛；而明朝大军进入辽东后又与纳哈出集团等北元的残余势力展开了反复的争夺，新一轮的战乱形势再一次使得大量的高丽人踏上了返回高丽的路途。如此，前后的两次战乱致使辽东地区的高丽人大批地逃往高丽避乱，这其中肯定还裹挟了一定数量的汉人和女真人等，而且即使是在战乱平息后仍有辽东边民不断地潜逃至朝鲜半岛，因此这势必造成辽东人口的锐减，使得边地更加空虚。为了增加人口从而充实辽东地区的边防，向高丽（朝鲜）索还战时逃去的人口无疑是比较可行的方案。笔者从《明太祖实录》中查得早在洪武十年（1377），明太祖朱元璋就在给高丽国的敕书中明确要求高丽方面“以所拘辽东之民，悉送来还”②。但由于当时两国关系风波不断，高丽并未予以执行，直到十年以后因故元降将咬住等的提议，明朝才借着同高丽开展马匹贸易的契机再度向高丽索还辽东逃人，高丽不得已“遂以辽沈流民奈朵里不歹等户四十五、口三百五十八来归”③。在此几乎可以断定的是，高丽所归还之辽民只是逃人中的一小部分，更多的逃人依旧被隐匿在高丽境内。

明朝方面无疑是洞悉高丽仍然隐匿着大量的辽东逃人这一事实的，因此并未就此停止向高丽索还逃人。洪武二十五年（1392），高丽权臣李成桂废掉高丽王朝的末代国王王瑶，成为朝鲜半岛事实上的最高统治者，明朝对此变局给予了默许并赐

① 参见王桂东、达力扎布：《元代高丽裔洪氏家族研究》，《中国边疆史地研究》2015 年第 3 期，第 116—119 页。

② 《明太祖实录》卷 116，洪武十年十二月乙巳条。

③ 《明太祖实录》卷 181，洪武二十年三月癸酉条。

予新政权“朝鲜”的国号，但同时也继续向新政权索要辽东逃人。朝鲜太祖李成桂以其不知情为托词希望撇清责任，但还是“差人捉获到小旗李闲你等并妻子二十三名起解辽东都司去”，其后又将“朴龙等一百二十二户，并家小三百八十八名，枷杻赴辽东都司交割”，[①] 以显示其对明太祖的忠顺进而希望获得明朝的承认与支持。值得提的是，由于明朝方面持续不断的压力，洪武二十八年（1395），朝鲜方面对于新逃来的辽人开始采取谨慎的态度，如当年正月“人有自辽东来者，命中郎将郑安止，管押发还”，[②] 据笔者掌握的资料看，这是《朝鲜太祖实录》中最早记录的朝鲜方面拒绝接纳辽东逃人的案例。可见，至晚从洪武二十八年（1395）开始朝鲜就开始改变了其对辽东逃人照单全收的政策。而在此之后的几年间，朝鲜又零星地遣返过几次辽东逃军，但每次的数量都不多，一般仅为二十余名，这种遣返行为其象征意义更大，或者可以解读成只是一种敷衍行为而已。明太祖朱元璋也并未就逃人问题对朝鲜展开穷追猛打，他在赐给朝鲜使臣权近的御制诗中写道：“鸭绿江清界古封，强无诈息乐时雄。逋逃不纳千年祚，礼义咸修百世功。”[③] 不难看出他规劝朝鲜恪守礼义、不纳逋逃从而确保边疆稳定的用心。

明太祖崩逝后，驻守北平的燕王朱棣发动了“靖难之役”，旨在推翻新即位的建文帝，中原战乱再起，辽东地区亦不能免遭波及，因此辽东军丁偕同其眷属掀起了新一轮潜逃朝鲜的高潮，甚至连明朝发生“靖难之役”的消息也是通过辽东逃军传到朝鲜的。[④] 关于此次辽东逃人进入朝鲜的数量其真实数目恐怕已不可考，但是通过《朝鲜王朝实录》留存下来的记录仍可窥测其梗概，如表 1－1 所示。

表 1－1　“靖难之役”期间辽东逃人进入朝鲜的情况

记录时间	逃人数目	逃人姓名	接纳与否
定宗二年九月十九日	12 名	不详	接纳
太宗二年三月十三日	不详	朱景	接纳
太宗二年三月二十六日	2000 余名	不详	接纳
太宗二年三月十四日	90 余名 +150 户	李和尚等	接纳
太宗二年四月初五日	40 余名	不详	情况不明

① 《朝鲜王朝太祖实录》卷 4，朝鲜太祖二年八月二十九日壬寅条；卷 5，朝鲜太祖三年二月十九日己丑条；《明太祖实录》卷 230，洪武二十六年十一月丙辰条。按：本文征引之《朝鲜王朝实录》均来源于韩国国史编纂委员会官方网站，网址为：http：//sillok. history. go. kr/main/main. do。

② 《朝鲜王朝太祖实录》卷 7，朝鲜太祖四年正月十九日甲寅条。

③ 《朝鲜王朝太祖实录》卷 11，朝鲜太祖六年三月初八日辛酉条。

④ 《朝鲜王朝定宗实录》卷 1，朝鲜定宗元年三月初一日壬申条。

续表

记录时间	逃人数目	逃人姓名	接纳与否
太宗二年四月十六日	3000 余户①	林巴剌失里等	接纳
太宗二年八月初八日	300 余名	李典伊等	接纳

如此，当时辽东军兵潜逃朝鲜的严重事态可见一斑。面对着新一轮辽东逃人入境的高潮，朝鲜方面亦有官员出于儒家义理层面的考量建议朝鲜太宗国王不要接纳辽东逃人，如内书舍人李之直、左正言田可植上疏曰：

> 招亡纳叛，《春秋》所贬。今辽沈之民，托以饥馑，亡命来附。此辈虽是本朝之民，曩既叛于我，今又背于彼，其反覆难信，可知也。且今臣事大国，而复纳叛，有乖事大之义。愿自今逃躯来附者，即令捉拿还遣，勿许入境。②

但是朝鲜太宗国王却并不赞同这种“腐儒之见”，不但对辽东逃人给予积极接纳，而且为了躲避明朝的索还，还下令将辽东逃人安置在远离两国边境地带的忠清、全罗和庆尚等下三道地区。③ 辽东逃军如此大规模地逃往朝鲜，明朝从朝廷到辽东地方都颇为之震动，因此向朝鲜追索逃军势在必行。早在建文四年（1402）五月，朝鲜就收到了明朝左军都督府奉皇帝圣旨移咨朝鲜要求其遣还辽东逃军的咨文，④ 朝鲜对此采取推诿搪塞政策并不认真执行，故而同年八月朝鲜再度收到了左军都督府的咨文，其文曰：

> 左军都督府为军务事。建文四年（1402）五月二十一日，兵科抄出辽东都司奏，为因土人逃叛，参将徐便己调都指挥胡璟等率领官军追至龙州江边，擒获原逃首贼壮士百户李勇等，供：“自谋叛之后，先将家小于楼子山等处藏放。节次于海、盖地面掳掠人口，枪（抢）劫马匹等物，杀伤差使人员。又令父李典伊等将段（缎）子布绢衣服由撇不郎马头�筏过江送马龙州把截万户，有本官差拨船五只，前来接取家小三百余口过去讫。”今照撇不郎马头系朝鲜地方，龙州万户本国人员，兼李勇等俱是逃叛人数。建文四年（1402）五月二十日晚，掌府事龙虎将军柱国驸马都尉耿璇

① 按：《朝鲜王朝太宗实录》卷3，“太宗二年五月初七日己丑条”的记载与此有异，为18600户，笔者以为该数目过大，难以采信，应该是“18600口”之误记（可参见《朝鲜王朝太宗实录》卷3，朝鲜太宗二年四月初五日丁巳条）。

② 《朝鲜王朝太宗实录》卷3，朝鲜太宗二年四月初一日癸丑条。

③ 《朝鲜王朝太宗实录》卷3，朝鲜太宗二年二月初四日丁巳条。

④ 《朝鲜王朝太宗实录》卷3，朝鲜太宗二年五月十三日乙未条。

> 等同兵部等官于奉天门钦奉圣旨："见擒获的人，就那里废了号令，龙州万户受逃叛人财物，放他过江，左军行文书与朝鲜国王知道。"钦此，抄呈到府除外，合咨本国，依钦奉事理，烦将龙州万户就便拨落，仍行所属用心根捉逃贼李典伊等，得获差人，送与辽东都司取问施行。须至咨者。[①]

此次移咨因为有辽东都司事先提供情报，所以左军都督府将逃军名讳、叛逃事迹，甚至朝鲜地方官收受贿赂故意放辽东逃军入境等情形均载诸于咨文之内。只是不久之后，朝鲜就获知燕王军队攻破南京，建文帝自杀，燕王即皇帝位，故而未见朝鲜方面对左军都督府的咨文采取相应的应对措施。

辽东地方对于所属军兵大量潜逃朝鲜这一事态也实施了一些应对的手段，如林巴剌失里率领三千余户企图逃往朝鲜，辽东派出两批军队进行追捕，然而结果却是"河指挥、姚千户等领一千五百兵追之，八剌失里等尽杀之；沈阳、开原两卫军马来追，亦半杀之"，[②] 时任辽东总兵官徐见甚至亲自领兵来至两国边境的必屯口子附近，并移咨朝鲜国曰：

> 今亲统大军追至鸭绿必屯口子，见得贼人踪迹已行过江，逃往本境。若便调兵追剿，诚恐官军往彼四掠，玉石不分。且钦惟天朝待朝鲜国王礼意殊深，市马贡献，并皆如约，岂以纳此逋逃为念，以失大义！除权行驻江边外，箚付到日，即将逃去人李和尚、金者答里、林八失你、李典伊等，火速解来施行，毋得隐藏，以惹兵衅。[③]

朝鲜太宗国王此时根本无意归还辽东逃军，正如他对臣下朴锡命所言："（逃军是）本国人物，义可不还，但恐以予为抗衡耳，予不欲还遣一人也。"[④] 由此其不愿意归还逃军的意图可见一斑。因此他令边将答复辽东总兵官道，"无有逃军之来我国者，虽有纵（踪）迹，近处山谷深远，如此逃人，隐藏甚易，未知隐于何谷也？若知来隐之处，则上告本朝，执而送之矣。"[⑤] 如此答复，亦可谓是极尽搪塞之能事了。但是，辽东地方追捕逃军的行动，还是使得朝鲜方面接纳辽东逃军的行为有所收敛，太宗国王曾下令于江界节制使曰："（若）追军未还，而逃军之数倍于所言，则不许越江；追军已反，而逃军之数如其所言，则许令越江。"[⑥] 可知，追捕行动虽然对于已进入朝鲜境内的逃军作用有限，但是对尚未进入朝鲜的逃军还

---

① 《朝鲜王朝太宗实录》卷4，朝鲜太宗二年八月初八日己未条。
② 《朝鲜王朝太宗实录》卷3，朝鲜太宗二年四月十六日戊辰条。
③ 《朝鲜王朝太宗实录》卷3，朝鲜太宗二年四月初三日乙卯条。
④ 《朝鲜王朝太宗实录》卷3，朝鲜太宗二年五月初八日庚寅条。
⑤ 《朝鲜王朝太宗实录》卷3，朝鲜太宗二年四月初三日乙卯条。
⑥ 《朝鲜王朝太宗实录》卷3，朝鲜太宗二年四月初五日丁巳条。

是有着一定的限制作用的。

综上，通过梳理《朝鲜王朝太宗实录》的记载，太宗国王在明朝“靖难之役”期间有意接纳辽东逃军且极力阻遏逃军遣返无疑是确凿的史实。至于其臣下李之直、田可植上疏反对接纳逃军，他甚至抱怨道：“予之过失，密启以言，予何不听！今乃成状，使书史册，予甚痛焉。”① 但是太宗国王接纳辽东逃军亦有着出于无奈的情形，如林巴剌失里在大肆杀伤两批辽东的追捕军队后来至朝鲜边境，已成为“穷凶之人”，如果朝鲜不许他入境，则难保其不会做出极端行为，即“若不许入，粮尽势穷，作乱无疑；聚军防御，农事失时，及至冰冻，尤为可虑”②。因此，若拒绝接纳林巴剌失里这样规模较大的逃军队伍入境，其将给朝鲜带来现实的安全威胁，这一点也是需要给予客观分析的。

然而，令朝鲜太宗国王料想不到的是，仅仅几个月之后明朝的形势就发生急剧的变化，燕王朱棣竟然直捣南京成功并即位为新皇帝。面对朱棣这样一位通过军事手段夺取帝位的强势人物，在逃军遣返问题上朝鲜太宗国王将何去何从呢？果不其然，太宗国王在逃军遣返的态度上几乎是一百八十度地反转，即“移文各道，推刷自辽东逃来军人。闻朝廷遣使臣推刷逃军，欲及使臣未到之前还送也”③。太宗国王又遣刑曹典书陈义贵先将逃军中的首要人物林巴剌失里遣送回辽东，只是行至平安道林畔站时与明朝推刷逃军的使臣相遇，明使命令陈义贵折还。④ 永乐元年（1403）正月，辽东千户王得名、百户王迷失帖等作为使臣奉敕书来至朝鲜王京，其敕书曰：

> 皇帝敕谕东宁卫漫散官员军民人等。太祖皇帝开设东宁卫，好生安养尔每，后来建文苦得尔每，没奈何漫散出去，如今天下太平了，我只遵着太祖皇帝的法度安养尔每，都回来东宁卫里来住，官仍旧做官，军仍旧做军，民仍旧做民，打围种田做生理，听从所便，休要害怕惊疑。若一向执迷，漫散不来，恐久后悔时迟了，故敕。⑤

朝鲜君臣原以为皇敕是颁给朝鲜方面的，太宗国王以冕服率群臣迎于西郊，等到使臣开读后才发现是告谕招抚辽东逃军的敕书，场面一度相当尴尬。明成祖朱棣将辽东逃军潜逃的责任完全推脱给建文帝，并表示对逃军的叛逃行为既往不咎，只要回归故土依旧给予其如前的待遇，这必然会打消逃军们的顾虑，有助于逃军重返辽东地区。太宗国王向明使解释其最初接纳辽东逃军完全是出于“人道主义”之考

---

① 《朝鲜王朝太宗实录》卷3，朝鲜太宗二年四月初一日癸丑条。

② 《朝鲜王朝太宗实录》卷3，朝鲜太宗二年四月十六日戊辰条。

③ 《朝鲜王朝太宗实录》卷4，朝鲜太宗二年十二月十三日壬戌条。

④ 《朝鲜王朝太宗实录》卷4，朝鲜太宗二年十二月二十三日壬申条、十二月二十九日戊寅条。

⑤ 《朝鲜王朝太宗实录》卷5，朝鲜太宗三年正月十三日辛卯条。

量，而且已经下令各道推刷逃军，邀请使臣先行点视已经送至王京的逃军，表现出一种积极配合明使推刷工作的姿态。①

同年三月，太宗国王遣参知议政府事黄居正往南京奏报辽东逃军的遣还情况，据其奏文曰："漫散军民总计一万三千六百四十一名内，见解男女家小共一万九百二十名，在逃二千二百二十五名，病故四百九十六名。"② 四月，明朝使臣黄俨来至朝鲜并赍来宣谕太宗国王的圣旨和敕书，规劝朝鲜恭顺天道，毋纳逋逃，将辽东逃军"一介介都送将来"③。但太宗国王对此却不以为然，他对臣下李茂说道，"逃军何必枚举而与之乎？宜以录名者与之"，④ 即太宗国王的态度很明确，逃军遣还只需按照明朝方面提供的名单行事即可，未载录在名单之内的逃军则可以不必归还。然而将不在名录的逃军全部隐匿起来又谈何容易，其中一个名为宋哲的逃军就秘密地与明朝派至朝鲜的使臣取得了联系，所以朝鲜依旧藏匿有逃军的事实也就很难再得以遮掩了。为了扭转这种尴尬的局面，太宗国王再度下令"京中五部及外方州县，更令推刷"⑤，除先期已经遣还的一万九百二十名之外，据《朝鲜王朝实录》记载朝鲜其后又陆续多次向辽东遣送逃军，具体情况如表 1－2 所示。

表 1－2　"靖难之役"之后朝鲜遣还辽东逃军的情况

记录日期	遣还人数	遣还逃军姓名	朝方参与遣返官员
太宗三年三月二十二日	10920 名⑥	林泉⑦等	不详
太宗三年四月二十五日	60 名	不详	通事张弘寿
太宗三年十一月二十七日	230 名	不详	司译院副使张有信
太宗四年十二月二十五日	28 名	金加勿等	司译院副使李自瑛
太宗五年九月二十日	10 名	不详	奉常令偰耐
太宗七年三月十九日	2000 名	刘山城等	上护军金文发等
太宗七年五月二十四日	746 名	丁禄吉等	判典农寺事李湘
太宗七年六月初四日	831 名	金必果等	上护军朴矩
太宗七年八月初八日	549 名	李白吉等	大护军曹浑
太宗七年八月十一日	不详	不详	梅原渚

① 《朝鲜王朝太宗实录》卷 5，朝鲜太宗三年正月十四日壬辰条、正月二十一日己亥条。

② 《朝鲜王朝太宗实录》卷 5，朝鲜太宗三年三月二十二日己亥条。

③ 《朝鲜王朝太宗实录》卷 5，朝鲜太宗三年四月初八日甲寅条。

④ 《朝鲜王朝太宗实录》卷 5，朝鲜太宗三年二月二十日丁卯条。

⑤ 《朝鲜王朝太宗实录》卷 5，朝鲜太宗三年四月二十一日丁卯条。

⑥ 《明太宗实录》卷 19 下，"永乐元年五月乙巳条"载录的遣还逃军人数为 10525 名，比《朝鲜王朝太宗实录》的载录人数少了 395 名。

⑦ 按：林泉，即林巴剌失里。

续表

记录日期	遣还人数	遣还逃军姓名	朝方参与遣返官员
太宗七年八月十一日	445 名	全小金等	张洪寿
太宗七年八月十一日	不详	不详	李推
太宗七年八月十一日	不详	不详	姜原吉
太宗八年四月二十六日	781 名	刘思京等	军资监曹士德
太宗八年五月十一日	159 名	李隆等	司译院直长金有珍
太宗八年七月十六日	97 名	刘莫遂等	司译院舍人任种义
太宗八年九月二十九日	114 名	郑世等	司译院判官康庾卿

如此，从永乐元年（1403）至永乐六年（1408），明朝与朝鲜围绕着辽东逃军遣还的问题展开了旷日持久的交涉。其实一部分辽东逃军进入朝鲜后已经成为官私奴婢，若完全遣还回辽东势必触及朝鲜两班阶层的既得利益，因此其必然想方设法给予隐匿而躲避遣还。故而朝鲜屡屡以“（逃军）虽在境内，衣服言语无异，难以辨矣，且山川险阻，莫知其隐处”为理由来搪塞明朝，[①] 但明朝对朝鲜也有高明的应对策略，即事先获取逃军的相关情报，然后不断派遣差官赍持礼部或辽东都司的咨文向朝鲜索要逃军，而且咨文中还载明了逃军的名讳、现藏匿于朝鲜何地、在何人家为奴等内容，[②] 这样朝鲜方面便很难再实施搪塞手段，只好陆陆续续地将逃军分批遣还回辽东。至于朝鲜在此期间总共向辽东遣还逃军的确切人数，因《朝鲜王朝实录》的记载并不明确，又无其他材料可以用来加以考实，因此很难给出其准确的数字，但是根据笔者所掌握的资料，大致可以推测出其人数应该在 17000 人左右；而且可以肯定的是，除了因各种原因在朝鲜亡故的逃军外，仍有一定数量的逃军最终还是留在了朝鲜，如确实隐匿在山谷之中的逃军以及在朝鲜各官署衙门及两班贵族家中充当奴婢者，其人数也至少应在一两千人左右。[③]

永乐八年（1410）以后，辽东逃军进入朝鲜的情况并未得到彻底根绝。特别是由于明成祖朱棣数次北征蒙古等原因，辽东军兵为了躲避军役而逃入朝鲜的案例仍时有发生；另外，由于蒙古及女真部落对辽东地区的寇掠，辽东军民为了避乱而逃至朝鲜的事例也并不罕见，而且有时避乱的人数还颇具规模。朝鲜对此也往往在国家利益和宗藩礼义之间摇摆不定，既有接纳逃人的私心，但又担忧因此而损害同明

① 《朝鲜王朝太宗实录》卷6，朝鲜太宗三年八月二十八日癸酉条。

② 《朝鲜王朝太宗实录》卷6，朝鲜太宗三年十月十八日壬戌条；卷11，朝鲜太宗六年四月十九日己卯条；卷12，朝鲜太宗六年十二月二十二日丁未条；卷13，朝鲜太宗七年三月十五日己巳条。

③ 《朝鲜王朝太宗实录》卷25，“太宗十三年正月二十七日丁未条”载曰：“唐人叶官生尝于永乐四年为倭所掳，逃至金海，至是，国家将送于京师，官生不欲曰，军器别军十七人，皆前日漫散军也，非独此也，西北丰海两道如予者颇多，予若还京，则必告无遗矣。政府以闻，遂寝。”

朝的宗藩关系。[①] 关于以上两种逃人的情形，根据《朝鲜王朝实录》的记载统计情况如表1－3 和表 1－4 所示。

表 1－3　“靖难之役”以后辽东逃军进入朝鲜的情况

记录日期	逃人姓名	逃人数量	遣还与否
太宗十二年十月十六日	李哲等	12 名	遣还
太宗十二年十月十六日	高中金、康吉	2 名	遣还
太宗十五年六月初四日	朴蒙舍等	23 名	遣还
太宗十五年六月十六日	金南吉等	6 名	遣还
世宗三年四月二十七日	金加勿等	5 名	遣还
世宗六年三月二十一日	朴大难等	3 名	遣还
世宗十一年九月初三日	金隆	1 名	遣还

表 1－4　“靖难之役”后至辽东陷落前辽东军民避乱进入朝鲜的情况

记录日期	逃人姓名	逃人数量	遣还与否
世宗四年四月十八日	不详	13 名	遣还
世宗四年五月十六日	李生吉等	40 余名	遣还[②]
世宗四年六月初二日	不详	23 名	遣还
世宗四年八月三十日	宋得龙等	33 名	遣还
世宗四年十月初七日	不详	35 名	遣还
中宗三十八年五月初七日	不详	100 余名	遣还
宣祖三十六年五月十一日	金国宠等	不详	自行返回
光海君七年八月初二日	不详	3 名	不详

由于资料较为匮乏，特别是朝鲜世宗朝以后的《实录》对逃人的记载逐渐减少，故而笔者也只能是凭借已知的材料对以上两种情形给予大致地阐述。在此值得提及的是，因为明末后金努尔哈齐集团的崛起并且在天启年间占领了辽东的大部分地区，辽东军民为了躲避后金的民族高压政策，掀起了新一轮的大规模进入朝鲜避难的高潮，而且其人数之巨、持续时间之长在历史上都是比较罕见的。这些避乱辽人后来在毛文龙等武将的统领下组建成东江军镇，成为明清鼎革之际一股不可忽视的“海上势力”，因前人对此已有过颇多论述，笔者在此便不再予以展开讨论，以

① 《朝鲜王朝太宗实录》卷 18，朝鲜太宗九年十一月初十日戊寅条。

② 按：对于这些因避乱进入朝鲜的辽东军民，朝鲜方面大多又遣还给了辽东地方，参见《朝鲜王朝世宗实录》卷 16，朝鲜世宗四年六月初八日癸巳条、七月初十日乙丑条、七月十五日庚午条。

免有重复前人研究之嫌。①

此外，辽东地方的一些罪犯为了躲避本国法律的制裁偶有就近逃入朝鲜的事例发生，辽东的僧侣亦有潜入朝鲜境内从事宗教与世俗活动的现象，只是相比于逃军或难民而言，其发生频率较低，人数上亦较少。② 综上，有明一代自辽东逃入朝鲜的逃人具有种类多样、数量颇具规模、发生频率高、持续时间长、以逃军和难民为主体等特征，而且除了少数逃人被留在朝鲜外，绝大多数则又被朝鲜遣还或自发地返回辽东。

（二）朝鲜人逃往辽东地区的情况

明代中朝两国边疆地区的逃人问题并非单向性的，而是具有双向性的特征，甚至还不乏有数度往返于两国边境地区的逃人，故而使得这一问题变得更为复杂。现存的大量史料记载表明，有明一代不仅是辽东地区的军民因各种原因逃入朝鲜，其实朝鲜人逃往辽东地区也是一个长期的、持续性的现象。③

朝鲜方面对于其边民逃入辽东地区这一事态向来给予高度的关注，并形成了对事态本身的独特认识，其中燕山君在位时期，一次以领议政韩致亨为首，集合了三位相臣和若干判书的高级别会议上所得出的结论性认识最具有代表性，《朝鲜王朝实录》对此进行了详细的记录，其文曰：

> 辽东等地，本是高句丽之地，故自鸭绿江至辽河所居之人，皆我国之民。高皇帝初定天下，以鸭绿为界，虑两国人民互相往来，设为东宁卫，以处元居民，使地界截然限隔。其后辽阳人户渐盛，于东八站散处耕食，以此屡被野人侵掠。中国初置叆阳堡，次置凤凰城，今又置汤站，距义州才半日程。中国虽扬言为朝鲜朝贡之路，实则欲以八岾（站）为内地，为辟土之计也。半日程相望之处，义州兴利人必朝往夕返。因此避重就轻者，渐至投居，实非细故，两国关防，不可不谨。④

---

① 可参见（日）田川孝三：《毛文龙と朝鲜との关系について》，载《青邱说丛》卷3，汇文堂书店，1932年；李光涛：《毛文龙酿乱东江本末》，载氏著：《明清档案论文集》，联经出版事业公司，1986年版；李善洪：《试论毛文龙与朝鲜的关系》，《史学集刊》1996年第2期；（韓）鄭炳喆：《明末遼東沿海일대의“海上勢力”》，《明清史研究》，第23輯，2005년3월（汉译文可参见王桂东译：《明末辽东沿海一带的“海上势力”》，载《中国边疆民族研究》，第9辑，2015年12月）；王桂东：《猜忌的同盟者：朝鲜王朝与明东江镇交涉史考论（1621—1637）》，硕士学位论文，中央民族大学历史文化学院，2014年6月。

② 《朝鲜王朝太宗实录》卷30，朝鲜太宗十五年九月二十一日乙卯条；卷27，朝鲜太宗十四年三月十七日庚寅条。

③ （韓）김순남：《15세기 중반~16세기 조선 북방軍役의 폐단과軍額감소》，《朝鲜时代史学报》，第61辑，2012년，第56－57页。

④ 《朝鲜王朝燕山君日记》卷43，朝鲜燕山君八年四月三十日辛未条。

朝鲜方面正是基于这样一种对历史和现实的认识，所以始终致力于通过各种手段阻止本国边民逃入辽东地区，尽管也曾起到了一定的作用，但是却从未能够有效堵住其边民逃入辽东地方的“豁口”。自朝鲜逃往辽东地区的人口中以平安道的边民为主，内地诸道民人逃入辽东的案例亦偶尔有之；逃人中既有驻边军兵、农夫，也有罪犯和奴婢等朝鲜社会的“贱民”阶层。至于朝鲜边民为何会选择出逃辽东地区，据笔者掌握的资料分析无外乎以下几点原因：即朝鲜西路地方的自然地理条件相对恶劣；再加之沉重的徭役和赋税负担（即包含对明、鲜两国使团的支应供给）以及地方官员的盘剥；此外还有为了应对邻近的女真人的袭扰，边境地区长期处于紧张的军事防备状态。这些都使得朝鲜西路边民的生活状况较为艰苦，并且难以获得安定的环境。而辽东地区的赋税负担则明显轻于朝鲜，农业生产条件和社会环境的安定程度也均要优于平安道地方，并且辽东地区原来所居住的众多的高丽人，他们在朝鲜国内仍有亲族，而这些所谓的亲族因为在辽东地方有着可以依傍的亲戚，故而也就增强了他们逃往辽东的原动力。①

关于朝鲜边民逃入辽东地区的数量，由于史料记载零散并且漏载情况严重，因此连大致的估计数目也很难给出，即使是朝鲜朝廷也无法查得确切数字，只是粗略地称之为“流入辽沈者，不知其几千”②。相比于辽东边民出逃朝鲜的情况，朝鲜边民逃往辽东基本上是以个人或家庭为单位的，并未出现过成规模的大批逃民越境的现象。③ 值得提及的是，朝鲜边民并非完全是逃往邻近的东宁卫地方，而是有部分逃民流入了辽东半岛的“南四卫”、辽东沿岸海岛（海浪岛）、甚至一路向西流入到辽西的广宁及山海关一带。④

为了阻止边民不断逃入辽东境内，朝鲜方面企图通过加重处罚力度而使边民有所畏惮，如朝鲜成宗国王在位时期就规定：“若本国人有潜入彼土者，不分首从，皆斩：妻、妾、子女，永属官奴婢，财产并没官：父母、祖孙、兄弟，不限籍之同异，皆流二千里安置。知情故纵隐藏者，绞：知而不首者，杖一百、流三千里。”⑤其惩戒之程度不可谓不严厉，而且《朝鲜王朝实录》也有多处对于逃民行刑的记载，可见这一规定得到了较为认真地执行。至于沿边地区的地方官和武将“专不顾

---

① 《朝鲜王朝世宗实录》卷98，朝鲜世宗二十四年十二月三十日丙辰条。

② 《朝鲜王朝世宗实录》卷116，朝鲜世宗二十九年闰四月二十日辛巳条。

③ 《朝鲜王朝太宗实录》卷14，朝鲜太宗七年十一月十八日戊辰条；《朝鲜王朝太宗实录》卷21，朝鲜太宗十一年六月二十日己酉条；《朝鲜王朝世宗实录》卷34，朝鲜世宗八年十一月二十三日壬子条；《朝鲜王朝宣祖实录》卷22，朝鲜宣祖二十一年正月初九日癸巳条。

④ 《朝鲜王朝明宗实录》卷4，朝鲜明宗元年十二月十五日戊戌条；《朝鲜王朝明宗实录》卷30，朝鲜明宗十九年正月初九日癸未条；《朝鲜王朝宣祖实录》卷117，朝鲜宣祖三十二年九月二十二日戊辰条。另按：万历年间明朝“援朝御倭”战争期间，有近千朝鲜人迫于生计投入了明朝军营，战后这些朝鲜人又随同明军来至辽东地方，少部分甚至进入到山海关以内（参见《朝鲜王朝宣祖实录》卷109，朝鲜宣祖三十二年二月二十六日丙子条）。

⑤ 《朝鲜王朝成宗实录》卷134，朝鲜成宗十二年十月十四日乙卯条。

念（逃民），日以驰猎为事”这一情况，朝鲜朝廷则对守边文武官员的派遣给予审慎的选择，[①] 而且顾及守令、边将对于管下人民“虽有逃移，茫然不知”的客观情形，正统七年（1442）时任朝鲜右议政申概曾提议在地方择取“有恒产有智略人，各以附近分管，其所管民户之数明白置簿，使之周知人口名数，问其疾苦，辄告于官，常加完恤。如有不得已出入事，必告所管人，传报其官，以为恒式。有能考察累年无一逃移者，验其实迹，随宜褒赏；不能考察以致逃移者，计其口数，依律重论，责令一一刷还”[②]。对于这一合理建议，世宗国王表示赞同，但是其具体执行情况如何？由于资料缺失，无从详考。

如同辽东方面向朝鲜索要逃人一样，朝鲜方面在拥有确切的边民出逃根据时，也会派人赍持咨文赴辽东都司进行交涉，并要求辽东都司对朝鲜逃人给予刷还。[③] 辽东方面对于查实后能够确认的朝鲜逃人一般都会遣还给朝鲜，[④] 但是有时候也会以朝鲜逃人原为辽东漫散军（逃军）为由而拒绝返还。如正统七年（1442）有朴表隆、朴美二人自朝鲜逃入辽东，朝鲜得知后即遣人向辽东都司索要，辽东都司则认为朴表隆是先前从辽东逃到朝鲜的漫散军，并非朝鲜国人，因此仍旧留在辽东，只是将确定为朝鲜国人的朴美返还给朝鲜。[⑤] 其实类似于朴表隆的这一类逃人，究竟是朝鲜国逃人还是辽东漫散军，朝鲜与辽东双方往往各持己见，交涉过程也就成为一场糊涂官司，真相是很难厘清的，最终结果也大多是朝鲜迫于明朝的宗主国地位而选择放弃索要。

潜入辽东的朝鲜逃人中有一个特殊的群体值得关注，即朝鲜的佛教僧侣阶层。[⑥] 中朝两国的佛教交流源远流长，两国僧侣之间的往来也有着颇多的佳话。然而在明代两国却不再有官方的佛教交流，所以僧侣群体的跨境往来便采取秘密潜入的方式，这在两国而言均是非法的，并被视作叛逃行为。朝鲜僧侣潜入辽东大体有如下的原因：首先游方（云游四方）本就是佛教僧侣修行的方式之一，辽东与朝鲜半岛仅是一江之隔，朝鲜僧侣闻言“中国风土甚乐，思欲一见”[⑦]，因此这也就成为其潜入辽东的原动力。此外，朝鲜王朝取代高丽王朝之后，崇儒斥佛，“革去寺社田民，仅存十一……又尽去寺社奴婢”[⑧]，此举既有基于经济因素的考量，更有统一

① 《朝鲜王朝中宗实录》卷12，朝鲜中宗五年十月十二日乙未条。

② 《朝鲜王朝世宗实录》卷98，朝鲜世宗二十四年十二月三十日丙辰条。

③ 《朝鲜王朝太宗实录》卷11，朝鲜太宗六年四月十三日癸酉条；《朝鲜王朝世宗实录》卷96，朝鲜世宗二十四年六月初八日丁酉条。

④ 《朝鲜王朝太宗实录》卷6，朝鲜太宗三年十一月初六日庚辰条；《朝鲜王朝世宗实录》卷59，朝鲜世宗十五年三月十六日己巳条。

⑤ 《朝鲜王朝世宗实录》卷98，朝鲜世宗二十四年十二月十三日己亥条。

⑥ （韓）서인범:《조선시대 승려들의 압록강越境事件》，《韓國思想과文化》，第54輯，2010년，第227—256页。

⑦ 《朝鲜王朝太宗实录》卷11，朝鲜太宗六年五月二十三日壬子条。

⑧ 《朝鲜王朝世宗实录》卷6，朝鲜世宗元年十二月初十日庚辰条。

国家层面意识形态的企图,[①] 但是这势必严重损害到佛教僧侣集团的利益。而同时期的明朝皇帝（如明成祖等）大多对佛教给予扶持和推崇，因此朝鲜僧侣出于经济和信仰的原因，无视朝鲜方面的禁令不断地潜入辽东地方。

朝鲜僧侣进入辽东以后，并非挂单在某个固定的寺院，而是云游于辽东各处地方。有的僧侣还上书于辽东都司曰："（在朝鲜时）以松皮草根为粮，以松络木皮为衣，勤修道业，以为曷日曷月亲拜圣帝，蒙被圣恩，安修道业，如热思冷，誓愿载天。幸开天门，得结桴渡江，今三月十四日，始到此土，如坠长空而乘灵鹤，溺巨海而遇芳舟，其为欢喜，曷胜道哉？贫道片无钱物，惟陪法宝定光如来舍利子二枚、本国王师懒翁和尚舍利子一枚进献。伏愿大人俯照某等之意，闻于帝所，助扬佛法。"[②] 朝鲜僧侣向辽东地方官控诉朝鲜国不奉佛法，希望留在明朝"助扬佛法"，辽东方面对此不便处置，往往将这些逃僧送到京师交由皇帝发落。而明朝皇帝对逃僧大多表示怜悯，留置在京师寺院并不返还给朝鲜。[③]

另据《朝鲜王朝实录》的记载，成化年间以后的朝鲜僧侣潜入辽东地方时，辽东都司一般不再将逃僧送往京师，而且只要是朝鲜方面前来索要，便将逃僧遣还回朝鲜。[④] 如成化七年（1471）朝鲜僧侣志清潜入辽东"到处赋诗，人皆叹服"，朝鲜方面得知消息后即遣人持咨文入辽东索还，辽东都司查实后即将志清遣还给朝鲜，并移咨朝鲜通报志清的潜逃过程。[⑤] 辽东地方在处置朝鲜逃僧这一问题上的前后变化，似乎应该给予一定的注意。

综上，有明一代朝鲜边民逃入辽东地方也是一个长期的持续性的现象，逃人的身份同样较为复杂多样，但相比于辽东边民潜入朝鲜半岛的情况，朝鲜逃人的规模明显较小，人数亦远不及明朝逃人为多。至于逃人的遣还，虽然总体上辽东方面给予了一定的配合，但难免有凭借明、鲜宗藩之间的尊卑差别而施压朝鲜拒绝归还的事例存在。

二、经由两国边疆地带遣还的"走回人"

有明一代中朝边疆地带有一个特殊的群体被称为"走回人"，这些人原本是明朝或朝鲜的军民，被倭寇或女真人掳去后又设法逃回到故土，因而称其为"走回人"。但是这些"走回人"并非完全是直接逃回故土，而是有相当一部分人通过中

---

① 刘玉明：《论李朝儒学与事大主义》，《东岳论丛》1994 年第 1 期，第 83 页。

② 《朝鲜王朝世宗实录》卷 12，朝鲜世宗三年五月十九日庚辰条。

③ 《朝鲜王朝太宗实录》卷 33，朝鲜太宗十七年闰五月初九日甲子条；《朝鲜王朝世宗实录》卷 13，朝鲜世宗三年十月二十日己酉条。

④ 《朝鲜王朝中宗实录》卷 50，朝鲜中宗十九年四月十一日乙巳条。

⑤ 《朝鲜王朝成宗实录》卷 10，朝鲜成宗二年四月二十日壬戌条、四月二十一日癸亥条、六月初二日癸卯条。

朝边疆地带并借助两国官方层面的协助才得以返回故土的。具体情况包含以下四种：A. 被女真人掳去的辽东边民往往先逃至朝鲜，再由朝鲜押送回辽东，《朝鲜王朝实录》对此的记载非常频繁，可见这一情况最为普遍；B. 被倭寇掳掠的明朝军民很多也会逃至朝鲜，并由朝鲜转送到辽东都司；C. 被女真人掳去的朝鲜人也有不少先逃至辽东地方，再由辽东都司送回朝鲜的案例；D. 被倭寇掳去的朝鲜人逃到明朝，然后经由辽东都司遣还给朝鲜，不过对于这种情况史料记载并不常见，人数想必较少。

（一）被女真掳掠的辽东边民经由朝鲜“走回”的情况

明代对东北的女真人采取设立羁縻卫所的方式来加以管控，使其活动的区域成为明帝国的组成部分，但是女真各部时叛时服，并屡屡进入辽东都司的辖境抢掠财物和人口。这些被掳掠至女真地区的辽东军民被视为奴隶贩卖于女真各部落，① 还要从事繁重的农业生产和家内劳作，而且往往受到家主的责罚和虐待，因此他们为了摆脱奴隶的境遇再加之思念故土亲人，纷纷寻觅时机逃离其家主并返回辽东。这些“走回人”中的一部分比较幸运，得以直接就近逃回辽东，但也有相当一部分人需要辗转逃入朝鲜，然后再寻求朝鲜官方的协助才最终重回故土。②

据笔者看到的资料，《朝鲜王朝实录》最早记录自女真地区逃来的辽东“走回人”是在永乐二十一年（1423）四月，朝鲜世宗国王遣人将“被虏（掳）唐人朱阿抽等男妇共七名”解送辽东都司。③ 朝鲜世宗国王在位时间较长，共计达到32年，故而世宗朝也恰恰是辽东“走回人”逃来朝鲜的第一个高潮期。朝鲜为了表示对明朝的“事大之诚”，对逃来的“走回人”往往给予优待，在遣还辽东时一般会按照惯例送给他们衣服、鞋帽、苎麻布等物品，④ 个别情况还会赐宴馈之。⑤ 如世祖国王曾经在思政殿“设酌，赐（走回人）刘家奴等酒”，并慰问刘家奴等人曰：“汝辈被虏艰苦，乃今得至我国，予甚怜之。汝皇帝之民，我国与上国同一家，汝知此意。”⑥

---

① 按：辽东“走回人”人中不仅包含正军、舍余及其眷属，甚至还有个别中下级军官，如宣德十年（1435）朝鲜遣还的辽东“走回人”中有一人即为三万卫中所千户杨蛮皮（参见《朝鲜王朝世宗实录》卷69，朝鲜世宗十七年九月二十一日己丑条）。

② 按：从女真地区经由朝鲜半岛逃回的明朝“走回人”中，也有极少数是蒙古人所掳掠的明朝北部边境的人口，这些人是被蒙古人转卖给女真人充当奴隶的。因其人数较少且不是本文讨论的重点，因此笔者不予展开论述（参见《朝鲜王朝世祖实录》卷42，朝鲜世祖十三年四月初八日癸卯条；《朝鲜王朝中宗实录》卷101，朝鲜中宗三十八年十一月二十六日丙寅条；《明英宗实录》卷108，正统八年九月庚辰条）。

③《朝鲜王朝世宗实录》卷20，朝鲜世宗五年四月二十日庚午条。

④《朝鲜王朝世宗实录》卷20，朝鲜世宗五年六月十二日辛酉条；卷33，朝鲜世宗八年八月二十四日乙酉条。

⑤《朝鲜王朝世宗实录》卷46，朝鲜世宗十一年十二月二十二日甲午条。

⑥《朝鲜王朝世祖实录》卷13，朝鲜世祖四年七月二十一日丙午条。

辽东“走回人”大量逃入朝鲜，朝鲜又将其多数送还辽东，如此，由于家奴逃亡势必严重损害到女真各部领主的利益，特别是一些“走回人”逃归之时还顺手牵羊盗走了家主的财物。[①] 如正统元年（1436）逃至朝鲜的“走回人”徐庆守等人不仅偷走了其家主终木吟的财物，而且连明朝赐给终木吟的指挥诰命也一并盗走。[②] 更有甚者，正统五年（1440）时，“走回人”孙良乘其家主豆尚介外出之机，杀害了豆尚介的妻子后逃至朝鲜镜城。[③] 故而，女真领主往往尾追着“走回人”亦来至朝鲜，并手持奴隶买卖的契约文书要求朝鲜方面还给其逃奴。朝鲜通常会从中调解双方之间的矛盾，要求“走回人”将所盗财物还给女真家主，同时向女真领主解释，“走回人”乃是“上国”之民，朝鲜至诚事大于明朝，因此必须将“走回人”遣还给辽东。至于孙良“杀主之妻，既犯大恶，又逃奔本国，不胜愤恨，欲自裁，又刺杀狱卒，罪恶已极”，最后朝鲜世宗国王下令将其斩首示众。[④]

然而由于辽东“走回人”仍然前赴后继地逃往朝鲜，女真领主便不断地要求朝鲜方面还给其逃奴。而且女真领主对朝鲜将其逃奴遣还辽东的行为越发感到愤恨，再加之朝鲜几度出兵攻打女真部落，因此女真各部逐渐改变了对朝鲜的恭顺态度，直至威胁朝鲜说日后将掳掠朝鲜人作为奴隶以替代辽东“走回人”，并且很快就付诸行动。[⑤] 如此朝鲜方面从朝廷到地方都切实感受到了来自女真人的巨大压力，尤其是朝鲜边将为了息事宁人，避免因“走回人”问题而与女真人发生军事冲突，所以拒绝“走回人”入境，甚至私下归还“走回人”给女真领主的事例也不时发生。[⑥] 朝鲜朝廷甚至国王本人出于国家安全利益的考量，也不得不告诫边将关于“走回人”问题须同女真人谨慎交涉。[⑦] 朝鲜成宗国王曾下书永安北道节度使郑兰宗曰：

> 得卿所启，知各处被掳人口逃来之因。但此处置实难，一切还给则似碍于义，若皆解送则边衅立生，要在权时处中耳。往者观察使李德良拜辞时，以此禀之，许以随宜处置，德良不与卿言欤？抑卿闻之不信而有是启欤？今走回人等，既云唐人，则还给无辞，然其主寻踵而来，明知入境，

① 《朝鲜王朝文宗实录》卷7，朝鲜文宗元年五月十五日壬子条；《朝鲜王朝成宗实录》卷157，朝鲜成宗十四年八月二十三日癸未条。

② 《朝鲜王朝世宗实录》卷71，朝鲜世宗十八年三月二十六日壬辰条。

③ 《朝鲜王朝世宗实录》卷90，朝鲜世宗二十二年九月三十日己巳条。

④ 《朝鲜王朝世宗实录》卷91，朝鲜世宗二十二年十月初一日庚午条。

⑤ 《朝鲜王朝世宗实录》卷58，朝鲜世宗十四年十月初七日壬辰条；《朝鲜王朝成宗实录》卷83，朝鲜成宗八年八月十三日丁未条；卷153，朝鲜成宗十四年四月十二日甲戌条。

⑥ 《朝鲜王朝世祖实录》卷36，朝鲜世祖十一年八月初五日庚辰条；《朝鲜王朝成宗实录》卷11，朝鲜成宗二年七月初五日丙子条；《朝鲜王朝睿宗实录》卷5，朝鲜睿宗元年五月二十七日庚戌条。

⑦ 《朝鲜王朝成宗实录》卷79，朝鲜成宗八年四月二十一日戊午条；卷87，朝鲜成宗八年十二月初五日戊戌条。

则不可匿之。况柳能波只、王好时乃、罗之介等，虽居汉城，自称女真，不可的知为唐人，何必强取解送以构边衅？其本主还推人口等，卿宜似若初不闻于朝者，权辞还给，其不追寻人口，可上送。其上来者，勿令与还归者相见，以秘去留之迹。①

可见，朝鲜边将在私下归还辽东“走回人”于女真领主之外，亦曾得到过朝廷乃至国王“权宜处置”的授意。即命令边将和地方官员将“明言故居里名、父母姓名，为唐人无疑者，上送（王京），其不知父母故里，疑非唐人者，勿送（王京）”，同时还要“并验（走回人）汉语知否”，② 这就给了边将很大的处置问题上的伸缩空间，对于那些长期或自幼被掳基本丧失汉语交际能力的“走回人”，将不得不面临被还给女真领主的厄运。

朝鲜世祖国王曾对其边将不无忧虑地说道：“若唐人年少被虏，久居彼土，则语音日变，忘其本语，势所必然。若非唐人，安肯舍本土而来哉？虽不解汉语，却是唐人，则今虽勒还，彼必思恋乡土，潜从他路达于辽东矣。如此则累朝至诚事大之义，一朝而亏，非细故也。”③ 朝鲜迫于女真人的压力，尤其是面对李满住、古纳哈等势力较为强大的女真首领之时，不得不向女真人归还一部分“走回人”以消弭边患，④ 但是又极度担忧明朝方面得知这一隐情，从而破坏其在明朝君臣心中“至诚事大”的光鲜形象，其纠结与无奈的情境可见一斑。

可以肯定的是，辽东“走回人”逃至朝鲜之后绝大部分被朝鲜遣还给了辽东都司，但是也有少部分人被尾随而来的女真领主索回，还有一些“走回人”由于在朝鲜犯罪或生病等原因而死于朝鲜。⑤ 此外，一些“走回人”或是出于自愿，或是朝鲜方面有意为之而最终留在了朝鲜。⑥ 如宣德二年（1427）逃来的徐士英被掳前就读于辽东乡学，是个粗通文墨的知识分子，因与其一同被掳的从兄张显先期逃到朝鲜并被“留仕司译院”，所以也尾随逃至朝鲜，徐士英在辽东已无亲族，故而自愿留居朝鲜，朝鲜方面自然也看重徐士英的读书人的身份，并且担忧徐士英回到辽东后会泄露张显任职于朝鲜的情况，于是世宗国王便同意将徐士英一并留下。⑦ 又如成化元年（1465）“走回人”卖土不愿被遣还辽东，而是一心想留在朝鲜，故而朝

① 《朝鲜王朝成宗实录》卷95，朝鲜成宗九年八月初五日甲午条。

② 《朝鲜王朝成宗实录》卷165，朝鲜成宗十五年四月二十九日乙酉条。

③ 《朝鲜王朝成宗实录》卷80，朝鲜成宗八年五月初一日丁卯条。

④ 《朝鲜王朝世祖实录》卷39，朝鲜世祖十二年七月初八日丁丑条。

⑤ 《朝鲜王朝中宗实录》卷85，朝鲜中宗三十二年十月初九日乙卯条。

⑥ 《朝鲜王朝世祖实录》卷37，朝鲜世祖十一年十一月十二日丙辰条；《朝鲜王朝成宗实录》卷11，朝鲜成宗二年八月二十八日戊辰条；《朝鲜王朝成宗实录》卷19，朝鲜成宗三年六月十一日丙子条；《朝鲜王朝成宗实录》卷90，朝鲜成宗九年三月十九日辛巳条。

⑦ 《朝鲜王朝世宗实录》卷36，朝鲜世宗九年四月十六日甲戌条、六月初九日丙寅条。按：张显与徐士英不同姓，应该不是其从兄，疑《朝鲜王朝实录》的记载有误。

鲜世祖国王也就乐于允其所请。① 世祖国王还曾授予辽东“走回人”甫郎哈等三人司正之职，企图笼络他们为朝鲜效力。② 可见，最终留居朝鲜的辽东“走回人”其人数也不会很少。③

有明一代，究竟有多少辽东“走回人”从女真地区逃往朝鲜，朝鲜方面又最终将多少“走回人”遣还至辽东，由于明朝方面的史料对此记载寥寥，朝鲜方面的史料记载也不全面，所以其准确数字几乎是无法统计得出的。据朝鲜方面的不完全统计，截至正统七年（1442）六月，朝鲜总计向辽东都司遣还的“走回人”为1108名，但是这些“走回人”中不仅包括女真人掳掠的辽东边民，还包含了倭寇掳掠的那部分。④ 而到了景泰三年（1452）八月，朝鲜方面统计的“走回人”遣还数目达到了1850余名，其中还明确指出“自洪武二十五年（1392）我朝开国以来，解送人口八百三十余名，然此特被野人虏去逃来人口耳”⑤。此后《朝鲜王朝实录》中未再见有关于“走回人”遣返数目的统计记载，但是截至景泰三年（1452）其数目即已达到830余名，而且直至其后一个半世纪的万历三十七年（1609），朝鲜国王光海君在位时期仍有辽东“走回人”逃往朝鲜，⑥ 故而终明一代想必其人数应该远不止一千人。

朝鲜方面向辽东都司遣还“走回人”长达二百余年之久，辽东地方的官民对朝鲜“至诚事大”的行为亦较为赞赏。⑦ 如成化十三年（1477）朝鲜遣还“走回人”冯礼原至辽东甜水站，“其父闻之，出迎于道，相持痛哭。（押解官）到辽东令通事崔泼率唐人诣御史张镛，镛问唐人等曰：‘汝等草笠，何所得乎？’对曰：‘朝鲜殿下之赐也，至于衣服靴袜，无非赐也。’镛曰：‘许多人口，厚赐衣服，还送本土，殿下忠诚至矣’”⑧。冯礼原父子相见的场景令人颇为动容，而这一切之所以能够达成，朝鲜方面的贡献不言而喻。辽东地方官员由于担忧朝廷怪罪其管下人口被

---

① 《朝鲜王朝世祖实录》卷36，朝鲜世祖十一年八月初六日辛巳条、八月十三日戊子条。

② 《朝鲜王朝世祖实录》卷22，朝鲜世祖六年十二月初九日辛巳条。

③ 按：正统六年被女真掳掠的辽东铁岭卫军人李相来至朝鲜，朝鲜边将见其“粗知经书，习吏文”，且“汉音纯正”，便启请世宗国王留李相于朝鲜任职，对此世宗国王还特意上奏明英宗请求明朝允许李相留居朝鲜“训习语音以通上国之情”，明英宗最初表示允请，但后来经辽东总兵官上奏得知李相在被掳前曾犯重罪，故而敕谕世宗国王不可重用李相。然而世宗国王并未遵从明英宗的告诫，先后授予李相副司直、承文院副校理等职务（参见《朝鲜王朝世宗实录》卷93，朝鲜世宗二十三年八月二十二日丙戌条；卷94，朝鲜世宗二十三年十月二十二日乙酉条；《明英宗实录》卷87，正统六年十二月戊戌条；《朝鲜王朝世宗实录》卷96，朝鲜世宗二十四年六月十日己亥条；卷119，朝鲜世宗三十年正月十八日乙巳条；卷121，朝鲜世宗三十年九月初四日丁亥条）。

④ 《朝鲜王朝世宗实录》卷96，朝鲜世宗二十四年六月二十九日戊午条。

⑤ 《朝鲜王朝端宗实录》卷2，朝鲜端宗即位年八月初十日庚午条。

⑥ 《朝鲜王朝光海君日记》卷16，朝鲜光海君元年五月二十八日戊辰条。

⑦ 《朝鲜王朝世宗实录》卷102，朝鲜世宗二十五年十一月初七日戊午条；《朝鲜王朝文宗实录》卷10，朝鲜文宗元年十一月二十七日辛酉条。

⑧ 《朝鲜王朝成宗实录》卷84，朝鲜成宗八年九月初四日戊辰条。

掳于女真人，因此有些时候会私下隐匿朝鲜遣还“走回人”的消息，[①] 但也不时将朝鲜遣还“走回人”的举动上奏给明朝皇帝，皇帝则多次降敕朝鲜国王褒扬其“至诚事大”的行为。[②]

（二）被女真人掳掠的朝鲜边民经由辽东“走回”的情况

女真人有掳掠外族人口充当奴隶的悠久传统，因此与其壤地相接的朝鲜国自然很难幸免，尤其是朝鲜热衷于将从女真地区逃回的辽东“走回人”遣还给明朝，这无疑更加激怒了女真人，也给他们抢掠朝鲜边境提供了借口。有明一代，女真人掳掠的朝鲜人口绝不在少数，当然同辽东“走回人”一样有一部分朝鲜奴隶最终也设法逃回了本土，而其中经由辽东地方的朝鲜“走回人”也不乏实例。

据笔者手头的资料来看，至迟在明英宗正统八年（1443）就有朝鲜“走回人”从女真地区逃到辽东的案例发生，《朝鲜王朝世宗实录》载：“管狎（押）官知承文院事卞孝敬赍捧敕谕，带忽剌温虏（掳）去本国女松加伊回自辽东。”[③] 这则史料虽然比较简略，但是蕴含的信息却很丰富。即朝鲜女子松加伊被忽剌温女真掳去，后“走回”至辽东地方，辽东方面又令朝鲜国遣来的送还辽东“走回人”的管押官卞孝敬在返回朝鲜时，顺便捧持明英宗的敕谕并将松加伊携回本国。

与朝鲜方面特意从司译院拣选官员负责押送辽东“走回人”的方式不同，辽东地方在归还朝鲜“走回人”时通常并不派遣专人负责押送，而是令朝鲜赴明朝的使团或者是因公赴辽东办事的朝鲜差官返程时顺便将“走回人”携回本国。为了体现明帝国对属国朝鲜百姓的“字小以仁”，辽东都司同样会按例送予“走回人”衣服、鞋帽等物，而且还往往以礼部或辽东都司的名义移咨朝鲜国通告相关情况，据《朝鲜王朝成宗实录》收录的一份咨文记载：

> 辽东都指挥使司为走回人口事，抄蒙钦差镇守辽东总兵官都督同知欧批文前事，据辽东都司呈，送走回男子一名金略安尔到来，发据广宁备御都指挥焦贵，备广宁卫镇抚呈，会同通事审系朝鲜国人氏，在理山住坐，成化十年（1474）十二月二十七日被海西女真撒哈连抢去走回等情，据供备呈，会同钦差镇守辽东太监叶、赞理军务兼巡抚右副徒（都）御史彭议得，前项走回男子金略安尔缘系朝鲜人氏，今既审供明白，除另行具（题）外令将本人发回辽东都司，收候本国使臣到来，照例给与衣服靴帽，顺付带回完聚，为此除将本人仍令原送舍人带回外，今批仰都司遇到收候

① 《明宪宗实录》卷20，成化元年八月丙子条；《朝鲜王朝中宗实录》卷51，朝鲜中宗十九年九月二十五日丙戌条；卷78，朝鲜中宗二十九年九月二十九日壬辰条。

② 《朝鲜王朝端宗实录》卷2，朝鲜端宗即位年八月初十日庚午条；《朝鲜王朝世祖实录》卷44，朝鲜世祖十三年十月初二日甲午条。

③ 《朝鲜王朝世宗实录》卷99，朝鲜世宗二十五年二月初八日甲午条。

本国使臣到来给与领回，仍将给过衣服靴帽，同领回使人名、日期，各号连批缴报。蒙此案照，先为前事已行呈送去后，今蒙前因拟合就行，为此除将走回男子金略安尔遵依札付内事理抚待，给与衣服靴帽，就令本国原差赴京回还使臣判中枢府事朴仲善等领回外，咨请遇到收发给亲完住，仍希收给日期，咨报施行。①

这份咨文比较详细地记录了朝鲜理山男子金略安尔于成化十年被海西女真掳去，后“走回”至辽东地方并获得辽东地方官员的协助，最终由朝鲜赴明使臣朴仲善等领回本国的过程。而且还可以从中窥探出辽东地方作为明朝的边疆军政地带，在遣还朝鲜“走回人”这一过程中辽东都司衙门与驻守广宁的总兵官、镇守太监、辽东巡抚等衙门之间复杂的程序运作过程。此外，朝鲜在收到礼部或辽东都司的咨文后，则须回咨表达谢意并通告“走回人”回国后的安置情况。② 关于辽东方面遣还朝鲜“走回人”的情况，根据《朝鲜王朝实录》的相关记载统计如表1－5 所示。

表1－5　被女真人掳掠的朝鲜边民经由辽东“走回”的情况

记录日期	“走回”人口	被何部落掳去	负责管押官员
世宗二十五年二月初八日	松加伊	忽剌温	知承文院事卞孝敬
世祖八年十二月初二日	金干撒尔等二名	建州女真	使臣卢叔仝
世祖十年正月二十四日	罗德	建州女真	不详
世祖十二年闰三月十二日	金卜生	女真	通事芮亨昌
成宗六年四月初七日	锁贵	建州女真	不详
成宗七年七月初五日	金略安尔	海西女真	使臣判中枢府事朴仲善
成宗十二年十二月二十三日	孙茂江	女真	不详

据上表可知，相比于朝鲜遣还辽东“走回人”的数量而言，辽东遣还的朝鲜“走回人”的人数则显得有些过于凤毛麟角了。但是明朝作为当时东亚世界的“天朝上国”，对于属国朝鲜的“走回”人口能够给予优待并遣还本国，其政治上的象征意义无疑是更为明朝和朝鲜双方所看重的，至于其所营造出来的以“事大字小”为核心理念的和谐的宗藩关系，两国之间更是有着相当的默契。

（三）被倭寇掳掠的明朝边民经由朝鲜“走回”的情况

众所周知，明代最大的边患曾被概括为“南倭北虏”，其中南倭即是指活跃于南起广东北至辽东乃至朝鲜半岛沿海一带的由日本武士、浪人组成的海盗集团，特

① 《朝鲜王朝成宗实录》卷69，朝鲜成宗七年七月初五日丙午条。

② 《朝鲜王朝世祖实录》卷38，朝鲜世祖十二年闰三月十二日癸未条。

别是嘉靖年间（1522—1566）中国海商汪直、徐海等人成为“倭寇”的统领，使得中国东南沿海的倭患达到了最高潮，即“嘉靖大倭寇”事态。[①] 倭寇掳掠了大量的明朝沿海地区的人口，其中的一部分被带回日本列岛后得以逃脱“走回”至朝鲜半岛，朝鲜国基于对明朝的“事大以诚”，故而将这些“走回人”又遣还给了明朝。倭寇掳掠的明朝人口除少部分为辽东等北方沿海边民外，大部分来源于中国东南沿海的南直隶、浙江、福建和广东等地，[②] 朝鲜将这些“走回人”由海路送回原籍显然是不切实际的，即使是通过陆路送至北京也不免因路途遥远而靡费百端，因此将“走回人”送还给地理上临近朝鲜半岛的辽东都司，无疑是合理且便利的选择。

永乐年间（1403—1424）是为被倭寇掳掠的明朝边民“走回”至朝鲜的高潮期，被掳至日本对马岛等靠近朝鲜半岛一带的明朝边民纷纷寻机逃离日本，而他们首选的目的地即是朝鲜南端的庆尚道等地。[③] 朝鲜方面对“走回人”审查后确认为明朝边民无疑的，通常会如同对待女真掳掠的辽东“走回人”一样安置其食宿，并赠给其衣服、鞋帽、布匹等物由司译院官员押送至辽东都司。[④] 根据《朝鲜王朝实录》的相关记载，其具体情况如表 1－6 所示。

表 1－6　被倭寇掳掠的明朝边民经由朝鲜“走回”的情况

记录日期	“走回”人口	原籍	负责管押官员
太宗四年九月二十五日	陈阿狗等四名	宁波府	司译院判官崔云
太宗十三年八月二十五日	钱得兴等四人	宁波府	知司译院事康邦祐
太宗十四年六月初一日	金保奴等三人	不详	佥知司译院事裴蕴
太宗十六年六月十八日	李名等十八名	不详	知司译院事郑乔
太宗十八年七月初八日	倪专心等五名	不详	前司译院判官崔天老
世宗即位年九月二十日	陈宗等六人	浙江	判司译院事张洪守
世宗即位年十一月二十一日	彭善才等十三人	不详	佥知司译院事赵忠佐
世宗即位年十二月二十日	俞兴、梁泰	不详	司译院注簿仇敬夫
世宗即位年十二月三十日	李阿谨等五人	不详	不详
世宗元年正月二十四日	彭亚瑾等十六名	不详	司译院判官吴义
世宗元年二月十二日	贾三等六名	不详	进献使通事全义

---

① 参见（日）田中健夫：《倭寇——海の歴史》，教育社歴史新書，1982 年版，第 148 页。

② 《朝鲜王朝世宗实录》卷 5，朝鲜世宗元年八月初七日己卯条。

③ 《朝鲜王朝太宗实录》卷 26，朝鲜太宗十三年八月二十五日辛未条。

④ 《朝鲜王朝世宗实录》卷 4，朝鲜世宗元年七月二十一日甲子条；卷 11，朝鲜世宗三年正月初七日庚午条。

续表

记录日期	“走回”人口	原籍	负责管押官员
世宗元年五月初十日	李西立等二名	不详	不详
世宗元年五月十八日	宋舍佛	不详	译者金希福
世宗元年八月二十五日	杜隆等五名	不详	通事（姓名不详）
世宗元年十月十二日	曾亚椒等五人	不详	译者全义
世宗六年六月初六日	张清等十四名	不详	中军司直艾俭
世宗十九年三月二十三日	郑马儿等二名	不详	司译院注簿梅佑
世宗二十五年五月二十一日	戴弗名等六人	浙江昌国卫	司译院判官金精秀

上表中还仅仅是《朝鲜王朝实录》中明文记载的被倭寇掳掠后自行“走回”至朝鲜的明朝边民，实际上由于史料记载语焉不详，朝鲜向明朝遣还的被倭寇掳去的人口中有相当一部分未能确定其究竟以何种方式来至朝鲜。[①] 事实上，在朝鲜送还的明朝边民中还有朝鲜军队在与倭寇的战斗中截获的人口、倭寇弃置在朝鲜近海岛屿的人口，以及朝鲜赴日使臣在对马岛等地赎买回的人口等情况。[②] 但以上三种情形均属于特殊的案例，笔者推测那些史料记载中未明确其来源的被掳明朝边民应该绝大部分还是自行“走回”至朝鲜的。这些通过各种途径来至朝鲜的明朝边民，大多都被朝鲜遣还至辽东都司，而且截止到景泰三年（1452），其人数即已超过一千人[③]，终明一代想必还远不止于这个数目。

这些“走回人”历尽艰辛才脱离险境，因此朝鲜君臣大多对其持有怜悯之情，故而在经由明、朝鲜边疆地带的平安道之时，往往会命令沿途地方官民给予协助。朝鲜管押官员需携带咨文来至辽东都司，咨文中向辽东都司通报“走回人”的相关情况，并请辽东都司点收人口奏报朝廷。[④] 嘉靖年间（1522—1566），朝鲜君臣曾经计划将倭寇掳掠的“走回人”由赴明使臣管押，直接遣还至北京以进一步表现其“至诚事大”之情，只是由于各种困难因素的制约而难以实行，最后不得不仍旧执行遣还于辽东都司的传统方案，有时为了便利还就近遣还至鸭绿江西岸的辽东汤站地方。[⑤] 故而，在朝鲜遣还倭寇掳掠的明朝边民的过程中，两国的边疆地带尤其是

① 按：据笔者的不完全统计，此种情形《朝鲜王朝实录》的记载至少有十余处（参见《朝鲜王朝定宗实录》卷5，朝鲜定宗二年九月初八日乙亥条；《朝鲜王朝太宗实录》卷33，朝鲜太宗十七年闰五月初一日丙辰条；《朝鲜王朝世宗实录》卷28，朝鲜世宗七年四月二十五日甲子条）。

② 《朝鲜王朝太祖实录》卷3，朝鲜太祖二年三月二十九日甲戌条；《朝鲜王朝世宗实录》卷4，朝鲜世宗元年六月初二日乙亥条、七月二十一日甲子条；《朝鲜王朝太宗实录》卷26，朝鲜太宗十三年九月二十日丙申条；《朝鲜王朝太宗实录》卷35，朝鲜太宗十八年二月二十九日庚戌条。

③ 《朝鲜王朝端宗实录》卷2，朝鲜端宗即位年八月初十日庚午条。

④ 《朝鲜王朝世宗实录》卷102，朝鲜世宗二十五年十二月二十七日丁未条。

⑤ 《朝鲜王朝明宗实录》卷25，朝鲜明宗十四年六月二十八日戊辰条、七月初二日辛未条。

辽东都司也发挥了不可或缺的重要作用。

至于明、朝鲜两国经由边疆地带互相遣还“走回人”的第四种情况，即被倭寇掳去的朝鲜人先逃到明朝然后再经由辽东都司遣还给朝鲜的案例则较为罕见，笔者从《朝鲜王朝实录》中仅发现两处记载，如建文四年（1402）二月“（朝鲜）船军金铁力、派税、金莫惠等三人被倭掳至中国边境而逃，辽东都司奏奉圣旨，就付贺正通事闵德生遣还”。[①] 由此可见，笔者所言的第四种情形确实存在，但相较于前三种情形则尤为显得凤毛麟角一些。

三、经由两国边疆地带遣还的“漂流人”

明代东亚世界的航海技术已经达到了较高的程度，但是在面对台风、触礁等情况之时，海难事故仍旧不时发生。事故中未沉没的船只顺着洋流和风向漂流于海上，如果能够幸运地漂至陆地才有获救的希望，而那些最终得以幸免于海难事故的船员和水手则被称之为“漂流人”或“漂流民”。关于明代以中国为中心涵盖周边朝鲜、琉球、日本的东亚“漂流人”及其遣还问题，国内外学术界业已进行了较多的研究实践，[②] 本文为了避免重复前人的研究，因此将着重从“漂流人”遣还过程中明、朝鲜两国边疆地带所发挥的作用这一层面来展开探讨。

（一）朝鲜经由辽东地方向明朝遣还“漂流人”的情况

明朝“漂流人”在海上不幸遭遇事故，可谓是九死一生，再加之其为“上国”子民，因此朝鲜君臣往往对其特加怜悯，不但派官员前往沿海慰问，而且还将“漂流人”上送至王京，朝鲜国王有时也会亲自接见“漂流人”，并赐给其衣服、饮食。[③] 至于遣还一节，首选的目的地同遣还“走回人”的情况相类似，依旧是辽东都司。

之所以将“漂流人”遣还给辽东都司，除了因为在地理上朝鲜半岛与辽东境土相连，可以免却护送人员的长途跋涉并进而俭省遣返开销的考虑之外，尚还有其他一些因素。比如一些“漂流人”是在航行前往辽东的途中遭遇海难事故的，其原本的目的地便是辽东地方；此外还有一些“漂流人”本身即是辽东沿海的边民，故而将其遣还至辽东都司也算得上是颇合事体。

明初辽东都司建立之后的一段时间，由于受到元明鼎革之际战乱波及的影响，

---

① 《朝鲜王朝太宗实录》卷3，朝鲜太宗二年二月十五日戊辰条；卷9，朝鲜太宗五年三月十七日壬子条。

② 可参见葛振家主编：《崔溥漂海录研究》，社会科学文献出版社，1995年版；（日）松浦章：《明代朝鲜船漂到中国之事件》，《中国社会经济史研究》2001年第4期；（日）松浦章：《明清时代中国与朝鲜的交流——朝鲜使节与漂着船》，乐学书局有限公司，2002年版。

③ 《朝鲜王朝太宗实录》卷12，朝鲜太宗六年七月初六日癸巳条、七月二十二日己酉条。

社会生产力遭到了很大程度的破坏，对于驻守在辽东地区的明朝军队及其眷属而言，粮食、布匹等基本的衣食物资尚不能自给。为了解决北部边疆驻守军民的生活问题，明朝因此开始将大量的生活物资从山东、江南等地通过海路运输至辽东及北平等地方。然而这条航路位于台风的多发区域，故而航行过程中发生遭风漂流甚至于沉船等海难事故也在所难免。而一些“漂流人”有幸漂至属国朝鲜的海岸，得到朝鲜方面的救助和优待并被遣还给辽东都司。① 如永乐二年（1404），明朝内官朱信、给事中马荣宗及观海卫千户陈生等从江南运粮前往山海卫的途中遭风漂流至朝鲜丰州镇，朝鲜太宗国王即移咨辽东都司给予遣还，这也是《朝鲜王朝实录》关于遣还明朝“漂流人”的最早记录。② 此外，《朝鲜王朝实录》的另一条记载比较详细地记录了船只遭风漂流的全过程，很是值得关注，其文曰：

登州卫右所军人张胜等连名状告，俱系山东都司登州卫左所百户缺官所梢班，篷碇手身役，天顺二年（1458）八月内奉勘合本卫批差，根（跟）随总旗锁庆，驾使登字三号五百料海船一只，装运赏赐辽东都司官军布花钞锭前往旅顺等口下卸，于本年十月十七日出离海口行使，至二十四日到于铁山大洋内，忽遇西北猛风飓作，昼夜雨雪，连绵不绝，叠浪上船，将本船舵摆坏，大桅、连篷、贡具什物、脚船等件，摆折去讫。又将两傍边装载花绒并□当压，跳风浪掣去无存，漂流黑水大洋。至十一月初一日，又加西风，骤雪大作，将头篷纬索并包桅索，刮断飞去无存。本月初五日，随风浪漂流到于悬岛岸边，本船又被暗礁浅阁，风浪踞跌，栈板梁头开裂损坏，泥水进仓。不知何处地名，后有小船一只前来，到彼问写说，今知是朝鲜地方。就借小船，各军连日打捞搬抢水湿布花钞锭，上岸晒晾，原装大绵布三万一千五十八匹、花绒一万斤、钞一十二万二千锭内，见有打捞布三万一千三十三匹、水迹浥澜破布九千九十一匹、堪中布二万一千六百三十四匹、包钞布一百八十三匹、包花布一百二十五匹，漂流无存布二十五匹；见有花绒八千二百五十斤，漂去花绒一千七百五十斤；见有钞一十二万二千锭。除漂流无存外，见有布花钞锭，蒙本处官司照数收领了当。若不告状，干系赏赐俵散辽东军需为重。切思本船委的在海节次遭风损坏，不能装载钱粮，水路难以搬运，如蒙准告启过转达朝廷，明降施行。③

① 按：永乐四年闰七月浙江金乡卫前千户所总旗黄进保等运粮前往北京途中遭风漂流，竟然一路穿越对马海峡漂至朝鲜东海岸（即日本海西海岸）的吉州地方，亦可谓奇矣！（参见《朝鲜王朝太宗实录》卷12，朝鲜太宗六年闰七月十九日丙子条）。

② 《朝鲜王朝太宗实录》卷8，朝鲜太宗四年九月初八日丙午条。

③ 《朝鲜王朝世祖实录》卷15，朝鲜世祖五年正月初四日丁亥条。

此次漂流事件发生于天顺三年（1459），一艘满载布匹、钞币的海船从山东登州起航前往辽东旅顺等处，但行至铁山大洋之时遭遇暴风，使船体受到严重损坏，其后这艘船随风漂流于海上，在靠近海岸之时又不幸触碰暗礁船体彻底损毁，且致使泥水进仓，货物或被冲走或被污湿。不过万幸的是该船最终漂至朝鲜忠清道结城县地方，地方官员对“漂流人”给予了积极救护，并及时上报朝鲜朝廷。朝鲜方面首先将“漂流人”锁庆、张胜等四十五人“给与衣粮盘缠脚力，先行送付辽东都司”，又将船中剩余货物一路搬运至两国边境，因为这些货物本是明朝“颁给辽东军丁（之）钱粮”，故而请求“辽东都司差拨人夫前来，照数接取搬运”。① 朝鲜为了减省人力物力负担，不愿意将货物直送至辽东都司，但是从朝鲜半岛南部的忠清道搬运至鸭绿江边的义州，其里程也并不算短，而且道路还比较崎岖难行，因此朝鲜方面可谓是仁义至矣！至于辽东都司派人前往边境自行接取货物，于理亦合。

辽东沿海一带的边民有前往近岸岛屿从事田猎生产的传统，辽东地方的各级军官也不乏垂涎于海中物产之辈，因而不时地指使管下军丁出海渔猎。这些或是私自出海或是受上级军官指派的辽东军民在海中从事生产活动时，也难免会遭遇暴风而发生漂流事故，其中一些人则漂至朝鲜的西海岸。② 如嘉靖七年（1528）七月有以崔堂为首的五十二人遭风漂流至朝鲜黄海道地方，自称奉“辽东大人之命，出猎海洋岛”③。当时明朝正处于严格执行海禁的时期，辽东都司却“纵使管下居民，远猎海岛，遂致遇风漂流，所在官司，不无罪责”，所以为了避免明朝朝廷得知此事而使得辽东都司官员获罪，朝鲜方面很识趣地决定不向北京奏报，而是将崔堂等人径直遣还给辽东都司。④

朝鲜方面对于来自辽东、山东等地方的“漂流人”，一般遣译官持咨文送还辽东，⑤ 而并不一定上奏于明朝皇帝，但是对于来自南直隶、浙江等中国东南沿海地区的“漂流人”，朝鲜又将采取何种遣还方式呢？《朝鲜王朝实录》对此载曰：“大凡唐人，例于辽东为咨入送；若南京人，则奏闻入送，例也。”⑥ 这则史料容易令人产生误解，即朝鲜方面按照惯例对于辽东等北方“漂流人”遣官持咨文送还辽东都司，而对于南直隶等南方“漂流人”则上奏明朝皇帝并遣送至北京。然而事实上却并非如此，对于南直隶等地的“漂流人”，朝鲜也并不一定会奏闻于明朝朝廷。据朝鲜官员洪彦弼的说辞：“唐人在苏杭为海贾者，或被倭寇抢掠，或遭风汛漂到

---

① 《朝鲜王朝世祖实录》卷15，朝鲜世祖五年正月初四日丁亥条。

② 《明神宗实录》卷437，万历三十五年八月乙酉条。

③ 《朝鲜王朝中宗实录》卷62，朝鲜中宗二十三年七月三十日己亥条。

④ 《朝鲜王朝中宗实录》卷62，朝鲜中宗二十三年七月二十三日壬辰条。按：崔堂等人被遣还辽东后，辽东都司大人和广宁总兵官皆否认自己派人出海田猎，并指斥崔堂等伪造票帖（参见《朝鲜王朝中宗实录》卷63，朝鲜中宗二十三年十月初七日乙巳条）。

⑤ 《朝鲜王朝太宗实录》卷25，朝鲜太宗十三年六月十九日丙申条；《朝鲜王朝中宗实录》卷104，朝鲜中宗三十九年九月十一日丁未条。

⑥ 《朝鲜王朝中宗实录》卷103，朝鲜中宗三十九年六月二十五日壬辰条。

我国，一船所骑几二百余人，例皆移咨辽东，不奏闻。誊录所载，如此者非一。”[①]可见，对于南直隶等地漂来的人口，仅是移咨辽东都司而不奏闻于皇帝的事例也是不少的。[②] 至于遣还南方漂流人到北京，据笔者所掌握的资料来看则更是极为罕见了。[③]《朝鲜王朝实录》记载了一个不乏趣味的实例，嘉靖二十五年（1546），朝鲜特进官郑士龙言于明宗国王曰：“今者漂流唐人解送事，冬至使当押去，然唐人势必未及入来矣。去甲辰年，臣为冬至使，漂流唐人臣亦押去，而交割于辽东，到北京呈奏本于礼部，则主客郎中王楠见其奏曰，尔率来漂流人于此处乎？臣答曰：‘已交割辽东都司矣。’郎中曰：‘然则何以奏本为也？若呈奏本，则当率来于此，否则但当交割，而不须奏本也。’”[④] 由此不难看出，朝鲜方面即使上奏于皇帝，但是也并不一定将“漂流人”遣送北京，而仅是交割于辽东都司而已。[⑤] 后来朝鲜更是以上奏皇帝有“希恩望赏”之嫌疑为由，不仅不上奏北京，甚至将遣还“漂流人”的目的地由辽阳城改为鸭绿江边的汤站地方。即“如被虏唐人之例，交割汤站，移咨辽东为便”[⑥]。

辽东地方沦陷于后金之后，仍有明朝“漂流人”来至朝鲜，此时再通过辽东都司遣还“漂流人”已是万万不可能了。好在避难辽东军民大批屯聚于朝鲜西海岸及近岸岛屿，并以椵岛（即中国文献中的“皮岛”）为中心组建成了东江军镇，故而朝鲜便顺势将明朝“漂流人”送还至椵岛，然后通过东江镇将其遣还明朝。[⑦] 可见，终有明一代辽东地方在协助朝鲜遣还“漂流人”一节上，其作用和贡献都不宜低估。[⑧]

（二）明朝经由辽东地方向朝鲜遣还“漂流人”的情况

朝鲜半岛三面环海，李氏朝鲜建立后虽然也一度厉行海禁，但沿海居民的海洋活动则很难禁绝，而且朝鲜附近海域同样也是台风的多发区域，所以朝鲜国民在海上遭风漂流也就在所难免了。一部分朝鲜“漂流人”得以大难不死漂至明朝沿海各处地方，其中最为著名的即是弘治元年（1488）朝鲜济州敬差官崔溥等人漂流至浙

① 《朝鲜王朝中宗实录》卷104，朝鲜中宗三十九年七月十九日丙辰条。

② 按：有时朝鲜方面也会采取折中的方案，即移咨于明朝礼部（参见《朝鲜王朝中宗实录》卷104，朝鲜中宗三十九年八月初五日辛未条）。

③ 《朝鲜王朝光海君日记》卷34，朝鲜光海君二年十月二十九日庚子条。

④ 《朝鲜王朝明宗实录》卷4，朝鲜明宗元年八月初四日戊子条。

⑤ 《明世宗实录》卷321，嘉靖二十六年三月乙卯条。

⑥ 《朝鲜王朝明宗实录》卷4，朝鲜明宗元年八月初四日戊子条。

⑦ 《朝鲜王朝仁祖实录》卷29，朝鲜仁祖十二年二月二十四日辛巳条。

⑧ 按：对于来自琉球国的“漂流人”，其漂至朝鲜后朝鲜方面也是将其交割于辽东都司，然后由辽东地方派人送往北京（参见《朝鲜王朝燕山君日记》卷28，朝鲜燕山君三年十月十七日乙酉条；《朝鲜王朝宣祖修正实录》卷24，朝鲜宣祖二十三年正月初一日甲辰条；《明神宗实录》卷217，万历十七年十一月庚戌条）。

江的事例[①]。因崔溥回到朝鲜之后将其在海上漂流及遣还途中关于明朝的见闻撰成了《漂海录》一书，故而这一史事成为中外史家竞相关注的热点。[②]

朝鲜“漂流人”漂到明朝海岸之后，明朝地方官员一旦审查核实其确属朝鲜国“漂流人”，除漂至辽东地区者之外，一般要将该“漂流人”送至京师，然后或是由朝鲜使臣携回本国，[③] 或是由礼部移咨辽东都司要求辽东地方遣人将朝鲜“漂流人”送还本国。从现存的史料记载来看，经由辽东都司转送朝鲜“漂流人”的情况无疑要远多于前一种情况。[④] 至于漂至辽东地方的朝鲜“漂流人”，显然更是不必多此一举地送往京师，而是由辽东地方派遣差官直接送还给朝鲜。[⑤]

辽东方面遣来送还“漂流人”的差官，朝鲜往往给予其很高级别的礼遇，不但接待规格较高，而且还向其赠送大量礼物。如此则辽东差官纷纷要求将“漂流人”直送至朝鲜王京，以期获得更多利益。[⑥] 朝鲜方面渐感接待不支，因此不断要求辽东差官越江后即止于义州，不必前往王京，辽东差官岂肯退让坚持“到王京交割”，故而双方经常发生激烈争执，最后朝鲜方面不得不通过贿赂手法以换取辽东差官的让步。有的差官甚至直言道：“辽东大人等必意俺等多得土产而还，求请则对之为难。弓箭、白布、白绸、紫绸、砚面、笔墨等物备给。”[⑦] 可见，辽东在遣还朝鲜“漂流人”这一施恩属国的善举之时，也给朝鲜方面带来了不小的经济负担，但辽东方面对于遣还“漂流人”的贡献还是应该给予积极肯定的。

综上，明代中朝边疆地带的人员流动及遣还几乎是一个与明王朝相始终的持续性的现象，而且其人员构成也较为多元复杂。这其中既包含两国边民、驻边军士、僧侣等由于各种原因而潜逃至对方境内形成的“逃人”；还包括两国边民中那些被女真人或倭寇掳掠后又得以逃脱的“走回人”，以及在海上活动中遭遇海难事故的“漂流人”等。另外，明代中朝两国边疆地带的人员流动并非是单向性的，而是具有双向性的特征，甚至还不乏有数度往返于两国边境地区的流动人员（如逃人、逃军），故而使得这一问题变得更为复杂。

至于上述“三类人员”的遣还，明、朝鲜双方基于“事大字小”的宗藩和谐理念，总体上均给予了相当大程度上的配合，但朝鲜国出于自身国家利益的考量，

---

① 《朝鲜王朝成宗实录》卷215，朝鲜成宗十九年四月十五日戊辰条。

② 按：具体研究可参见中国学者葛振家及韩国学者朴元熇的相关著作。如（韩）朴元熇：《崔溥漂海录校注》，上海书店出版社，2013年版；（韩）朴元熇：《崔溥漂海录分析研究》，上海书店出版社，2014年版。

③ 《朝鲜王朝世祖实录》卷29，朝鲜世祖八年十二月初二日壬戌条。

④ 《明武宗实录》卷53，正德四年八月壬戌条；《明世宗实录》卷74，嘉靖六年三月癸巳条；《朝鲜王朝宣祖实录》卷10，朝鲜宣祖九年六月二十九日庚寅条。

⑤ 《朝鲜王朝燕山君日记》卷28，朝鲜燕山君三年十月十八日丙戌条；《朝鲜王朝宣祖实录》卷12，朝鲜宣祖十一年正月初五日丁巳条。

⑥ 《朝鲜王朝中宗实录》卷98，朝鲜中宗三十七年六月十三日壬辰条、六月十四日癸巳条、六月十五日乙未条；《朝鲜王朝明宗实录》卷8，朝鲜明宗三年八月初六日戊申条。

⑦ 《朝鲜王朝明宗实录》卷6，朝鲜明宗二年十一月初九日丙戌条。

也不时会做出有违宗藩君臣本分的“小动作”。如隐匿部分辽东逃军不全额归还给明朝等；而明朝方面特别是辽东地方有时亦难免凭借明、鲜宗藩之间的尊卑差别，施压朝鲜拒绝归还朝鲜逃人。但这毕竟只是个别现象，从主流上看绝大多数流动人员最终还是得到了遣还。

而在“走回人”和“漂流人”的遣还过程中，两国的边疆地方无疑是做出了突出的贡献，具有不可或缺的重要作用。如从女真地区逃脱的辽东“走回人”，很多都是先逃到邻近的朝鲜国东北边疆地带（咸吉道），然后由咸吉道地方上送至朝鲜王京，再经由朝鲜国西北边疆地带（平安道）的协助最终返回故土辽东地区的；又如那些被倭寇掳掠的明朝走回人口，虽然大部分来自于中国东南沿海的南直隶、浙江、福建和广东等地，但朝鲜却无法做到将这些“走回人”由海路送回原籍，即使是通过陆路送至北京也不免因路途遥远而靡费百端，因此将其送还给地理上临近朝鲜半岛的辽东都司，无疑是合理且便利的选择。由此，两国边疆地带在人员互遣过程中的重要意义可见一斑！

此外，两国边民犯越到对方国土从事生产活动的现象，在有明一代也不乏实例；至于明帝国羁縻卫所管控下的女真地区与朝鲜之间的人员流动情况，也同样是较为频繁多样的。在此限于篇幅，笔者将在以后的研究实践中另撰专文给予探讨。

（王桂东，男，1985 年生，北京市社会科学院满学研究所助理研究员、北京市社会科学院与中国人民大学联合培养博士后研究人员。北京：100101）

明代地理学家王士性与西南少数民族[①]

邹定霞

内容提要：明代地理学家王士性对西南少数民族做了详细而又深入的考察，他的地理学名著《广志绎》记录了西南地区的交通、经济、文化、风俗、政治，是研究西南少数民族历史的重要资料。王士性目睹了土司制度的弊端，意识到土司制度已经严重地阻碍了社会进步。在这一背景下，他认为"改土归流"是大势所趋。王士性的"夷汉错居"观全面地概括了晚明时期所形成的西南民族大杂居、小聚居的格局。王士性《广志绎》是民族地理学独特而又珍贵的资料。

关键词：王士性；少数民族史；土司制度；民族地理

自《史记·西南夷列传》《汉书·西南夷传》和《后汉书·西南夷传》始，"西南夷"用以指称古代分布在巴蜀以西和以南的族群[②]。"在两汉中央王朝经略边疆的过程中，西南夷占据着十分重要的地位。"[③] 明朝持续对这一地区进行着经略。《明史·土司传》对西南土司制度以及少数民族史的研究，具有较为重要的价值。相较于历代史家，曾深入到这片"蛮夷之地"的旅行家们，他们对西南少数民族社会状况的记载更为具体。

晚明是中国历史上旅游风气最为兴盛的时期，游记创作达到了一个前所未有的高峰，徐霞客的《徐霞客游记》和王士性的《广志绎》这两部地理学名著应运而生。徐霞客和王士性是晚明旅行家群体中的出类拔萃者，可是长期以来王士性遭受冷落。自20世纪80年代始，王士性才开始逐渐受到研究者的重视。1985年，著名历史地理学家谭其骧先生在徐霞客研究会上提出："王士性在人文方面的成就，比之他以后约40年的徐霞客对自然地理学的贡献，至少在伯仲之间，甚至可以说有过之而无不及。"[④] 1990年，谭先生在中国历史地理学术讨论会上再次高度评价王

---

① 基金项目：教育部人文社科青年基金项目"人文地理学视野下的晚明游记研究"（16XJC751008）；西华大学地方文化资源保护与开发研究中心课题"明清蜀道游记研究"（16DFWH014）。

② 段渝：《西南夷考释》，《天府新论》2012年第5期，第119页。

③ 杨丽华：《两汉中央王朝经略西南夷的政策变迁》，《中华文化论坛》2016年第7期，第121页。

④ 朱荣等选编：《纪念徐霞客论文集》，广西人民出版社，1987年，第6页。

士性："明代地理著作中特别值得重视的是万历王士性所撰《广志绎》一书，虽然篇幅不多，却是一部突出的高质量的著作。其中人文地理部分，尤为精致多彩。"①此后，王士性逐渐进入研究者的视野，研究成果主要集中在王士性对人地关系理论方面的贡献。可是目前的研究者基本还未涉及王士性对民族史做出的贡献。王士性曾对西南少数民族做了详细而又深入的考察，记录了西南地区的交通、经济、文化、风俗、政治，是研究西南少数民族历史的重要资料。

一、王士性《广志绎》反映的西南地区交通

王士性的《广志绎》卷五"西南诸省"对四川、广西、云南、贵州四省的人文地理做了认真的考察与分析。王士性，字恒叔，号太初，浙江台州府临海县人，性喜游历，万历五年（1577）成进士，相继在多地做官，足迹遍及当时的两京十三省。王士性于万历十六年（1588）典试四川，由陕西经秦岭入川；万历十七年（1589），由川改粤，途经贵州、广西；万历十九年（1591）晋云南澜沧兵备副使，由粤入滇。王士性《五岳游草》卷五《入蜀记》详细记录了他由陕西宝鸡经连云栈道入川的过程。蜀道是联系西南地区与中原地区的重要通道，历来以艰险著称。可是通过王士性对连云栈的考察，我们可以得知明代的蜀道交通已经有了极大的改善：

> 栈道虽称川，今实在陕。三陕虽称川，今实在楚。今之栈道非昔也，联舆并马，足当通衢。盖汉中之地，旧隶蜀故。②

明政府对连云栈这一路段进行了多次改修，万历年间（1573—1620）的连云栈道已基本改为碥路。碥路即在悬崖上凿石为路，以土石为基，通行能力和承载能力与栈道相比大为提高。贯通秦岭入川的褒斜道，虽然地理条件恶劣，但其交通条件已大有改观：

> 自古称栈道险，今殊不然。屡年修砌，可当行二轿四马。其褒、斜二谷，俯黑龙江，咸乾滩乱石，不知汉张汤何以欲转漕于渭。③

与栈道相比，入川的陆路更为艰险：

---

① 谭其骧：《积极开展历史人文地理研究》，《复旦学报》（社会科学版），1991年第1期，第30页。

② 王士性：《广志绎》，中华书局，2006年，第306页。

③ 王士性：《广志绎》，中华书局，2006年，第236页。

李太白称“蜀道之难，难于上青天”，不知者以为栈道，非也。乃归、巴陆路，正当峡江岸上，峻阪巉岩，行者手足如重累，黄山谷谪涪云：“命轻人鲊瓮头船，行近鬼门关外天。”人鲊瓮在秭归城外，盘涡转毂，十船九溺。鬼门关正在蜀道，今人恶其名，以其地近瞿塘，改瞿门关，亦美。①

在险恶的自然环境中，人们为了生存和发展，必须想尽办法。面临湍急的河水，既不能用渡船，也不能架桥梁，川西地区的人们搭起了铁索桥：

松潘有铁索桥，河水险恶，不可用舟，又不能成梁，乃以铁索引之，铺板于上，人行板上，遇风则摆荡不住，胆怯者坐而待其定，方敢过。余在滇中见漾濞江、怒江亦有此桥，皆云诸葛孔明所造也。②

贵州山区也利用绳索攀山，建造索道：

关索岭，贵州极高峻之山，上设重关，挂索以引行人，故名关索。③

直到今天，在某些山区，这种攀山绳索还在沿用。被外界称“悬崖村”的四川凉山州阿土列尔村勒尔社，一道陡峭的藤制“天梯”将其与外界相连。栈道、碥路、索桥、索道等设施都是为了适应西南山区特殊的地形而修筑，难以想象当时的人们在这崇山峻岭中克服了多么大的艰难险阻才完成了这些设施的修建。这些交通设施也成为西南地区与外界沟通的咽喉，极大地促进了地区间经济文化的交流。

二、王士性《广志绎》反映的西南地区习俗

广西、贵州、云南三省的少数民族人口远远大于汉族人口，民风民俗与中原地区相比，有很大不同。《广志绎》专列《夷习》一节来探讨少数民族的风俗习惯：

如南倭、北虏、西番，颇多一俗，惟西南诸夷，种类既繁，俗习各别。在广右者，曰傜、曰僮、曰狑、曰侗、曰水、曰佯、曰狼。狑与侗同，水、佯少寡。俗惟傜最陋。④

---

① 王士性：《广志绎》，中华书局，2006 年，第 304 页。
② 王士性：《广志绎》，中华书局，2006 年，第 306 页。
③ 王士性：《广志绎》，中华书局，2006 年，第 326 页。
④ 王士性：《广志绎》，中华书局，2006 年，第 336 页。

中原以南、北、西的少数民族的习俗，王士性一笔带过。西南少数民族的习俗，因为种类繁杂且差异性大，所以引起了王士性极大的兴趣。王氏的《夷习》一文对西南诸夷的房屋、服饰、饮食、婚俗等进行了详细的描述。西南少数民族的居住习惯迥异于中原，他们“居室不喜平地，惟利高山”①，呈现出明显的垂直民族分异。民居也呈垂直状，“居室无问贫富，俱喜架楼，名之曰栏，上人下畜，不嫌臭秽。”② 干栏式建筑是晚明西南边陲最广泛的民居形式。在饮食方面，他们不用碗筷进食，以全牲待客，“食以糯米炊饭，用木盘盛之，长幼相聚，浣手以搏，不用筯碗。凡待客以盘盛全牲，主人用大剪剪细，选美者数脔奉客，余分尝之。”③服饰也迥异于中原人：

> 傜自谓槃瓠所生，男则长髻插梳，两耳穿孔，富者贯以金银大环，贫者以鸡鹅毛杂棉絮绳贯之。衣仅齐腰，袖极短，年十八以上，谓之裸汉，用猪粪烧灰，洗其发尾令红，垂于髻端，插雉尾以示勇。……女则用五彩缯帛，裰于两袖，前襟至腰，后幅垂于膝下，名狗尾衫，示不忘祖也。……亦造金银首饰，如火筯横于髻，谓火筴钗。有裙无裤，裙最短露膝。④
>
> 僮俗男女服色尚青蜡点花斑，式颇华，但领袖用五色绒线绣花于上。⑤

王士性还记载了傜人的“还头”俗以及“不落夫家”婚俗：

> 婚姻必娶姊妹之女，谓之“还头”。兄死弟妻其嫂，弟死兄亦如之。新娶入门不即合，其妻有数邻女相随，夫亦浼数男相随，答歌通宵，至晚而散，返父母家，遇正月旦、三月三、八月半，出与人歌，私通，及有娠乃归夫家，已后再不作女子时歌唱也。⑥

“自20世纪50年代起，人类学和民族学家先后调查发现，在我国很多民族中，过去存在着一种引人注目的风俗，即男女结婚后新娘不落夫家，返归娘家长住若干年，待她怀孕或生育孩子之后，始到夫家居住。”⑦ 事实上，400年前的地理学家王士性已经对这一习俗进行了详细的记载。在《夷习》一文中，王士性对西南少数民

---

① 王士性：《广志绎》，中华书局，2006年，第336页。
② 王士性：《广志绎》，中华书局，2006年，第337页。
③ 王士性：《广志绎》，中华书局，2006年，第336页。
④ 王士性：《广志绎》，中华书局，2006年，第336页。
⑤ 王士性：《广志绎》，中华书局，2006年，第337页。
⑥ 王士性：《广志绎》，中华书局，2006年，第336页。
⑦ 王承权：《中国各民族不落夫家婚俗的比较研究》，《民族研究》1993第6期，第41页。

族的这一特殊婚俗给予了重视。他发现除了傜人以外，僮人的婚俗亦复同然：

> 娶妇回父母家，与傜同，惟耕作收获，四时节令，方至夫家；至不与言语，不与同宿，寄宿于邻家之妇女，一二年间，夫治栏成，与人私通有孕，方归住栏。大都夷人首子，皆他人所生，故夷无无子者，其种类不绝以是也。①

婚后女性返回娘家，像婚前那样生产生活，甚至与人对歌、私通。只有农忙时或节气时才回到夫家。即使回到夫家也不与夫君同宿，而是寄宿于邻家。直到丈夫把他们的新家筑成，并且自己与人私通后怀孕，她们才回到夫家。有的学者认为长住娘家风俗是母系制到父系制的过渡阶段的产物②，有的学者认为不落夫家婚主要是男女两性分工和能力较量的产物③。这一习俗虽有落后之处，但不可否认它可以确保家族人丁兴旺，是“对繁衍的尊崇和对普遍早婚缺陷的弥补”④。

《广志绎》是较早记载“不落夫家”婚俗的文献，人文地理学家王士性在风俗史方面还有很多有价值的记载等待研究者去发现和探究。

三、王士性《广志绎》反映的西南地区土司制度

土司制度始于元朝，盛于明、清，是历代封建王朝在西北、西南边疆实行的特殊管理制度，以本土之人，司本土之事。“明代云南、贵州、两广、湖广以及四川等地，自然条件差别甚大，民族众多。除居有汉族之外，还有苗、瑶、彝、傣等少数民族，他们的社会发展也极不平衡。元朝在少数民族聚居区设立土司制度进行管理……明初，太祖以数十万兵力平定西南各省后，为控制这些地区，遂承袭元朝的统治制度。”⑤ 洪武初年（1368），“西南夷来归者，即用原官授之。其土官衔号曰宣慰司，曰宣抚司，曰招讨司，曰安抚司，曰长官司。以劳绩之多寡，分尊卑之等差，而府州县之名亦往往有之。”⑥ 明代前期土司制度对稳定边疆起了一定的积极作用。可是到了晚明，土司制度暴露出种种弊端。王士性在西南地区的游宦生涯中，目睹了土司制度给人民带来的沉重负担：

---

① 王士性：《广志绎》，中华书局，2006 年，第 337 页。

② 林惠祥：《论长住娘家风俗的起源及母系制到父系制的过渡》，《厦门大学学报》（社会科学版），1962 年第 4 期，第 24 页。

③ 王承权：《中国各民族不落夫家婚俗的比较研究》，《民族研究》1993 第 6 期，第 41 页。

④ 李君怡：《布依族“不落夫家”婚俗试析》，《贵州民族研究》2010 年第 3 期，第 102 页。

⑤ 白寿彝主编：《中国通史》，上海人民出版社，2015 年，第 264 页。

⑥ 《明史》卷 310《土司传·序》，中华书局，1974 年，第 7983 页。

土州民既纳国税，又加纳本州赋税，既起兵调戍广西，又本州时与邻封战争杀戮，又土官有庆贺、有罪赎，皆摊土民赔之，稍不如意，即杀而没其家，又刑罚不以理法，但如意而行，故土民之苦视流民百倍，多有逃出流官州县为兵者。①

繁刑重赋使得这些土州民不聊生。他们既交纳国税，还交纳州税。土司对其民施以严刑峻法，土民稍有过错，便会招致杀戮：

云、贵土官各随流官行礼，禀受法令，独左、右江土府州县不谒上司，惟以官文往来，故桀骜难治，其土目有罪，径自行杀戮，时有以官祖母、官母护印者，其族类文移亦称官弟、官男。②

在壮族聚居的两江流域，右江地区的土官无视国法，左江地区“官畏国法”却往往陷入“往往为土民逐驱弑逆”的窘境：

右江土州县据险法严，土民无如其官何，而官抗国法。左江土州县官畏国法，然势弱，往往为土民逐驱弑逆，而官又无如民何。此两江土官之大校也。③

在民族地区的治理过程中，遵循国法与领导土民，二者往往很难兼顾。

王士性在西南地区亲身经历“土官干戈，无日不寻”④，看到土司之间争斗和杀戮的代价都是由土民来承受。土司间为了争夺领地以及承袭权而仇杀、内讧，让无数百姓丧生：

土官争界、争袭，无日不寻干戈，边人无故死于锋镝者，何可以数计也。春秋、战国时事当是如此，若非郡县之设，天下皆此光景耳。当知秦始皇有万世之功。⑤

土司制度不但给人民带来了极大的伤害，并且朝廷在这些地区所设的兵力更是令人担忧。明朝廷在西南地区建立了军事卫所，隶属各省都指挥使司。都司以下设都司土官，将诸土司的土兵纳入都司的管辖。土司的土兵听从朝廷和都司的调遣。

---

① 王士性：《广志绎》，中华书局，2006 年，第 308 页。
② 王士性：《广志绎》，中华书局，2006 年，第 308 页。
③ 王士性：《广志绎》，中华书局，2006 年，第 308 页。
④ 王士性：《广志绎》，中华书局，2006 年，第 313 页。
⑤ 王士性：《广志绎》，中华书局，2006 年，第 308 页。

于是在右江地区就出现了土兵喜于见调的情况：

> 右江土兵喜于见调，调土兵，人给行粮俱为土官所得，兵自赍粮以往，且献名倍役者之数，以规粮给，即岁额戍守之兵，亦残衰不堪用。然国家立法初意，第欲使之分其民以为我役，姑以戍守为名耳。左江兵弱，更不堪调。①

右江地区与左江地区相较，兵力稍强。左江土兵不堪调，右江土兵喜于见调。这是因为每一次调兵，土司都能从朝廷获得好处。但是对于土兵而言，他们却要承受调兵带来的支出。

有鉴于此，王士性认为土司制度已经严重地阻碍了社会进步。在这一背景下，“改土归流”是大势所趋，改土司为府、州、县，由中央派官员治理，这是解决问题的根本。可是“改土归流”并非易事。“改土归流”遭到土官的强烈抵制，很难推进。甚至土官们带着极大的敌意与戒备来对待归流。朝廷想要改善从广右往贵州的交通，却遭到土司的阳顺阴挠，缘由是土司怀疑此举是朝廷“改土归流”的前奏：

> 今太平无事时忽有此举，土官疑其改土为流，阳顺而阴挠之，故终无成。且安隆三日路亦自崎岖，不可开也。②

有些地方的土司则带有极强的排外倾向，比如丽江：

> 迤西土官惟丽江最黠，其地山川险阻，五谷不产，惟产金银。其金生于土，每雨过则令所在犁之，输之官，天然成粒，民间匿铢两者死，然千金之家亦有饿死者。郡在玉龙山下，去鹤庆止五十里而遥，然其通中国只一路，彼夷人自任往来，华人则叩关而不许入，一人入，即有一关吏随之，随则必拉以见其守，见则生死所不可知矣，故中国无人敢入者。③

在王士性生活的年代，丽江地区世袭的土司制度是民族隔阂的主要原因，中原人甚至不能进入丽江。四十年后，另一位地理学家徐霞客则受到了丽江土司木增的热情款待。崇祯十二年（1639）二月，徐霞客作为中原文化的代表进入丽江，为木增校订《云薖淡墨》集，为木增的《山中逸趣》集写跋，为木增写信推荐内地名

① 王士性：《广志绎》，中华书局，2006 年，第 308 页。
② 王士性：《广志绎》，中华书局，2006 年，第 311 页。
③ 王士性：《广志绎》，中华书局，2006 年，第 316 页。

士。徐霞客也成为倍受尊敬的木氏家塾名师：

> 先是途中屡有飞骑南行，盖木公先使其子至院待余，而又屡令人来，示其款接之礼也。途中与通事者辄唧唧语，余不之省。比余至，而大把事已先至矣，迎入门。其门南向甚敞，前有大石狮，四面墙垣之外，俱巨木参霄。甫入，四君出迎，入门两重，厅事亦敞。从其右又入内厅，乃拜座进茶。即揖入西侧门，搭松棚于西庑之前，下藉以松毛，以示重礼也。大把事设二桌，坐定，即献纸笔，袖中出一小封，曰："家主以郎君新进诸生，虽事笔砚，而此中无名师，未窥中原文脉，求为赐教一篇，使知所法程，以为终身佩服。"余领之。折其封，乃木公求余作文，并为其子斧正。书后写一题曰："雅颂各得其所。"余与四君，即就座拈毫，二把事退候阶下。①《徐霞客游记·滇游日记七》

木增恳请徐霞客为其第四个儿子木宿评习作、写范文。木氏土司中有数位在文学上颇有造诣，其中木增是最有学识、著作最丰的一位。《明史·云南土司传》记载："云南诸土官，知诗书，好礼守义，以丽江木氏为首。"② 由此可见，在徐霞客生活的时代，丽江土司并不像四十年前那样抵制中原文化与中原人。他们以极其开明的态度，虚心向中原知识分子学习，结交中原名士。"改土归流"不仅是政治上的一个举措，实际上也极大地促进了各民族文化的交流。

四、王士性的西南区域民族地理观

王士性对四川、云南、贵州和广西等地的地理状况有深刻的认识。他的"夷汉错居"观全面地概括了晚明时期所形成的西南民族大杂居、小聚居的格局。《广志绎》卷五《西南诸省》开篇便明确提出"夷汉错居"观：

> 西南一天，为夷汉错居之地，未尽耀于光明，故以次于江南。③

在王士性看来，四川、云南、贵州均为汉族与蛮夷民族的杂居之地。"夷汉错居"是王士性对西南地区民族地理状况的整体认知，具有高度的概括性与典型性。

王士性分别论述了西南各省的民族分布格局，例如广西：

---

① 王士性：《广志绎》，中华书局，2006 年，第 314 页。

② 《明史》卷 314《云南土司二·丽江》，中华书局，1974 年，第 8098 页。

③ 王士性：《广志绎》，中华书局，2006 年，第 301 页。

盖通省如桂、平、梧、浔、南宁等处，皆民夷杂居，如错棋然，民村则民居民种，僮村则僮居僮耕，州邑乡村所治犹半民也。[①]

通过考察人口分布，王士性发现桂、平、梧、浔、南宁等地区均为汉人与夷人杂居，有汉人村庄，也有僮人村庄，城镇治所汉人约占一半。而有的地区则是夷人聚居，例如怀远和荔波二县：

怀远、荔波二县皆土夷……然复怀远易，荔波难。荔波无一民，皆六种夷杂居，自思恩县西去，陆行数百里，深则重沟，高则危岭，夜则露宿，昼无炊烟，人多畏而不敢入。[②]

还有右江三府柳州、庆远、思恩：

广右异于中州，而柳、庆、思三府又独异……右江三府则纯乎夷。[③]

在右江三府，皆为傜僮所居，只有城市才有汉人居住。此外，王士性还认识到汉夷错居分布存在地形上的差异。傜僮喜欢居住在山地，把平旷的部分让给汉人，因此才形成汉夷杂居的局面：

傜僮之性，幸其好恋险阻，傍山而居，倚冲而种，长江大路，弃而与人，故民夷得分土而居，若其稍乐平旷，则广右无民久矣。[④]

对于云南一省的人口分布，王士性论述到：

诸省惟云南诸夷杂处之地，布列各府，其为中华人惟各卫所戍夫耳。百夷种曰僰人、爨人……僰人与汉人杂居，充役公府。罗罗性疑，深居山寨，人得绐而害之。广南、顺宁诸府，俗好食虫，诸处好食土蜂。南徼缅甸、木邦、老挝、车里、八百、千崖、陇川、孟良、孟定，俱女服外事。[⑤]

王士性认为云南整体上是诸夷杂处的格局，部分地区为夷人聚居。此外，王士性还注意到在夷人最为集中的“百夷”地区，还有一个共同的风俗便是“女服外

① 王士性：《广志绎》，中华书局，2006 年，第 312 页。
② 王士性：《广志绎》，中华书局，2006 年，第 312 页。
③ 王士性：《广志绎》，中华书局，2006 年，第 312 页。
④ 王士性：《广志绎》，中华书局，2006 年，第 313 页。
⑤ 王士性：《广志绎》，中华书局，2006 年，第 321 页。

事”，即妇女是社会和家庭里的主要劳动力。

云南的少数民族王士性统称为“夷”，而贵州的少数民族王士性统称为“苗”：

> 出沅州而西，晃州即贵竹地。顾清浪、镇远、偏桥诸卫旧辖湖省，故犬牙制之。其地止借一线之路入滇，两岸皆苗。晃州至平夷十八站……故卫所所治皆中国人，民即苗也，土无他民，止苗夷，然非一种，亦各异俗，曰宋家，曰蔡家，曰仲家，曰龙家，曰曾行龙家，曰罗罗，曰打牙犵狫，曰红犵狫，曰花犵狫，曰东苗，曰西苗，曰紫薑苗，总之盤狐子孙。椎髻短衣，不冠不履，刀耕火种，樵猎为生，杀斗为业。郡邑中但征赋税，不讼斗争。所治之民即此而已矣。①

除了卫所居住的戍守屯田的汉人，其余皆为苗人。苗人分为很多种，风俗也不尽相同，但“刀耕火种，樵猎为生，杀斗为业”是苗人相同的生活方式。

从整体上明确提出西南地区为汉夷杂居之地，这是王士性为民族地理学做出的重要贡献。

地理学家王士性根据他的亲身经历和敏锐的观察，本着求真务实的撰写原则，对晚明西南地区的状况作出了极为精到的分析与记述。正如他的好友冯梦祯在《王恒叔〈广志绎〉序》中所说：“恒叔自言：‘他人所述，每每藉耳为口，缘虚饰实，余言则否，皆身所见闻也。’”② 与大量记述疆域政区沿革变迁的地理志相较而言，《广志绎》对西南地区人文地理的描述显得弥足珍贵。

（邹定霞，女，1985 年生，川北医学院管理学院副教授。南充：637100）

① 王士性：《广志绎》，中华书局，2006 年，第 325 页。

② 冯梦祯：《快雪堂集》，《四库全书存目丛书》集部第 164 册，齐鲁书社，1997 年，第 61 页。

清前八旗蒙古牛录、五牛录、固山编设考释

姜相顺

内容提要：本文对清代前期八旗蒙古牛录、五牛录、固山的编设进行考释，从学生时，所学及现在所见学者有关论述和一手史料出发，深入研究皇太极时代女真、满洲与蒙古关系中八旗蒙古牛录、五牛录、固山最初编设的时间。对八旗蒙古的提法加以肯定，对蒙古牛录最初出现史籍的时间加以支持；对蒙古五牛录的编设，以前的研究不确定，本文以现所见原始史料得出证据确切的新见；在八旗蒙古固山最初编设的时间问题上，更在原始史料的基础上看出以往学者忽视的记载，从而将以前学界确定的天聪九年二月说，提前为天聪八年十一月。

关键词：清代前期；八旗蒙古；编设；考释

从清代前史来看，皇太极统治时代女真、满洲社会政治、经济、文化等急剧变化发展，是由各种因素决定的。以建立大清、称元崇德前后为两个明显的阶段。清前八旗蒙古牛录、五牛录、固山编设，是各种因素之重要一面，影响社会的发展，且为表征。此一问题，是清代前史研究的重要课题。可惜由于史料的简略缺失，分析研究不够，需投入力气深入研究。

一、八旗满洲领下的蒙古牛录、五牛录编设考释

记得学生时听世界著名蒙古史学家、中央民族学院历史系主任翁独健先生为北京市副市长、明史大家吴晗先生在大礼堂作《朱元璋传》的写作讲演所作开场白中极为鼓吹（此鼓吹去贬意为宣传）其一本书主义，又指出研究学问要深入，不但要弄懂弄清，而且要找出问题所在，解决它。以后著名蒙古史专家、课师贾敬颜先生举出一例，即八旗蒙古和蒙古八旗的叫法不同，实有深意。他主张叫八旗蒙古。学生当时年轻蒙昧，不想五十年后的今天得以理解。上所列论题，其前实应加八旗，八旗实为女真、满洲之首创，故而有八旗满洲、八旗蒙古、八旗汉军之通称，满洲处于明显的领导地位。所以论题前应冠八旗，反映真实的历史。为何如今还加考释？因为过去研究不够，许多问题不清，需加努力。本文拟先解决八旗满洲领下蒙

古牛录时间、来源及蒙古五牛录的编设时间等问题，得报师教，是为所愿。

1. 蒙古牛录

八旗满洲牛录甲喇固山制度即初期八旗制度是从牛录这个基层制度开始创建的。八旗蒙古八固山即八旗蒙古也是从蒙古牛录这个基层开始创建完善的。据以前学者研究，最早见到蒙古牛录字样是在《满洲实录》和《清太祖武皇帝实录》里，天命六年（1621）十一月十八日，蒙古喀尔喀部古尔布什台吉、莽果尔台吉率民六百四十五户并牲畜来归，努尔哈赤升殿接受拜见、设大宴后赐丰厚钱物奴仆牛马房田应用之物外，“以聪古图公主妻古尔布什，赐名青卓礼克图，给满洲一牛录三百人并蒙古一牛录共二牛录，授为总兵。”① 其用字有异处值得注意，前《满洲实录》用“给”，后《清太祖武皇帝实录》用“拨”，表明“蒙古一牛录”已存在，是兵民合一的八旗满洲基层组织之一。此是史籍所见蒙古牛录最早的时间。

前此投奔之蒙古人众和将才骨干，可知八旗满洲领下蒙古牛录的来源，史载如下：

> 天命六年（1621）二月三十日，蒙古的扎鲁特部钟嫩贝勒的蒙古二十六户、八十人，携妻子牲畜来归。② 闰二月二十九日，升蒙古阿代三等参将为一等参将。③ 六年三月初七，蒙古的巴哈达尔汉的七户逃来。④ 六年三月，多铎阿哥的蒙古七人，于初九逃走了。⑤ 三月十一，从蒙古的卓礼克图贝勒的儿子巴拜台吉那里，男三人，女二人，带六匹马来了。⑥ 在天命六年三月十九，喀尔喀的卓礼克图的国人，达尔汉巴图鲁的国人，巴哈达尔汉的国人，巴林的实尔呼纳克的国人，听说夺取了沈阳城，想要夺取财物、粮食。各种器具，有二三千人带着马、骆驼、牛车来了。（努尔哈齐——笔者引加）命令收集粮谷而留在沈阳城的八旗游牧的蒙古，驱逐那来的喀尔喀蒙古，夺了牛三百头、马二十匹、骆驼四头。捕获三十人，释放六人回去送信：对其他的人说，我们夺取了的地方，你们为什么侵入，都杀了。⑦ 这年三月二十三日，通过给恩格德尔额驸的信转达要求喀尔喀五部贝勒不要破坏誓约而严格约束部下。⑧

---

① 《满洲实录》334 页下，《清太祖武皇帝实录》卷 3 页十五背面也有汉字意思相同而字异的记（台湾华文书局影印本，1969 年）。参见张晋藩、郭成康：《清入关前国家法律制度史》，辽宁人民出版社，1988 年，264 页。

② 《重译满文老档》第 2 册，辽宁大学历史系，1979 年，第 2 页。

③ 《重译满文老档》第 2 册，辽宁大学历史系，1979 年，第 8 页。

④ 《重译满文老档》第 2 册，辽宁大学历史系，1979 年，第 10 页。

⑤ 《重译满文老档》第 2 册，辽宁大学历史系，1979 年，第 10 页。

⑥ 《重译满文老档》第 2 册，辽宁大学历史系，1979 年，第 10 页。

⑦ 《重译满文老档》第 2 册，辽宁大学历史系，1979 年，第 14—15 页。

⑧ 《重译满文老档》第 2 册，辽宁大学历史系，1979 年，第 16 页。

六年五月十四，恩格德尔的弟弟莽郭勒台吉带妻子、牲畜、属下的诸申三十家逃来。[①]

六年五月二十一，科尔沁的老囊苏喇嘛到来。喀尔喀蒙古卓礼克图贝勒的男五人、女三人、子一人带马十三匹逃来。[②] 二十六，任命蒙古齐汤古尔为参将。[③] 六年六月朔日，科尔沁的纳旦巴图鲁的囊苏喇嘛的二班第还有一人带马五匹逃来。[④]

十三，蒙古国的巴林地方的杜林贝勒的儿子阿玉升台吉、古尔布什台吉、萨塔尔台吉三台吉的属下蒙古一百六十户逃来。[⑤]

七月十四，蒙古的乌鲁特部的达尔汉巴图鲁贝勒的十五户逃来。[⑥] 十五，喀尔喀的卓礼克图贝勒的六十户逃来。[⑦] 八月初八，喀尔喀的卓礼克图贝勒的九人逃来。[⑧] 九月十一，蒙古的卓礼克图贝勒的二人逃来。[⑨]

六年十一月二十四，从广宁逃来蒙古二人。蒙古的巴约特地方色楞贝勒的十户逃来。晚从广宁逃来蒙古三人。[⑩]

从上所列，可见八旗满洲领下之蒙古牛录之来源。其逃来归附者多为骨干；战俘为奴，亦有随征立功得脱奴籍者；亦有不堪欺压逃亡得脱，或死于非命者；不一而足。但蒙古牛录的来源，大抵如是。蒙古归附者，同满洲互结姻戚，除蒙古扎萨克旗上致王公外，八旗满洲领下的蒙古贵族官吏亦任要职，世爵世职公、侯、伯、子、男等不乏其数。

随着女真、满洲的不断强大，蒙古各部不断归附，编为蒙古牛录。以后，蒙古归附增多，又有编设蒙古五牛录之举。

2. 蒙古五牛录

较早的历史文献未见蒙古五牛录一词。关于蒙古五牛录的研究，只好在清入关后的史籍《八旗通志初集》中来深入探讨。

“蒙古五牛录”出现在“蒙古牛录”后的天命十一年（1626）前，托克托尔国初来归，时方以蒙古分隶八旗，每旗各设五牛录，因令托克托尔

① 《重译满文老档》第 2 册，辽宁大学历史系，1979 年，第 28 页。
② 《重译满文老档》第 2 册，辽宁大学历史系，1979 年，第 29 页。
③ 《重译满文老档》第 2 册，辽宁大学历史系，1979 年，第 31 页。
④ 《重译满文老档》第 2 册，辽宁大学历史系，1979 年，第 3 页。
⑤ 《重译满文老档》第 2 册，辽宁大学历史系，1979 年，第 36 页。
⑥ 《重译满文老档》第 2 册，辽宁大学历史系，1979 年，第 40 页。
⑦ 《重译满文老档》第 2 册，辽宁大学历史系，1979 年，第 41 页。
⑧ 《重译满文老档》第 2 册，辽宁大学历史系，1979 年，第 46 页。
⑨ 《重译满文老档》第 2 册，辽宁大学历史系，1979 年，第 53 页。
⑩ 《重译满文老档》第 2 册，辽宁大学历史系，1979 年，第 70 页。

管一牛录事。天命十一年，贝勒代善攻囊努克，以托克托尔为向导。①

正黄旗蒙古都统喀（科）尔沁参领第五佐领，“原系喀尔喀地方蒙古，于国初编为五牛录，以甲喇章京巴岱管其一。”② 巴岱管时的“国初”，是否托克托尔之“国初”需弄清。巴岱何人？是喀尔喀地方蒙古，国初天命年间，前后来归者的领导有恩格德尔与古尔布什二人。巴岱是哪部的？史有记否？需细查。查《八旗通志初集》卷99第2326页：“阿岱，天聪八年（1634），以来归授三等甲喇章京。军功加为二等。”《八旗通志初集》卷11第197页记：“巴岱故，以其族兄之子奇他特管理。奇他特故，以其族弟巴朗管理。巴朗故，以其弟托班管理。”与《八旗通志初集》卷99第2326页记载的二等轻车都尉阿岱“三次袭巴朗、四次袭陀泮”相合。巴岱与阿岱可确定为一人。而《满文老档·太祖》正蓝旗档（天命十年）记“阿岱能完成任务，不违背指示的原则，为三等游击，免一次死罪”③，可知天聪八年（1623）巴岱为甲喇章京是天命十年（1625）“为三等游击”的名称变换，并非“来归”在天聪年间，此“国初”系为天命年间。

至镶蓝旗蒙古都统头参领第一佐领，“原系喀喇沁拜玉特地方蒙古，于天聪年间以其人丁编为五牛录，令图占管其一”④。亦称“图瞻，蒙古镶蓝旗人。国初自巴育特地方来归。太祖高皇帝以贝勒女妻之”⑤。可见，图瞻来归在天命年间，太祖努尔哈齐以贝勒女妻之，图瞻与图占为一人。图占管其一的喀喇沁蒙古牛录是在天聪年间部众大量归附所编五牛录之一，时间明确。显与上例的“国初”天命编蒙古五牛录之时间不同。

这细小的差别，亦需注意。有学者从以上史料得出“天命、天聪之际，每旗编设了5蒙古牛录，即每旗下附一甲喇蒙古，八旗至少编设了40个蒙古牛录”⑥。

笔者以为，据第一条史料得出“国初”天命年间“时方以蒙古分隶八旗，每旗各设五牛录”，得出“至少编设了40个蒙古牛录”是可以的，虽证据孤单，可再探求。经再探第二条史料有“国初编为五牛录”字样，“国初”的时间，经进一步研究确定为天命年间。

但将天聪年间的第三条史料硬入其中是不可以的，因《实录》的史记天聪年间有大量蒙古部众来投，喀喇沁蒙古在天聪时所编五牛录，不是天命年间编的。

幸好同书记“时天命九年（1624），八旗始编蒙古五牛录”⑦，据此条史料，可

① 《八旗通志初集》卷217，第8册，东北师范大学出版社，1986年，第4973页。
② 《八旗通志初集》卷11，第1册，东北师范大学出版社，1988年，第197页。
③ 《重译满文老档》第3册，辽宁大学历史系，1979年，第172页。
④ 《八旗通志初集》卷11，第1册，东北师范大学出版社，1988年，第227页。
⑤ 《八旗通志初集》卷171，第6册，东北师范大学出版社，1988年，第4185页。
⑥ 张晋藩、郭成康：《清人关前国家法律制度史》，辽宁人民出版社，1988年，第270页。
⑦ 《八旗通志初集》卷171，第6册，东北师范大学出版社，1988年，第4183页。

与前引第一、二条史料，确定天命九年为编蒙古五牛录之始。始者，开始也。编蒙古五牛录开始时间得到确定，而第一、第二、第四条史料在天命十一年前、九年的时间上得以确定，即天命年间。

但“每旗设五牛录”仍是孤证，需进一步研究。从《八旗通志初集》卷11、卷12看，编蒙古五牛录是从喀尔喀、科尔沁部归八旗的部众开始的，最早为天命九年。

所以，有学者说“另一说是天聪四年（1630）”①，有混淆视听之嫌。天聪四年所编蒙古牛录令达兰管理，并不是五牛录；“达兰故”②，与达兰以“罪罢”③ 有别。噶克都即或是甘笃管理，蒙古人名相同者多，两个达兰是否一人？亦应进一步弄清。两个“达兰”“故”或“罪罢”的时间不同。无论如何，也不能说此“天聪四年始编蒙古五牛录”说正确。

至于镶蓝旗蒙古都统头参领第十一佐领所说：“原系天聪四年编立喀（科）尔沁五牛录时，令托克托尔管其一。托克托尔故，以白桑古管理。”④ 只能说明天聪四年科尔沁部众归附多而又有编蒙古五牛录之举，令托克托尔管其一而已。

《老档太祖》天命十年正黄旗敕书记“托克托辉”“为三等游击”（重译本第三分册157页；中华书局本作“托克托惠”657页），旗不同，当不是一人。

不能说编蒙古五牛录是天聪四年才开始，尽管史料在时间记述上或有误，也不能成为一说。因为天命九年开始编立蒙古五牛录已确定。随着蒙古各部众归附增多，编蒙古牛录、蒙古五牛录以致蒙古固山即旗自然不断编立进行，天聪四、八年都是编蒙古五牛录的重要年份。

从《八旗通志初集》卷12所记看，天聪四年是科尔沁部编立蒙古五牛录的重要年份，计有镶蓝旗蒙古都统头参领第四、六、十一佐领及二参领第五、七、十二佐领编设牛录或五牛录。

天聪八年也是喀（科）尔沁地方蒙古、喀喇沁部地方蒙古编为牛录的重要年份，计有镶白旗蒙古都统右参领第三佐领、正蓝旗蒙古都统右参领第十五佐领⑤。据统计，明确标出天聪几年、天聪年间、太宗时包括盛京年间、崇德年间的蒙古牛录达42个。可见此期蒙古牛录、五牛录的迅猛发展。还有些蒙古牛录估计也是皇太极时所建，需进一步探究确定。但说“初编40蒙古牛录”或“始编四十蒙古牛录的时间定为天命、天聪之际”⑥，显然不妥。天命年间、天聪始建的蒙古牛录、

① 张晋藩、郭成康：《清入关前国家法律制度史》，辽宁人民出版社，1988年，第271页。

② 《八旗通志初集》卷12，第1册，东北师范大学出版社，1986年，第228页。

③ 《八旗通志初集》卷171，第6册，东北师范大学出版社，1986年，第4183页记“蒙古牛录章京名达兰者以罪罢，因以甘笃领其众，时天命九年，八旗始编五牛录，此其一也”。

④ 《八旗通志初集》卷12，第1册，东北师范大学出版社，1986年，第229页。

⑤ 《八旗通志初集》卷12，第1册，东北师范大学出版社，1986年，第213、第244页。

⑥ 张晋藩、郭成康：《清入关前国家法律制度史》，辽宁人民出版社，1988年，第271页。

五牛录数远过以每旗一个蒙古五牛录而推出 40 蒙古牛录之数。此说将八旗蒙古的研究引入人为的歧途，是不可取的。

实际的情况，八旗蒙古各旗之牛录老中青并不平衡均匀，入关前的数目也自不一，不可以数学方法计算。应尊重和深入研究现有历史文献，发现新史料，提出符合历史实际的论断。

谨将《八旗通志初集》旗分志卷 11、卷 12 已明确标出年代的八旗蒙古下佐领列表（顺康未计）：

天命国初

镶黄旗蒙古都统右参领第 1、第 7、第 9、第 12；镶黄旗蒙古都统左参领第 1 佐领；正黄旗蒙古都统科参领第 2、第 3、第 5 佐领；正黄旗蒙古都统蒙参领第 1、第 2、第 5 佐领；正白旗蒙古都统右参领第 2、第 6、第 8、第 9、第 12 佐领；正白旗蒙古都统左参领第 5、第 7 佐领；正红旗蒙古都统右参领第 1、第 5、第 7 佐领；正红旗蒙古都统左参领第 9 佐领；镶白旗蒙古都统左参领第 11 佐领；镶白旗蒙古都统右参领第 9 佐领；镶红旗蒙古都统头参领第 2、第 4、第 6 佐领；镶红旗蒙古都统二参领第 1、第 3、第 7、第 9、第 10、第 11 佐领；正蓝旗蒙古都统右参领第 2、第 9、第 10、第 13 佐领。

天聪四年

镶白旗蒙古都统左参领第 8 佐领；正蓝旗蒙古都统左参领第 1、第 15 佐领；镶蓝旗蒙古都统头参领第 4、第 6、第 11 佐领；镶蓝旗蒙古都统二参领第 5、第 7、第 8、第 12 佐领。

天聪五年

镶白旗蒙古都统左参领第 9 佐领。

天聪六年

镶黄旗蒙古都统右参领第 4、第 5 佐领，镶黄旗蒙古都统左参领第 7 佐领。

天聪七年

正黄旗蒙古都统科参领第 4 佐领。

天聪八年

镶白旗蒙古都统右参领第 3 佐领；正蓝旗蒙古都统右参领第 12、第 15 佐领；镶蓝旗蒙古都统二参领第 10 佐领。

天聪九年

正黄旗蒙古都统科参领第 1 佐领；正白旗蒙古都统右参领第 10、第 13、第 14 佐领，正白旗蒙古都统左参领第 8、第 9 佐领；正红旗蒙古都统右参领第 3 佐领。

天聪年间

正黄旗蒙古都统蒙参领第 5 佐领；镶白旗蒙古都统左参领第 10 佐领；镶白旗蒙古都统察京参领第 3 佐领；镶红旗蒙古都统头参领第 3 佐领；镶白旗蒙古都统右参领第 6 佐领；正蓝旗蒙古都统右参领第 1、第 3 佐领；正蓝旗蒙古都统左参领第

3、第5、第7、第9佐领；镶蓝旗蒙古都统头参领第5佐领；镶蓝旗蒙古都统二参领第1、第3、第4佐领。

盛京年间

正白旗蒙古都统右参领第1佐领；正白旗蒙古都统左参领第10佐领；正红旗蒙古都统左参领第2佐领；镶白旗蒙古都统右参领第2佐领；镶红旗蒙古都统头参领第10佐领；镶红旗蒙古都统二参领第5佐领；镶蓝旗蒙古都统二参领第6佐领。

崇德年间

正蓝旗蒙古都统右参领第9佐领，镶白旗蒙古都统察参领第2、第12佐领、镶白旗蒙古都统右参领第8佐领、镶白旗蒙古都统左参领第2、第7佐领、正红旗蒙古都统左参领第1佐领、正白旗蒙古都统左参领第11佐领，正黄旗蒙古都统蒙参领第1、第7佐领。

考释：

将清入关前八旗蒙古之佐领（牛录）按时间先后全部列入，已使眉目清晰，便于统计。

前经考释，已使天命九年八旗满洲编立蒙古五牛录之时间，得到确证。从《八旗通志初集》卷11、卷12标明蒙古佐领始编年代的列表看，国初天命年间标明始编蒙古牛录已达38个。加上重编八旗蒙古留在八旗满洲中的蒙古牛录18个，为镶黄旗满洲都统二参领第16佐领、三参领第5佐领、四参领第10、第12佐领；[①] 正黄旗满洲都统四参领第18佐领、五参领第13佐领。[②]

正白旗满洲都统五参领第3、第15佐领。[③]

正红旗满洲都统三参领第11佐领。[④]

镶白旗满洲都统头参领第4佐领、五参领第8佐领。[⑤]

镶红旗满洲都统四参领第9佐领。[⑥]

正蓝旗满洲都统头参领第1、第12、第13佐领，二参领第14佐领。[⑦]

镶蓝旗满洲都统二参领第17佐领，三参领第10佐领。[⑧]

以上18个留在八旗满洲中的佐领，经学者考证出14个是国初天命间的蒙古牛录[⑨]，是有贡献的。

---

① 《八旗通志初集》卷3，第1册，东北师范大学出版社，1986年，第31、第33、第37页。
② 《八旗通志初集》卷4，第1册，东北师范大学出版社，1986年，第60、第62页。
③ 《八旗通志初集》卷5，第1册，东北师范大学出版社，1986年，第82、第86页。
④ 《八旗通志初集》卷6，第1册，东北师范大学出版社，1986年，第98页。
⑤ 《八旗通志初集》卷7，第1册，东北师范大学出版社，1986年，第107、第120页。
⑥ 《八旗通志初集》卷8，第1册，东北师范大学出版社，1986年，第139页。
⑦ 《八旗通志初集》卷9，第1册，东北师范大学出版社，1986年，第149、第151、第154页。
⑧ 《八旗通志初集》卷10，第1册，东北师范大学出版社，1986年，第176、第178页。
⑨ 张晋藩、郭成康：《清入关前国家法律制度史》，辽宁人民出版社，1988年，第284—290页。

天命九年（1626），八旗满洲中每旗始编蒙古五牛录，已得确认，[①] 即天命九年已有蒙古40牛录，已得超过此数达56个蒙古牛录的稳妥确认。《法制史》的作者是据一条未得确证的史料以数学乘法推出40蒙古牛录，且认为“天命、天聪之际比较稳妥”；笔者则不但使天命九年编蒙古五牛录得到旁证，而且以现有史料统计数目，使天命九年八旗满洲每旗编蒙古五牛录得以成立。在研究方法上，两者是不同的，读者细看细思即可明白。

此外，指出如下几点：

1. 至天聪九年（1635）重新编审，八旗蒙古已有80多牛录。这个实际统计是很重要的，是据现仅有史料而不是推测的。

2. 《法制史》第272页说“蒙古全军”既包括吴讷格、苏纳所辖八旗左右翼两旗所辖蒙古甲士，也包括八旗之外的明安兀鲁特蒙古和恩格德尔喀尔喀蒙古。但当然还得包括科尔沁、敖汉、巴林等部不断投归的军卒，即不单是“两旗”。而且混淆了八旗满洲领下的蒙古甲兵与扎萨克旗下甲兵当时并不明显的区别，详见另述。

3. 《法制史》第273页说天聪六年（1632）“罢乌鲁特、喀尔喀两蒙古旗”。《清实录》记罢明安总兵官、巴彦代副将职以投归功免之而罚银了事，博琫的总兵官职以父琐诺木投归功而由弟僧格代之，“所属人员拨与吴讷格、鄂本兑旗下管理”[②]。这两蒙古旗，是与科尔沁、敖汉等部一样的扎萨克蒙古旗还是八旗蒙古，有深入探讨的必要。从天聪六年九月癸卯《实录》所记看，明安保住其总兵官职，博琫的总兵官由其弟僧格代之，但其所属人员拨与吴讷格、鄂本堆蒙古旗下管理；天聪八年（1634）三月己亥，大阅沈阳城北郊史记“满洲八旗、蒙古二旗、旧汉兵一旗，共十一旗”[③]，至五月乙巳命军兵固山额真“左翼固山额真公吴讷格、右翼固山额真甲喇章京阿代”列八旗满洲之后，[④] 可知此时蒙古二旗；明安、僧格保住总兵官职，是八旗满洲之属：天聪八年四月辛酉皇太极有段著名的讲话提到“我国官名”以满易汉“五备御之总兵官为一等公，一等总兵官为一等昂邦章京，二等总兵官为二等昂邦章京，三等总兵官为三等昂邦章京，一等副将为一等梅勒章京，二等副将为二等梅勒章京，三等副将为三等梅勒章京，一等参将为一等甲喇章京，二等参将为二等甲喇章京，游击为三等甲喇章京，备御为牛录章京，代子为骁骑校，章京为小拨什库，旗长为护军校，屯拨什库仍旧名。凡管理不论官职，管一旗者即为固山额真，管梅勒者即为梅勒章京，管甲喇者即为甲喇章京，管牛录者即为牛录

① 《八旗通志初集》卷217，第8册，东北师范大学出版社，1986年，第4973页。

② 《清太宗实录》卷12，第27页，天聪六年九月癸卯，台湾华文书局1969影印本下，第224页。

③ 《清太宗实录》卷18，第4页，天聪八年三月己亥，台湾华文书局1969年影印本下，第316页。

④ 《清太宗实录》卷18，第23页，天聪八年五月乙巳，台湾华文书局1969年影印本下，第331页。

章京，管护军纛额真即为护军统领，管护军甲喇额真即为护军参领”①。总兵官职属八旗满洲，固山额真品级的昂邦章京，则原为蒙古旗的头领可确定。所属人员拨与别人，是取消其旗。值得注意的是，处分所属台吉有“违编户之令”“违编五十家为民之令”② 之句，可见天聪八年分划牧地时的“移营蒙古”虽属八旗蒙古，其丁口已作“闲散”的“五十家为民”处置。

4. 八旗分划外藩蒙古与八旗蒙古牧地，是最早在文献《清太宗实录》上见诸记载的。

5. “众多新附蒙古融汇于蒙古八旗中”不确，或编立扎萨克旗是更重要的。说“大量喀喇沁等部壮丁的归附，直接促成了蒙古八旗的建立”不确，八旗蒙古“五牛录”在天命末年已确立，即所谓40多蒙古牛录。天聪八年划分牧地时，八旗蒙古各旗均有披甲官兵、固定牧地和“闲散”人丁。至天聪九年编审喀喇沁、土默特壮丁时，将各旗固山额真加以明确，如《法制史》所记“有从相应八旗满洲籍调来者”③；每旗下设二甲喇及梅勒章京、甲喇章京各二员加以固定，至清入关后未之或改。④

6. 《法制史》276页说“后者（即指还归旧牧者）则演化为外藩蒙古”，实际所谓外藩蒙古，即扎萨克旗即后来演化为藩属的“漠南蒙古”“漠北蒙古”“漠西蒙古”，藩属过程不一且有较长的时间。

7. 《法制史》277页说“所谓‘旧蒙古固山’即原附八旗之下的蒙古左右翼两旗”是不对的，“旧蒙古固山”即旧蒙古旗，当指天聪八年九月划分牧地的已分出的八旗蒙古，其中包括披甲和闲散，旗属已固定下来。

关于八旗蒙古固山的编立时间、发展、变化，亦有问题应予厘清，以下叙之。

二、八旗蒙古固山即旗编设始末

继《八旗满洲领下的蒙古牛录、五牛录编设考释》之后，本文下拟进一步论述八旗蒙古固山即旗编设始末。蒙古牛录、五牛录开始在八旗满洲领下之内，分隶八旗满洲领下，但遇庆典和征战自别为一部。

随着蒙古贵族人众的归附，天命七年（1622）正月朔日，八旗的诸贝勒率诸大臣向汗叩贺新年。继诸贝勒后，蒙古的恩格德尔额驸、莽果尔额驸、古尔布什台吉率众蒙古人叩头。⑤

① 《清太宗实录》卷18，第13—14页，天聪八年四月辛酉，台湾华文书局1969年影印本下，第321页。

② 《清太宗实录》卷12，第26页，天聪六年九月癸卯，台湾华文书局1969年影印本下，第223页。

③ 张晋藩、郭成康：《清入关前国家法律制度史》，辽宁人民出版社，1988年，第278页。

④ 参见《清太宗实录》与《八旗通志初集》卷11、卷12。

⑤ 《重译满文老档》第2册，辽宁大学历史系，1979年，第88页。

天命九年（1624）元旦朝贺，汗“出坐八角殿后，大贝勒先叩头，其次恩格德尔额驸率蒙古众贝勒叩头”，“武讷格巴克什率八旗的众蒙古人叩头”，班列第十一。[①] 此年，历史文献除记“恩格德尔率蒙古诸贝勒叩头”的藩属性上层待遇外，已明确在武讷格所率“众蒙古人”前冠以“八旗”，与天命七年（1622）新年时已有不同；此年据上文最新的研究确定已开始组建“蒙古五牛录”，且八旗满洲每旗设一“蒙古五牛录”[②]。

天命十一年（1626），努尔哈赤攻宁远城失败，“命武纳格率八固山蒙古又益兵八百”[③]，往取明军屯粮重地觉华岛。武纳格名前满文为“jekun gusai menggol cooha I ejen ”，译汉文为“八固山蒙古兵之主”。八固山即八旗满洲，蒙古兵即八旗满洲领下蒙古牛录、五牛录甲兵，即八旗蒙古兵之主。由于语言、生活习俗的差别，在礼仪和作战时自为一军，在最高统帅努尔哈赤指挥下，与满洲兵配合由武纳格（吴讷格）率领完成礼仪和作战任务。随着蒙古各部的不断归附，蒙古牛录、蒙古五牛录发展至蒙古固山、蒙古八固山已成必然之势。

天聪二年（1628）九月，皇太极亲征蒙古察哈尔林丹汗，“遣总兵吴讷格、副将苏纳、贝勒明安、额驸恩格德尔率满洲兵八十人及蒙古全军”[④] 行。其实，这是天命十一年攻宁远觉华岛用八旗蒙古兵的增新，即新增的明安乌鲁特蒙古部、恩格德尔的喀尔喀蒙古两旗甲兵。可以看出，皇太极已给蒙古武讷格、乌鲁特部明安、喀尔喀部恩格德尔以八旗满洲固山级的待遇，既不同于科尔沁部奥巴等扎萨克旗，又高于八旗满洲下的蒙古其他官。

天聪三年（1629）十一月丙申，皇太极亲率大军征明，在三河县“遣贝勒阿巴泰、岳託率二旗兵及蒙古二旗兵往击之”[⑤]。

天聪五年（1631）八旗左翼蒙古固山额真为吴讷格，八旗右翼蒙古固山额真为鄂本兑，即蒙古“左营”“右营”，八旗满洲领下的左右翼蒙古甲兵集中参战，由吴讷格、鄂本兑为两固山额真。

从上可见八旗蒙古一旗、二旗的发展过程。

天聪六年（1632）九月癸卯，以乌鲁特部贝勒明安子额驸多尔济罪拟革明安总兵官职、布彦代拟革副将以投归功免革职而从轻罚银，多尔济革备御职罚银，布当罚银并俘获人口赐物，布尔特革备御罚银夺俘获人口赐物，革博琫总兵官职以父琐诺木功以弟僧格袭之而罚银，皇太极“因归顺蒙古诸贝勒所行悖乱，不令另编为

① 《重译满文老档》第3册，辽宁大学历史系，1979年，第103页。
② 见前《八旗满洲领下的蒙古牛录、五牛录编设考释》。
③ 《满洲实录》卷8，台湾华文书局1969年满蒙汉文影印本，第393页。
④ 《清太宗实录》卷5，第9页，天聪三年二月庚子。
⑤ 《清太宗实录》卷5，第38页，天聪三年十一月丙申。

旗，令其诸贝勒随各旗贝勒行走，属下人员入吴讷格、鄂本堆旗”①。因此，不能像科尔沁、奈曼、敖汉等各部那样编为扎萨克旗，也“不令另编为旗”即不如吴讷格、鄂本堆（俄本岱）所领蒙古旗，头领贵族诸贝勒随满洲各旗贝勒行走，属下人员入吴讷格、鄂本堆领导的蒙古二旗披甲。后者就是史载的“左营”“右营”。如明安、博琫前曾为旗至此取消，蒙古旗就有个从四旗重又为二旗的过程。

天聪八年（1634）五月庚寅，命“旧蒙古右营为右翼兵，左营为左翼兵”②。丙申，在问诸贝勒大臣征明当由何路进兵时，皇太极指出大军宜直抵宣大，且指出“右翼五旗由上榆林出口，左翼五旗由沙岭出口”③。这大军左右翼共十旗兵，即八旗满洲兵和二旗蒙古兵。此时，右翼固山额真已易为阿代（鄂本兑即俄本岱病），左翼固山额真仍为吴讷格，实录记为“左翼固山额真公吴讷格、右翼固山额真甲喇章京阿代”，排名在八旗满洲固山额真之后，即蒙古二旗。④

皇太极将天命、天聪年间先后来归的蒙古牛录、五牛录、固山编入旗制，成为八旗满洲并肩疆场的助手，不断加强充实力量。有一个二旗、四旗、二旗蒙古变化过程，天聪八年十一月首编八旗蒙古。

1. 分划牧地的史记中首见八旗蒙古

“天聪八年十一月壬戌，先是遣国舅阿什达尔汉、塔布囊达雅齐，往外藩蒙古与诸贝勒分划牧地，并会审巴图鲁衮出斯等罪。至是还。奏称：本年十月二十二日臣等二人，与两黄旗下多诺楚虎尔、达赖（此人天聪九年为镶黄旗蒙古固山额真），两红旗下寨桑巴克什、吴巴里山津，两白旗下塔布囊塞冷、阿都海，两蓝旗下卫征侍卫、班扎尔，敖汉、奈曼、巴林、扎鲁特、翁牛特、四子、塔赖、吴喇忒、喀喇沁、土默特各部落管事大小诸贝勒大会于硕翁科尔地方，分给蒙古诸贝勒地：翁牛特与巴林，以胡喇虎、胡虎布里都为界；巴林与镶蓝旗，以克里叶哈达、胡济尔阿达克为界；两红旗与奈曼，以巴噶阿尔合邵、巴噶什鲁苏忒为界；敖汉与正黄旗，以扎噶苏台、囊家台为界；镶黄旗与四子部落，以杜木大都藤格里克、倭朵尔台为界；塔赖达尔汉与两白旗，以塔喇布喇克、孙岛为界；正蓝旗与扎鲁特，以诺绰噶尔、多布图俄鲁木为界。合计地界大势：西南至噶古尔苏，西至纳喇苏台，西北至哈尔占，北至胡喇虎、克里叶哈达、巴噶阿尔合邵、扎噶苏台、杜木大都藤格里克、塔喇布喇克诺绰噶尔，东北至纳噶台，东至兀蓝达噶胡里也图，东南至哈尔巴

① 《满文老档》太宗天聪六年九月初八日，中华书局本，第1337页；参见《清太宗实录》卷18，第4页，天聪八年三月己亥；《八旗通志初集》卷171，第6册《吴讷格巴克什传》、卷170，第6册《俄本岱传所记》。

② 《清太宗实录》卷18，第21页，天聪八年五月庚寅，台湾华文书局1969年影印本《录》下，第325页。

③ 《清太宗实录》卷18，第23—24页，天聪八年五月丙申，台湾华文书局1969年影印本《录》下，第326页。

④ 《清太宗实录》卷18，第33页，天聪八年五月乙巳，台湾华文书局1969年影印本《录》下，第331页。

噶尔，南至多布图俄鲁木、胡得勒乌讷格图莽喀、布木巴图、胡鲁苏台、古尔班克谷尔、库痕哈喇合邵、噶海、茅高阿大克、门绰克、什喇虎敖塔孛罗、兀喇汉哈达等处。既分之后，傥有越此定界者，坐以侵犯之罪；至于往来驻牧，务彼此会齐，同时移动，不许参差。其分定地方户口之数：正黄旗二千户，镶黄旗六百户，正红旗八百二十户，镶红旗八百三十户，镶蓝旗六百七十户，正白旗六百四十户，镶白旗七百户，正蓝旗七百户。敖汉一千八百户，奈曼一千四百户，巴林塞特尔八百户，满珠习礼八百户，达尔汉巴图鲁、土巴二千四百五十户，内齐、土巴济农二千户，四子部落土门达尔汉二千户，塔赖达尔汉、车根塞冷三千户，杜稜济农二千户，东戴青二千户，共计二万五千二百余户。①

《清太宗实录》卷二十一页六、天聪八年十一月壬戌，台湾华文书局影印本381页“八旗”字样出现二次，此八旗即为上述八旗蒙古。因为上所说八旗人均为蒙古人，是很明确的；与下扎萨克旗的敖汉、奈曼等分牧地可见。从户口数看，户口数正黄旗二千户、镶黄旗六百户等比满洲八旗中之一旗小得多，显然是指正黄旗蒙古、镶黄旗蒙古等，已无疑也，且与蒙古扎萨克各部共处游牧区可见。② 这显然是为八旗蒙古准备经济基础，只未完善而将八旗蒙古固山额真、甲喇章京、牛录额真以下至甲兵固定明确等而已。这时八旗蒙古已产生了。以前学者，显然忽视了这段表明八旗蒙古已早于天聪九年成立的史料。其原因是只记八旗蒙古的游牧地、户数，未记八旗蒙古各旗官员名字，且与蒙古扎萨克旗主住地相邻记载而加以混淆。

这时已有蒙古八旗，户数不多，且与扎萨克旗相邻，距盛京较近，为牧区。是蒙古八旗较天聪九年编定说为早。③ 画定牧地，包括蒙古外藩与八旗蒙古。有学者说：“所谓八旗，似指分属八旗，但仍保留原来游牧生活方式的‘八旗下移营蒙古’。这次分画牧地时，也给这部分‘移营蒙古’指定了地界。”④ 其实，蒙古牛录、五牛录一直在满洲八旗内，是不争的事实和历史，如子体与母体的关系。如今将“八旗下移营蒙古”分出继续“原来游牧生活方式”是尊重蒙古符合实际和减轻经济重负之举，从经济基础上已将八旗蒙古分出独立，但清代接受皇帝和满洲八旗的领导和宠遇优养、军事行动的指挥是历史事实。此正如有学者所云“原隶满洲旗下的蒙古牛录，编入与满洲旗同旗色的蒙古旗（固山）后，仍隶该旗色的满洲旗

---

① 《清太宗实录》卷21，第2—6页，天聪八年十一月壬戌，台湾华文书局1969年影印本《录》下，第379页中。

② 《清太宗实录》卷21，第3—6页，天聪八年十一月壬戌，台湾华文书局1969年影印本《录》下，第381页中。

③ 《清史稿》卷130兵志，八旗，记天聪“九年，以所获察哈尔部众及喀喇沁壮丁，分为蒙古八旗，制与满洲同”，《清史稿》上509页、卷229布颜代传说天聪“九年，蒙古旗制定”，《清史稿》下10232页，上海古籍出版社，上海书店《二十五史缩印本》；张晋藩、郭成康：《清入关前国家法律制度史》，辽宁人民出版社，1988年，第290、359页；袁闾琨等著：《清代前史》下卷620页说“编蒙古八旗始于天聪九年”等显然因袭不确（沈阳出版社，2004年）。

④ 张晋藩、郭成康：《清入关前国家法律制度史》，辽宁人民出版社，1988年，第359页。

旗主、管主，保持原隶属关系”[①]。八旗蒙古的完善有个过程，但天聪八年是首次见于史册。《清太宗实录》与《皇朝藩部要略》互为佐证。很难理解，清人祁韵士的《皇朝藩部要略》的史记竟为后出《清史稿》所记否定。祁韵士说的“蒙古八旗”是对的，“移营”也是蒙古，不是八旗满洲。至于说“下”，不但八旗蒙古，八旗汉军，而且后来的绿营，统在八旗满洲之下，这是历史的事实。所以天聪八年为八旗蒙古见于史记之首，而天聪九年是进一步完善编定的重要年份，直到清入关后编《八旗通志初集》时变动不大。

因此，八旗蒙古首编时间在天聪八年十一月为确。

同时，建全重用以科尔沁等为左翼、以敖汉、巴林、奈曼、土默特、喀喇沁等为右翼的扎萨克旗，接纳击败察哈尔林丹汗后不断归附的蒙古察哈尔等各部，使满蒙宗藩体制发挥争夺中华天下共主的重大作用。

2. 加强力量重编八旗蒙古

皇太极将八旗蒙古作为依靠的羽翼之一，前已不断安置重编。

八旗蒙古的重编，以“左翼固山额真公吴讷（音呢）格”之死为契机，满文中直译他是“八旗蒙古兵之主”，他的去世提醒皇太极采取将来归原安插蒙古八旗蒙古内的旧蒙古牛录官兵及新附喀喇沁、土默特等部众壮丁、在内旧喀喇沁壮丁重加整合的措施，组成继续密切配合八旗满洲兵的强大精干的蒙古军力。

天聪九年二月丁亥，编审内外喀喇沁蒙古壮丁共一万六千九百五十三名。分为十一旗。[②] 在击灭察哈尔林丹汗后，蒙古各部纷纷归附，所编十一旗中主要为八旗蒙古。《清实录》在记前三旗“固山额真”“同管固山额真事”后一句重要的话“其余俱令旧蒙古固山额真兼辖”以往研究被忽视，其所说“旧蒙古固山额真”本身就是说蒙古旗主已存在，从下述八旗看，当然是说八旗蒙古已存在。此次为重编。下记：

> 正黄旗：津（音今）扎、多尔济、布崖、阿玉石、拜都、塔拜、巴布泰、浑齐、吴巴什等之壮丁，及在内旧喀喇沁壮丁，共一千二百五十六名，合为旧蒙古一旗，命阿代为固山额真，[③] 其下设梅勒章京、甲喇章京各二员。
>
> 镶黄旗吴思库、拜浑岱之壮丁，及在内喀喇沁壮丁，共一千四十五名，合旧蒙古为一旗，命达赖为固山额真，其下设梅勒章京、甲喇章京各二员。

---

① 杜家骥：《八旗与清朝政治论稿》，人民出版社，2008 年，第 32 页。

② 《清太宗实录》卷 22，第 17—21 页，天聪九年二月丁亥，台湾华文书局 1969 年影印本《录》下，第 403 页。

③ 又名见中国人民大学清史研究所、中国第一历史档案馆译：《盛京刑部原档》，群众出版社，1985 年，第 22 页。

正红旗昂阿、甘济泰、喇嘛斯希、库鲁格、巴特玛、海塞、苏班达礼、卜达礼之壮丁，及在内旧喀喇沁壮丁共八百七十名，合旧蒙古为一旗，命恩格图为固山额真，其下设梅勒章京、甲喇章京各二员。

镶红旗苏木尔、赖胡尔、噶尔图、绰思熙等之壮丁，及在内旧喀喇沁之壮丁共一千十六名，合旧蒙古为一旗，命额驸布彦代为固山额真，其下设梅勒章京、甲喇章京各二员。

正白旗布尔哈图、阿玉石、苏班、齐古喇海、莽古尔代、塞内克、什鲁克等之壮丁，及在内旧喀喇沁壮丁，共八百九十名，合旧蒙古为一旗，命伊拜为固山额真，[①] 其下设梅勒章京、甲喇章京各二员。

镶白旗喇木布里、诺云达喇、阿兰图、什里得克、桑噶尔寨等之壮丁，及在内旧喀喇沁壮丁，共九百八十名，合旧壮丁为一旗，命额驸苏纳为固山额真，其下设梅勒章京、甲喇章京各二员。

正蓝旗什喇祁他特、喀喇祁他特、考祁他特之壮丁及在内旧喀喇沁之壮丁，八百六十名，合旧蒙古为一旗，命吴赖为固山额真，其下设梅勒章京、甲喇章京各二员。

镶蓝旗诺木齐、石喇图、纳勒图、桑奈、张素、绰克图、诺密、弩木塞阿衮等之壮丁，及在内旧喀喇沁壮丁，共九百一十三名，合旧蒙古为一旗，命扈什布为固山额真，其下设梅勒章京、甲喇章京各二员。[②]

早在1986年王钟翰先生之女王湘云教授就指出："十一旗当中的前三旗就是'外藩'蒙古旗，也就是后来盟旗制的雏形。"注中还指出："这次编的喀喇沁三旗，并不是后来的喀喇沁三旗，而是喀喇沁一旗，土默特二旗。"[③]

不难看出，这是将新喀喇沁壮丁、在内即原在八旗蒙古的喀喇沁壮丁及旧蒙古各部兵丁重编八旗蒙古。保持八旗满洲的固山、甲喇、牛录组织程式，但已有不同：一蒙古固山下仅为左、右二甲喇，与满洲一固山下五甲喇不一；且镶白旗蒙古为三参领，多个察哈尔参领。即以上按统计为52—53牛录甲兵，其兵数为近2650名，人丁7830，是八旗蒙古新增加的。八旗蒙古原有80牛录，甲兵数为4000名。两者相加牛录数为132—133个牛录，总兵数近6650名。则其壮丁数，应为19950名。

查《八旗通志初集》蒙古佐领的编设时间，以清入关前时为界可见原有112个牛录是：

① 又名见中国人民大学清史研究所、中国第一历史档案馆译：《盛京刑部原档》，群众出版社，1985年，第22页。

② 《清太宗实录》卷22，第17—21页，天聪九年二月丁亥，台湾华文书局1969年影印本《录》下，第403—405页。

③ 王湘云：《内扎萨克的建立问题》，《社会科学辑刊》1986年1期，第60—64页。

镶黄旗蒙古右参领第1佐领原系国初编立；第4佐领原系喀喇沁地方蒙古天聪六年编为半个牛录初令衮出思管理；① 第五佐领原系天聪六年编立；② 第7佐领原系喀尔沁地方蒙古於国初编设牛录，初令讷岳多管理，四传其孙色楞管理即崇德五年之色稜；③ 第9佐领原系土默特地方蒙古编为牛录初令巴特马管理④；第12佐领原系国初编立⑤等6个牛录。

镶黄旗蒙古左参领第1佐领原系国初编立蒙古牛录，令铎科索和管其一；⑥ 第3佐领原系喀喇沁地方蒙古编为牛录以夸奇他特管理；⑦ 第5佐领原系喀（科）尔沁地方蒙古人丁编为牛录以石尔坦塔布囊管理；第6佐领原系喀喇沁地方蒙古编立牛录在天聪五年左右阿育玺管理；⑧ 第7佐领原系天聪六年编立初以拜都管理；⑨ 第9佐领原系喀喇沁地方蒙古人丁编为牛录以吴达齐为牛录章京管理⑩等6牛录。

正黄旗蒙古喀（科）尔沁参领第1佐领原系天聪九年初编牛录时以阿赖管理；第2佐领原系国初编立，初以鄂本岱管理；⑪ 第3佐领原系喀（科）尔沁地方蒙古国初编为牛录，初以诺木图卫征辖管理；⑫ 第4佐领原系第3佐领人丁天聪七年编分编牛录；第5佐领原系喀尔喀地方蒙古国初编为五牛录以甲喇章京巴岱管其一；第7佐领原系盛京编立之牛录初以殷图管理；第8佐领原系以锦州蒙古编立牛录初以海色管理⑬等7牛录。

---

① 《八旗通志初集》卷215，本传；第4册，东北师范大学出版社，1986年，第2300页。

② 《八旗通志初集》卷215，多铎和传，东北师范大学出版社，1986年。

③ 《八旗通志初集》，第4册，东北师范大学出版社，1986年，第2305页。

④ 按：巴特玛崇德“二年六月兼管喀喇沁牛录事”与“土默特地方蒙古编为牛录初令巴特马管理”合，知第九佐领编牛录时当在崇德二年，见《八旗通志初集》卷99，东北师范大学出版社，1986年，第2317页，其子哈尔噶齐崇德八年袭。

⑤ 按：苏班代为从杏山台投归蒙古，时为崇德后半期的五年六月。原理解“国初”即天命年间不全面，而是清入关前年间。见《清太宗实录》卷52，第16页，崇德五年七月丁亥，台湾华文书局1969年影印本《录》下，第872页。

⑥ 《重译满文老档》太祖卷69，丙寅天命十一年正蓝旗敕书档，第三分册171页记多克硕和。

⑦ 崇德二年六月辛丑“叙从喀喇沁部落归附各官功”“夸祁他特、吴塔齐为牛录章京，俱仍管喀喇沁牛录事”，见《清太宗实录》卷36，第7页，台湾华文书局1969年影印本《录》下，第628页；《八旗通志初集》，第4册，第2318页。

⑧ 《八旗通志初集》卷81，第1637页记“二等男阿育习，镶黄旗蒙古，崇德二年以率户口来归”。

⑨ 《清太宗实录》卷22，第19页，天聪九年二月丁亥，记正黄旗，台湾华文书局1969年影印本《录》下，第404。

⑩ 按：见《清太宗实录》卷36，第7页，台湾华文书局1969年影印本《录》第628页记崇德二年六月辛丑叙从喀喇沁部落归附各官功，吴塔齐为牛录章京。

⑪ 《重译满文老档》太祖卷69，丙寅天命十一年正白旗敕书档，第三分册，第172页记鄂奔堆；《八旗通志初集》卷170本传，第6册，第4160页记其天命六年来降。

⑫ 《八旗通志初集》记崇德四年以军功授牛录章京，第4册，东北师范大学出版社，1986年，第2338页。

⑬ 《八旗通志初集》卷99，第4册，东北师范大学出版社，1986年，第2312页记崇德元年，海色以军功授牛录章京。

正黄旗蒙古都统蒙古参领第1佐领原系喀（科）尔沁地方蒙古崇德九年编为一牛录由多尔济子苏朗管理；第2佐领原系喀（科）尔沁地方蒙古国初编为牛录以巴泰管理；第4佐领原系喀（科）尔沁地方蒙古天聪九年编立以布寨管理；第5佐领原系盛京初编蒙古牛录时令巴思哈管其一；[①] 第7佐领原系崇德七年将蒙古五牛录分编七牛录时令张库管其一等5牛录。

正白旗蒙古右参领第1佐领原系盛京初编蒙古牛录时以其一与拜新墨尔根管理；第2佐领原系叶赫地方蒙古国初编立牛录以德穆图管理；[②] 第6佐领原系科尔沁地方蒙古国初编为牛录令博博图管理，天聪元年亡令子明阿达理管理；[③] 第8佐领初编立时华斋、托克托会管理；[④] 第9佐领原系天命八年所编牛录初令董俄罗管理；[⑤] 第10佐领原系天聪九年编立半个牛录初以沙济管理；第12佐领原系喀喇沁地方蒙古国初编牛录令达锡管理；[⑥] 第13佐领原系喀喇沁地方蒙古天聪九年编两牛录其一令桑阿尔齐管理；[⑦] 第14佐领即天聪九年所编两牛录之一阿兰管理[⑧]等9牛录。

正白旗蒙古左参领第5佐领原系国初编立牛录毕鲁海，[⑨] 第6原系察哈尔地方蒙古初编半牛录以乌格塞巴图鲁管理；第7佐领原系喀喇沁地方蒙古国初编为牛录马席管理；第8佐领原系喀喇沁地方蒙古天聪九年编为牛录初令巴图孟格管理；第9佐领原系喀喇沁地方人丁149名天聪九年编为牛录舒鲁克管理；[⑩] 第11佐领原系前屯卫人丁52名崇德九年编为半个牛录令阿汉泰管理；第12佐领原系盛京初编蒙古牛录令壮托管其一[⑪]等7牛录。

正红旗蒙古右参领第1佐领原系科尔沁哈达地方蒙古国初编为牛录额恩图；[⑫] 第3佐领原系天聪九年编审蒙古牛录时，以蒙古牛录甚少，令八旗各添二牛录，此

① 《重译满文老档》太祖卷69，丙寅天命十一年正白旗敕书档，第3册，东北师范大学出版社，1986年，第173页。

② 系吴讷格子，《重译满文老档》太祖卷67，丙寅天命十一年镶黄旗敕书档记武讷格为三等总兵官；《八旗通志初集》卷171，第4171页记吴内格癸丑年（1613）从太祖征乌喇。

③ 《重译满文老档》太祖卷67，丙寅天命十一年镶黄旗敕书档记博博图为三等游击，第3册154页；《八旗通志初集》卷171，明安达理传，第4173页记博波图天命初年自科尔沁来归。

④ 《重译满文老档》太祖卷67，天命十一年正黄旗敕书档记托克托辉为三等游击，第3册，第157页。

⑤ 《重译满文老档》太祖卷68，镶红旗档记东郭罗为备御，第三分册，第165页；《八旗通志初集》卷171本传。

⑥ 台湾华文书局1969年影印本《清太宗实录》卷36页7记崇德二年达什。

⑦ 台湾华文书局1969年影印本《清太宗实录》卷22页20，天聪九年二月丁亥，记为镶白旗。

⑧ 《清太宗实录》卷36，第7页记崇德二年管牛录事。

⑨ 《重译满文老档》卷67，正黄旗敕书档，第3册158页。

⑩ 台湾华文书局1969年影印本《录》下，第404页，《清太宗实录》卷22，第20页，天聪九年二月丁亥，正白旗。

⑪ 按：天聪八年（1634）盛京命名。

⑫ 《重译满文老档》太祖卷68，正红旗恩格图，第3册，第161页。

即所添牛录之一，令恩克管理；第5佐领原系叶赫地方蒙古国初编为牛录以和勒管理；第7佐领原系锦州人丁120名国初编为牛录令阿榜管理；第9佐领喀喇沁蒙古130丁编为牛录初以布达礼管理；[①] 第11佐领原系喀喇沁地方蒙古天以其人编为佐领令昂阿管理[②]等6牛录。

正红旗蒙古左参领第1佐领原系喀喇沁地方壮丁40名崇德二年编为牛录甘吉泰管理；[③] 第2佐领原系在盛京初编蒙古牛录时其一；[④] 第4佐领原系在盛京初编蒙古牛录时其一令巴雅尔图、托克退管理；[⑤] 第5佐领原系察哈尔地方人丁编为半佐领初以海色管理；第7佐领原为察哈尔地方人丁编立牛录初以鄂榜塔布囊管理；第9佐领原系国初编立牛录初以巴特马管理；[⑥] 第10佐领原系喀尔沁地方三百壮丁天聪年间编为牛录[⑦]等6牛录。

镶白旗蒙古左参领第2佐领原系崇德七年以锦州103壮丁编为牛录，初以安他哈管理；第3佐领原系喀尔沁地方蒙古编为牛录初以噶尔图管理；第4佐领初编时令阿巴图巴图鲁管理，第7佐领崇德四年以喀（科）尔沁闲散塔布囊布燕管理；第8佐领原系天聪四年喀尔沁地方蒙古编为半个牛录初令白赛管理；第9佐领原系天聪五年以后归蒙古编立令都统绰贝管理；第10佐领原系太宗皇帝以蒙古投诚人分编五牛录时其一令孟格管理；第11佐领原系国初编立半个牛录令厄思库塔布囊管理等7.5牛录。

镶白旗蒙古右参领第1佐领原系天聪年间编立牛录初以诺木库管理；第2佐领原系在盛京初编牛录初以巴颜不库牛录下孟格图管理；第3佐领原系喀尔沁地方蒙古天聪八年编立牛录令拜浑代管理；第5佐领原系喀尔沁地方蒙古69户人丁合锦洲伊尔开等蒙古编为一牛录初以门都管理；第6佐领原系天聪年间编设牛录初令温笃尔枯管理；第8佐领原系崇德七年将前屯卫48户人丁编为半个牛录初以多尔济管理；第9佐领原系国初编立初令额墨尔奇管理；第10佐领原系西喇他喇地方蒙古天聪九年编立令鄂齐里吴巴式管理等9牛录。

镶白旗蒙古察哈尔参领在京察哈尔第2佐领原系国初编立以郭尔泰管理；在京

---

① 台湾华文书局1969年影印本《清太宗实录》卷36，第7页：崇德二年六月辛丑“叙从喀喇沁部落归附各官功：授阿玉石、额林臣为三等甲喇章京；布达礼、甘际泰、苏朗、阿兰、达什、巴特玛、夸祁他特、吴塔齐为牛录章京”。

② 台湾华文书局1969年影印本《清太宗实录》卷22，第19页，天聪九年二月丁亥，正红旗昂阿。

③ 台湾华文书局1969年影印本《清太宗实录》卷22，第19页，天聪九年二月丁亥，正红旗甘济泰。

④ 托和齐辖，《重译满文老档》太祖卷68，丙寅天命十一年镶红旗敕书档记为备御，第3册，第165页。

⑤ 《重译满文老档》太祖卷68记丙寅天命十一年正红旗敕书档托克推为备御，第161页。

⑥ 台湾华文书局1969年影印本《清太宗实录》卷22，第19页，天聪九年二月丁亥，编立蒙古八旗时，巴特玛分在正红旗蒙古。

⑦ 顾鲁古，台湾华文书局1969年影印本《清太宗实录》卷22，第19页，天聪九年二月丁亥，在正红旗蒙古。

察哈尔第3佐领天聪年间编为牛录初令卓希喜管理；口外游牧地方察哈尔第2佐领原系崇德元年编为牛录以固穆台锡管理等3牛录。

镶红旗蒙古头参领第2佐领原系国初编立初以达虎泰管理；第3佐领原系天聪年间将杀虎口蒙古入席尔坦牛录又入镶黄旗令博尔和对管理；第4佐领原系国初编立以闲散阿育锡管理；第5佐领原系锦州蒙古编为牛录以多尔济管理；第6佐领原系喀尔沁蒙古国初编牛录以鄂衣者特管理；第10佐领原系盛京初编蒙古牛录初以巴颜代管理等6牛录。

镶红旗蒙古二参领第1佐领原系国初编半个牛录以马齐克管理；第3佐领原系国初编牛录以奇堂古尔管理①；第4佐领原系喀喇沁地方蒙古初编牛录以巴特玛管理；第5佐领原系盛京初编哈代蒙古牛录时编立牛录初令库尔梅管理②；第7佐领原系国初巴林翁牛特蒙古牛录初令褚尔魁管理；第9佐领原系喀（科）尔沁地方蒙古初编牛录以素墨尔塔布囊管理；第10佐领原系国初编立牛录初以僧格管理；第11佐领原系国初编立牛录以员外郎色楞管理等7牛录。

正蓝旗蒙古右参领第1佐领原系天聪年间编立牛录初令海赖管理；第2佐领原系巴岭地方蒙古国初编立初令拉拔塔布囊管理；第3佐领原系敖汉地方蒙古天聪年间编立初令宜穆图管理；第4佐领原系叶赫查哈拉同翁牛特、科尔沁、克西腾、阿霸垓等人户於天聪八年编牛录初令查哈拉管理；第7佐领原系喀喇沁乌兰地方蒙古67户人丁太宗编半个牛录初令胡班管理③；第8佐领原系插汉《察哈尔》那勒地方人丁编为牛录初令色楞塔布囊管理；第9佐领原系喀尔喀蒿（音号）齐忒蒙古国初编牛录以书隆格红国礼管理；第10佐领原系国初编设以叶布舒塔布囊管理；第12佐领原系天聪八年以喀尔沁上都开绷地方六十六户人丁并入色楞他布囊半个牛录为一整牛录以色楞塔布囊管理；第13佐领原系国初编设以褚库尔辖管理；第15佐领原系天聪八年以喀喇沁地方蒙古编牛录初令苏班塔布囊管理等10牛录④。

正蓝旗蒙古左参领第1佐领原系天聪四年合编牛录初令布代管理；第3佐领原系喀（科）尔沁地方蒙古天聪年间以人丁480余编三牛录之一初令倪沙尔管理；第5佐领系原天聪年间编喀尔沁三牛录之一初以达雅观理；第7佐领亦系天聪年间编喀尔沁三牛录之一初令噶尔玛锡管理；第9佐领原系天聪年间编设初以海赖管理；第15佐领原系天聪四年编立初令布岱管理等6牛录。

镶蓝旗蒙古头参领第1佐领原系喀喇沁拜玉特地方蒙古天聪年间编为五牛录之一令图占管理；第4佐领原系天聪四年编牛录其一令达兰管理；第5佐领原系天聪年间编喀（科）尔沁为五牛录之一令绰克图塔布囊管理；第6佐领亦系天聪四年编

① 《重译满文老档》太祖卷68天命十年正红旗敕书档记奇汤古尔为三等参将。第3册，第160页。

② 《重译满文老档》太祖卷68天命十年正红旗敕书档记库尔眛为备御。第3册，第162页。

③ 《八旗通志初集》卷102，世职表20胡班崇德四年以军功授半个前程，第4册，第2414页。

④ 天聪八年也是编蒙古牛录的重要年份。

立喀《科》尔沁五牛录时之一以尼喀达管理；第11佐领原系天聪四年编立喀《科》尔沁五牛录时其一令托克托尔管理[①]等5牛录。

镶蓝旗蒙古二参领第1佐领原系天聪年间将关内蒙古编为牛录初令桓进管理；第3佐领原系天聪年间合并各牛录滋生户口为牛录令鄂本泰管理；第4佐领原系天聪年间将锦州关内蒙古编为牛录其一令珠根管理；第5佐领原系天聪四年编立喀（科）尔沁五牛录时其一令额塞管理[②]；第6佐领原系在盛京初编牛录时编立之牛录令喇卜（音不）什希管理；第7佐领原系天聪四年编设之牛录令阿哈塔布囊管理；第8佐领原系锦州来归之蒙古天聪四年所编牛录初令夏伯逊管理；第10佐领原系天聪八年初编牛录时所编牛录初令诸木齐管理[③]；第12佐领原系天聪四年编立喀（科）尔沁牛录令诺敏管理[④]等9牛录[⑤]。

以上吸收《法制史》的研究成果，及笔者近期学习所见。

早在天命、天聪年间，编归附蒙古牛录40个，五牛录为一甲喇，八个蒙古甲喇分附八旗满洲之下。[⑥] 这是说每个满洲旗下有一个蒙古甲喇是在附于满洲旗时的。而每甲喇为五牛录是八旗满洲牛录甲喇固山制度的初制。《八旗通志初集》卷11、卷12所记八旗蒙古已与八旗满洲分开，每旗下有两个甲喇，已然不同；另一不同是，八旗蒙古每旗下甲喇数为二、镶白旗蒙古下甲喇数竟为三，而八旗满洲每旗下甲喇数为五。

理论上应每旗满洲有一蒙古甲喇，实际主要是参战时机动灵活。考《八旗通志初集》卷11、卷12蒙古佐领国初所编者，各旗参领下佐领数分布大致均匀，多少相差不大。[⑦]。大清编定的八旗蒙古，旧蒙古牛录大致112个为清人关前编定，而频出的国初概念当是天命、天聪和崇德年间，顺、康年间看即是国初；从历史实际看编蒙古牛录最早当在天命年间，是无疑的。编五牛录当在其后的天命九年。从《八旗通志初集》行文看，“国初”概念当包含天命、天聪以至崇德，即清入关前。

其中明确提出天聪四年编五牛录为多。有“喀《科》尔沁五牛录”四见[⑧]，有

① 科尔沁有五牛录为天聪四年编定，据上得出。

② 按：科尔沁有五牛录天聪四年编。

③ 参见台湾华文书局1969年影印本《录》下页404，《清太宗实录》卷22，第20页，天聪九年二月丁亥，编立八旗蒙古时诸木齐分在镶蓝旗。

④ 台湾华文书局1969年影印本《录》下页405诺密，《清太宗实录》卷22，第21页，天聪九年二月丁亥，天聪四年也是重要年份——编五牛录，以科尔沁部地方人丁为主；盛京一名定在1634年即天聪八年，可以为据定下盛京初编牛录年份，为人关前。

⑤ 《八旗通志初集》旗分志，东北师范大学出版社，1986年，第11—12页。

⑥ 参见张晋藩、郭成康：《清入关前国家法律制度史》，辽宁人民出版社，1988年，第271页；袁闾琨等著：《清代前史》，沈阳出版社，2004年，第620页。

⑦ 《八旗通志初集》，第一册，东北师范大学出版社，1986年，第191—232页。

⑧ 《八旗通志初集》，第一册，东北师范大学出版社，1986年，第228、第229、第231、第232页。

“天聪年间编喀尔沁人丁为五牛录”一见①，有“喀喇沁拜玉特地方蒙古，於天聪年间以其人丁编为五牛录”一见②，有“崇德七年将蒙古五牛录分编七牛录”一见③。其原因为科尔沁部蒙古最早最多归附满洲之故。其次为喀喇沁部蒙古。从《八旗通志初集》八旗蒙古看，两部所编牛录为多。

又提出“盛京初编哈代蒙古牛录”④、“盛京初编蒙古牛录”及“在盛京初编蒙古牛录”⑤，盛京作为地名为沈阳，始出则时间当在天聪八年（1634）。因此在击败察哈尔林丹汗后，大量先后来归蒙古各部众初编牛录当在天聪八年后。原因除上述之因外当是复杂的，蒙古一部或各部归附大清时间有先后，地方远近不同，当然需具体、详细、微观的分析研究，可进一步深入探索。

当时每一牛录人丁百人左右⑥，大致不错。“甲兵”与“人丁”是有区别的。吴讷（呢）格为八固山蒙古兵之主，即八旗蒙古兵之主，其满文是 jakun gusai monggoi coohai ejen，中无牛录一词，因此译为蒙古牛录总首领⑦不确。皇太极有段话说兵众：“朕仰蒙天眷，抚有满洲、蒙古、汉人兵众。虽各有营伍，未分名色，故止以该管将领姓名，称为某将领之兵。今宜分辨名色，永为定制：随固山行营马兵，名为骑兵；步兵为步兵；护军哨兵为前锋；驻守盛京炮兵为守兵；闲散兵为援兵；外城守兵为守边兵；旧蒙古右营为右翼兵，左营为左翼兵；旧汉兵为汉军。”⑧ 这尽管分的并不科学，但使许多问题明确：兵与丁、人是有区别的，不能混淆；兵是有营伍的，蒙古兵的营伍，左、右营都在盛京城外近处，当然是“行营”（蒙古包）；“抚有”兵众就是国家养兵，提供衣、食、俸银、马匹、兵器、甲胄等，所以“甲”有“额”；“以该管将领姓名，称为某将领之兵”，现在皇太极以谕令加以改革。

（姜相顺，男，1941年生，沈阳故宫博物院前学术委员会委员，国家文博系统研究馆员，清前史研究中心特邀研究员，辽宁省教授协会人文社科委员会常委、顾问。沈阳：110015）

---

① 《八旗通志初集》，第一册，东北师范大学出版社，1986年，第228页。

② 《八旗通志初集》，第一册，东北师范大学出版社，1986年，第227。

③ 《八旗通志初集》，第一册，东北师范大学出版社，1986年，第199页。

④ 《八旗通志初集》，第一册，东北师范大学出版社，1986年，第220页。

⑤ 《八旗通志初集》，第一册，东北师范大学出版社，1986年，第218、第213、第208、第205、第201、第199、第197页。

⑥ 参见张晋藩、郭成康：《清入关前国家法律制度史》，东北师范大学出版社，1986年，第278页引王锺翰：“人丁满百的编为一整牛录”（《清史杂考》第125页）。

⑦ 袁闾琨等著：《清代前史》，沈阳出版社，2004年，第620页。

⑧ 《清太宗实录》卷18，第20—21页，天聪八年五月庚寅，台湾华文书局1969年影印本，第324—325页。

1685 年第一次“雅克萨战役”前大清帝国致给沙皇俄国的两封蒙古文书信[①]

齐　光

内容提要：本文通过分析开战前大清帝国致给沙皇俄国的两封蒙古文书信，阐明1685 年第一次“雅克萨战役”时大清帝国的态度及在东北边疆的行动目的，以此试论“雅克萨战争”的起因问题。

关键词：大清帝国；沙皇俄国；蒙古文书信；雅克萨战争

前　言

1685—1686 年，大清帝国与沙皇俄国之间发生了两次边境军事冲突，中国史称“雅克萨战争”。战后 1689 年，清俄双方签订“尼布楚条约”，划定了双方在黑龙江流域的边界，以此换来了长达 170 年的和平。

关于“雅克萨战争”的先行研究很多，但尚不能说确切地阐明了大清帝国采取这次军事行动的直接目的及其意图。近年来随着有关清史的档案文献的大量公开及中国边疆民族研究的深入发展，新的研究成果在陆续问世，基于这种新史料、新成果，我们有必要重新考察清俄“雅克萨战争”前后的一些事情。

详细考察过“雅克萨战争”前后时期清俄关系的吉田金一先生，在其著名的《ロシアの東方進出とネルチンスク条約（俄罗斯的进军东方与尼布楚条约）》一书中，利用《清代中俄关系史料选编》的汉译内容，列举过当时清俄之间往来的一些书信[②]，但因是其书稿完成后急促加上去的，所以对有些问题没有时间给予足够的分析。另外，《清代中俄关系史料选编》中的汉文翻译，能否确切地反映原件的

① 本文系国家社会科学基金青年项目“清代喀尔喀蒙古噶舒克文书与社会体制研究”（编号：13CZS047）及复旦大学文科“双一流”建设人文社科一流创新团队之“西北史地研究创新团队”项目的阶段性成果。曾于 2014 年 5 月 27 日在“莫斯科测量与制图国立大学建校 235 周年校庆学术大会”上进行过口头发表。

② 参见吉田金一著：《ロシアの東方進出とネルチンスク条約（俄罗斯的进军东方与尼布楚条约）》，近代中国研究センター（近代中国研究中心），1984 年，第 191 页。

意思，这也是个问题。

有鉴于此，本文通过分析《清内阁蒙古堂档》中收入的两封蒙古文书信，即清军前线指挥官致给雅克萨城俄方头目和康熙帝致给俄国沙皇彼得一世的两封蒙古文书信的录副，阐明1685年发动第一次“雅克萨战役”前大清帝国对俄方的态度及其行动目的。

一、清军前线将领致给雅克萨城俄方头目的一封蒙古文书信

这件蒙古文书信录副，现保存在中国第一历史档案馆。2005年，中国第一历史档案馆与内蒙古大学合作整理出版《清内阁蒙古堂档》[①]时，与其他同时代的满蒙文档案一起，被收录到这里。此外，这一书信的满文版的汉文翻译，在中国第一历史档案馆编译的《清代中俄关系史料选编》[②]第一编，上册，第50—51页，《彭春等为要俄人撤至雅库遣还逃人事致雅克萨俄官咨文》中亦有，是从《清内阁满文俄罗斯档》翻译过来的。1685年，清军前线将领们将同一内容的信件制作成满文、蒙古文、拉丁文和俄文四种文字，致给了俄方。此前学术界只知道有满文、俄文和拉丁文三种，而不知有蒙古文，此录副的发现表明，当时还有过蒙古文书信。

关于清俄关系中的蒙古因素问题，正如著名历史学家白拉都格其先生的论述：“在清政府的对俄交涉中，蒙古语文一直以官方正式语文之一起重要媒介作用，并且有时还只以蒙古文为中方正式语文。清俄相互对对方君主的称呼，也来自并一直沿用蒙古人的称呼、蒙古语的音译。”[③]因当时在西伯利亚各城的俄罗斯官员相对于满文，更容易理解蒙古文，所以蒙古文是他们与大清帝国交流的最方便的语言。其实，“沙皇俄国从西伯利亚向东扩张领土到1840年，蒙古（蒙古人、蒙古地区、蒙古语文）在中俄关系中一直居于重要地位，起着不容忽视的重要历史作用”[④]。即使1858年缔结的《瑷珲条约》，其文本也是满蒙文的，没有汉文。对此，长期研究清俄关系的日本早稻田大学的柳泽明先生，也持有深刻的理解。[⑤]

以下是《清内阁蒙古堂档》，第四册，第275—278页，蒙古文《统辖全军之都统彭春等致给雅克萨城头目之文书》的内容：

---

① 中国第一历史档案馆藏，内蒙古大学蒙古学学院等编：《清内阁蒙古堂档》，内蒙古人民出版社，2005年。

② 中国第一历史档案馆藏，中国第一历史档案馆编：《清代中俄关系档案史料选编》，中华书局，1981年。

③ 白拉都格其：《1840年之前蒙古在中俄关系中的地位和作用》，载《中国边疆史地研究》1996年第1期，第70页。

④ 白拉都格其：《1840年之前蒙古在中俄关系中的地位和作用》，载《中国边疆史地研究》1996年第1期，第70页。

⑤ 参见柳泽明著：《17—19世纪の露清外交メ媒介言语（17—19世纪的俄清外交与媒介语言）》，《北东アジア研究（东北亚研究）》第3号，2017年。

统辖全军之都统朋春、议政大臣护军统领佟宝、副都统班达尔善、副都统衔玛拉等之文书，致雅克萨城头目。我主为使尔等撤回并返还我之逃人，曾多次遣人，亦致过文书。然尔等之主子这些年竟没来过一次回信，尔等亦不返还我方逃人，且又闯入我内地，践踏水土，抢夺民众妻儿，扰乱不止，是故派遣官兵截断尔等之行路，收服恒滚之俄罗斯人，不杀而豢养。然尔仍不从雅克萨撤回，故我主今特派我等，辖官兵来征讨尔等。以此官兵之力攻打尔等，无不克之理，即刻攻城、剿灭尔等，定会化为灰烬也。然尚不说尔等为俄罗斯人，凡世上任何地方之人，我主俱仁慈怜悯，为使各自无事安逸过活，故不忍剿除尔等，令我等再三劝说。命尔等现撤回至雅库地方，以雅库为界，于彼地猎貂，从当地人收取贡物而生。不入我界，俱送还投奔尔处之我方逃人，则我亦将收服的尔等之人返给。若愿以雅库地方也好，其他地方也好，定为边界，狩猎而居，则将尔等之意写入文书奏请我主，我等转奏我主。若仍执迷不悟，继续反抗，则大军进剿，破灭雅克萨城，尽行剿除尔等。彼时追悔莫及矣。为此致信。

康熙二十四年春之仲月。

分析史料：

（一）“统辖全军之都统朋春、议政大臣护军统领佟宝、副都统班达尔善、副都统衔玛拉”，是被康熙帝派至前线的清军将领。需要注意的是，他们是四个人一同组成前线指挥部，而不是只一人担任指挥官。这是因为，攻打雅克萨城的清军和各个驿站的运输员，是从各地抽调过来的联合军团，有八旗的，有绿营的，有前台湾郑成功的部下，更有索伦、达斡尔兵，他们需要联合调动。

朋春：栋鄂氏，满洲正红旗人。1676 年，授正红旗蒙古副都统。1682 年，被任命为正红旗满洲副都统。1685 年，作为清军统帅之一，前去攻打雅克萨城①。

佟宝：1684 年，从奉天副都统升任为正黄旗护军统领。

副都统班达尔善：1680 年，从正黄旗护军参领，升任正黄旗蒙古副都统。

玛拉：那喇氏，满洲镶白旗人。初任理藩院笔帖式。1675 年，信郡王鄂扎讨伐察哈尔布尔尼亲王，因玛喇熟悉蒙古事务，命去科尔沁调兵协剿。1685 年，遣都统彭春等前去黑龙江商议进兵事，授玛拉副都统衔，参赞军务②，玛拉主要负责调遣扎萨克蒙古兵。

以上这些清军将领，是在 1685 年 2 月 15 日康熙帝正式下达作战命令后，被派到黑龙江前线的。

---

① 参见赵尔巽等撰：《清史稿》卷 280，列传 67，郎坦、彭春、萨不素、玛拉。

② 参见赵尔巽等撰：《清史稿》卷 280，列传 67，郎坦、彭春、萨不素、玛拉。

（二）雅克萨城头目：阿列克谢·托尔布津，他于1684年6月到雅克萨城任职。

（三）从“我主为使尔等撤回并返还我方逃人，曾多次遣人，亦致过文书”这句话可知：1685年第一次“雅克萨战役”前大清帝国与俄方进行交涉的主要目的在于：①要求俄方撤回原地。撤回，指从雅克萨城撤出，回到雅库茨克。②返还大清帝国的逃人，此处指“根特木尔事件”。根特木尔，原是居住在海拉尔河、跟河一带的索伦部首领。因俄罗斯人的南侵，根特木尔对其纳贡不满，遂于1653年，率部南下至嫩江流域居住，后归顺大清皇帝。1655年，根特木尔协助明安达理所率的清军，去追击斯捷潘诺夫俄军，并参与了呼玛尔战役，但这次战役中清军被俄军打得大败。1667年，根特木尔率部越过额尔古纳河，投奔俄方[①]。根特木尔叛逃后，康熙帝立即令副都统孟额德前去与俄方交涉。1669年，孟额德遣属下沙兰戴前去尼布楚，与俄方商谈返还根特木尔的事情。1670年，尼布楚长官达尼洛·达尼洛维奇·阿尔申斯基派遣伊格纳季等来北京时，康熙帝致给俄国沙皇一封书信，要求俄方返还根特木尔[②]。其后1676年，沙皇使者尼古拉·斯帕法里来北京时，大清帝国又向其要求过此事，但斯帕法里没有明确答复[③]。其后俄方也一直没有消息。1683年，大清帝国做了最后一次努力，理藩院通过俄罗斯人俘虏伊凡·米海罗莫洛多依，向雅克萨城头目送信，要求送还根特木尔，并撤回至本土，但雅克萨城方面没有响应。至此，大清帝国断然改变外交交涉的方针，采取了军事行动。其背后，俨然是成功镇压完“三藩之乱”后的康熙帝，试图尽快解决发生在黑龙江流域的清俄两国纷争。

（四）在此书信中，清军前线将领发动进攻的直接理由是：①俄方没有给大清帝国来过一次回信。如上所述，为返还逃人问题，1667年以来大清帝国至少向俄罗斯方面发出过四次要求，但俄方一直没有回音。②没有返还大清帝国的逃人，即根特木尔。③闯入大清帝国的“内地”，强夺人口，滋事妄为。指俄方对已经服属大清皇帝的索伦、达斡尔等人的村寨进行抢掠。

（五）“派遣官兵截断尔等之行路，收服在恒滚等地之俄罗斯人，未加杀害而豢养”：指1684年夏，清军为了清除黑龙江左岸支流的俄罗斯人据点，对牛满河、恒滚河流域进行扫荡，抓捕约100名俄罗斯人的事情[④]。

---

① 参见阚凯：《根特木儿逋逃事件与康熙年间中俄双方的外交交涉》，载《绥化学院学报》2012年第6期，第60页。

② 参见《清代中俄关系档案史料选编》（第一编）上册，《22康熙帝为索还逋逃根特木尔事致俄沙皇国书》，康熙九年五月十三日，第21—22页。

③ 参见《清代中俄关系档案史料选编》（第一编）上册，《26阿穆瑚琅等密题与俄使尼古拉会谈前后情形本》，康熙十五年七月初八日，第37页。

④ 参见吉田金一著：《ロシアの東方進出とネルチンスク条約（俄罗斯的进军东方与尼布楚条约）》，近代中国研究センクー（近代中国研究中心），1984年，第187页。

（六）“康熙二十四年春之仲月”，即农历二月：这是该文书草拟完后的日期。这封书信送到托尔布津手中的时间是在1685年6月11日。彭春等奉康熙帝的命令，于1685年5月20日自黑龙江城（瑷珲）出发，沿黑龙江水陆并进，于6月11日到达雅克萨城外。随即派遣两名俄军俘虏，将此书信与康熙帝给俄国沙皇的另一件书信同时交给了托尔布津，因每件书信都有拉丁、俄文、满文、蒙古文四种，所以当时彭春应该一共交给了8封信件给托尔布津，日期都是康熙二十四年三月十七日，即西历1685年4月10日。

二、康熙帝致给俄国沙皇的一封蒙古文书信

6月11日，彭春等清军将领交给雅克萨城头目托尔布津的另一封蒙古文书信，即康熙帝致给俄国沙皇的书信录副，在《清内阁蒙古堂档》，第四册，第279—284页，蒙古文《颁降俄罗斯察罕汗之敕书》中[①]，收录如下：

> 大清国皇帝之旨，颁给俄罗斯察罕汗。自前以来，尔之国人，住在尔地，未曾进入我方边界惹事骚扰，故边疆民众，皆太平安好。后尔之俄罗斯人，进入我方边内，践踏山水，抢夺民众妻儿，扰乱不止，为此朕本应即派大军，前去征讨。然念历年之彼此和睦会被破坏，相互斗争，以至边民困苦，故不忍发兵征讨。曾降谕旨，撤回尔之俄罗斯人，勿生事端。然尔却愈加派俄罗斯人，抢掠我方边内地方滋事，还接纳逃人。朕仍不忍即刻征讨，只派官兵，截断尔俄罗斯人之行路，收服恒滚之俄罗斯人，不杀而豢养。观尔之俄罗斯人，并无停止滋事之势，故兹派兵征讨雅克萨。虽是如此，朕念世界万国和平享福，一切生灵各得其所，再次颁旨送去。尔若使边疆民众免遭涂炭流离之苦，不至互相斗争，即当迅速撤回雅克萨之俄罗斯人。以雅库等地为界，居住彼地猎貂，从当地人收取贡物而生，勿使其进入我方边界滋事。若遵朕之旨意而行，朕即令此前派出征讨之大军停止前进，将其撤回至边界地方。如此，则边疆永达和平，而无侵扰之患，可互相贸易遣使，和睦相处。先前朕曾反复出具此情由，几次颁旨给尔，然尔一次也没有派人回信。后再从俄罗斯降人中派两人，手持谕旨，遣送至雅克萨劝说。没有遣返此次派去之人，且无书信。先前，尔之人是否将朕之书信送达给尔，是否将朕之谕旨传给尔听，俱不得知。今边疆地方，军兵云集，相互为敌。将此情由，为使尔能晓谕，令收服豢养的俄罗

---

① 这一书信的满文版的汉文翻译，在中国第一历史档案馆编译的《清代中俄关系史料选编》第一编，上册，第51—52页，《康熙帝为再次敦促俄人即速撤出雅克萨事致俄沙皇敕书》中亦有，也是从清《内阁满文俄罗斯档》翻译过来的。

斯手持文书，特意遣去。

康熙二十四年春之季月十七日。[①]

分析史料：

（一）一看便知，这封书信与彭春等清军将领致给托尔布津的蒙古文书信，在传达大清帝国的态度及目的方面，具有高度的一致性，多处句子内容相同。例如："践踏山水，抢夺民众妻儿，扰乱不止"，"截断尔俄罗斯人之行路，收服恒滚之俄罗斯人，不杀而豢养"，"以雅库等某地为界，居住彼地猎貂，从当地人收取贡物而生"等。通过向沙皇俄国明确传达自己的态度及此次军事行动的目的，发出强烈的信号，以此来增强俄方接受大清帝国条件的可能性。

（二）康熙帝这封书信的内容：①起初沙皇属下的俄罗斯人住在沙皇的国土上，并没有侵犯大清帝国的边界，为此两国边疆相安无事，和睦太平。后沙皇属下的俄罗斯人侵犯大清帝国边疆，骚扰滋事，破坏了以前的和平局面。康熙帝通过这样的语句，向沙皇表达"你们犯错了"的信号。②接下来，康熙帝说出自己为了两国间的友好及不使边民困苦，先前不忍发兵征讨，即使发兵前去，也是为了截断行路，且还收服豢养了在恒滚的俄罗斯人，以此发出"自己是正确的，已经给你们足够的面子了"的信号。③其后的意思是，"即使我给你们足够的面子，你们还是不听话"，"并无停止滋事之势"，所以派出军队，攻打雅克萨。康熙帝通过这种辞令，向俄方表达了自己为何派军队前去的目的，以此试图占据外交上的主动权。④当时康熙帝的主要目的，在于通过军事威胁，迫使雅克萨城的俄罗斯兵民撤出。所以接下来就以"朕念世界万国和平享福，一切生灵各得其所"为由，再给沙皇一个情面，要求其迅速撤回俄罗斯人。⑤进一步，康熙帝直接道出自己的外交方针：以雅库茨克等地为界，禁止沙皇属下的俄罗斯人侵犯大清帝国的边疆。如果沙皇同意定界，双方可和睦相处，遣使贸易。如果不同意，就令清军进攻剿灭。⑥最后康熙帝说自己给沙皇发去几次书信，但一次也没有收到回信，担心沙皇属下人员没有将康熙帝的书信传达给沙皇。意思即"我并不怪罪你，你是没有错的"，以此给沙皇一个台阶下，为以后的和平交涉铺路。当时的康熙帝，从沙皇俄国的使臣、服务于清宫中的西方传教士，及清军前线官员的报告中，已清醒地了解到了沙皇俄国的强大，其不像从海上过来的荷兰、葡萄牙那般是"小国"，所以设想不能完全用军事来解决问题，最终还是需要外交手段。

（三）不过，康熙帝致给沙皇的书信，即使是蒙古文的，也在使用"皇帝（Mon：qowangdi）""旨令（Mon：J̌arliγ）""颁降（Mon：baγulγaba）"等这样不平等的词句，反映了尚未接受近代平等外交理念之前，康熙朝时期大清帝国的外交思

① 关于该文书满文版的汉文翻译，请参见《清代中俄关系档案史料选编》（第一编）上册，《36 康熙帝为再次敦促俄人即速撤出雅克萨事致俄沙皇敕书》，康熙二十四年三月十七日，第51—52页。

想。那么，作为大清帝国的君主，康熙帝为何不使用“博克多可汗（Mon：boγda qaγan，Man：bokda han）”这样的词句呢？笔者认为，当时大清帝国方面决意称呼沙皇为“Mon：čaγan qan，察罕汗”，称呼康熙帝为“皇帝（Mon：qowangdi）”，是有其原因的。如果使用“博客多可汗（Mon：boγda qaγan，Man：bokda han）”的话，大清皇帝与持有“察罕汗（Mon：čaγan qan）”称号的俄国沙皇就会变得平等，在“汗”这层意思上，政治含义是平等的。为了显示比俄国沙皇高一级别，大清帝国在文书中特意选择了“皇帝”这一词，因为在当时大清帝国的理解中，皇帝比汗要高级，这从后来保留七和硕喀尔喀首领汗号的事情上也可看出一二来。此外，从顺治朝开始，大清帝国在接待沙皇俄国使者时，皆以皇帝的面孔来出现，以皇帝的礼仪来接待对方，所以为了保持外交传统，尊重一贯性，在外交文书中也有必要使用“皇帝”这一词。后来 1689 年签订《尼布楚条约》时，满文本中使用“中国（Man：dulimbai gurun）”一词，可能也与“皇帝”一词有关。然而最重要的是，使用“中国（Man：dulimbai gurun）”一词，并不代表大清帝国统治者完全以古代中国的朝贡理念行事，他只是利用了中华王朝的外交理念而已，以在跟沙皇俄国的交涉中，占据高的地位。在实际交涉中，情况是复杂多变的。

除彭春等清军将领将这两封书信捎给托尔布津外，大清帝国还派遣俄罗斯降人，将以上两封书信，一同送到色楞格斯克、托波尔斯克、库拉斯诺亚尔斯克和雅库茨克，希望当地官员转交给沙皇。大清帝国方面担心此次的信件还像以前的那样到不了沙皇手里而得不到回信。但这次的信件经过色楞格斯克，于 1685 年 11 月 15 日成功到达莫斯科，莫斯科当局是接到这次的信件后才决定派遣使者，谈判讲和的①。

彭春等人于 6 月 11 日向托尔布津送完这两封书信后，6 月 13 日还亲自来到雅克萨城外，呼出托尔布津，要求其从城里撤出，但托尔布津并没有答复。为此，从 6 月 14 日起，清军即开始攻打雅克萨城。

关于双方在此次战役中投入的兵力，据吉田金一先生的考察：清军共计 3500 名（战斗人员 2400 名，非战斗人员 1100 名），俄方共计 750 名（战斗人员 450 名，非战斗人员 300 名）。②

最后，1685 年 6 月 16 日，阿列克谢・托尔布津乞降，第一次“雅克萨战役”结束。

---

① 吉田金一著：《ロシアの東方進出とネルチンスク条約（俄罗斯的进军东方与尼布楚条约）》，近代中国研究センクー（近代中国研究中心），1984 年，第 190—191 页。

② 吉田金一著：《ロシアの東方進出とネルチンスク条約（俄罗斯的进军东方与尼布楚条约）》，近代中国研究センクー（近代中国研究中心），1984 年，第 191—192 页。

结　语

从本文的探讨，得出以下结论：

首先，清军进攻雅克萨城前大清帝国的直接目的在于：迫使俄军撤出雅克萨城，退回至雅库茨克一线，双方划定边界，贸易遣使，和睦相处。

其次，清军攻打雅克萨城的理由是：大清帝国曾先后四次以不同方式要求俄方返还根特木尔等逃人，但俄方一直没有回信。此外，俄军还闯入已服属大清帝国的索伦、达斡尔等人的村寨进行抢掠，破坏了边疆安宁。

再次，大清帝国已经考虑到攻打雅克萨城之后可能要进行的外交交涉，故康熙帝在给沙皇的信中留出余地，向俄方传达了协商解决边界问题的信号。

最后，蒙古语文在清帝国的政治外交上产生过重要的作用，最近的研究也在证实这种现象。一个多民族的大帝国，需要多语言的公文及其处理系统，以推进和维护帝国的利益。

综上所述，自成功镇压“三藩之乱”后至发动“雅克萨战役”为止的一段时期，大清帝国曾积极与沙皇俄国进行过多次的书面交涉，意在军事打击之前，尽量通过外交手段解决纷争，但俄方一直没有回信，没有反应。为此试图尽快解决问题的康熙帝断然采取了军事行动。然最后即使在正式攻打雅克萨城之前，也没有放弃通过外交手段解决问题的方针，并考虑到战后的外交交涉，给沙皇留下了和平解决的余地。作为时代背景，当时位于内陆亚洲的卫拉特蒙古内部发生政变，导致大批逃人前来大清帝国的西北边疆滋事，七和硕喀尔喀与准噶尔的关系也日趋紧张，北方局势十分不稳。康熙帝试图尽量和平解决与沙皇俄国在黑龙江流域的纷争，以集中精力处理由蒙古的内乱带来的西北边疆上的危机，避免双线作战。不仅在与沙皇俄国间的关系上，不仅在黑龙江流域的问题上，这一时期康熙帝对内地的统治，也发生了深刻的改变，奏折的利用就是其中的重要表现。关于此，请参见笔者最近公刊的日语论文：《康熙年間の満文史料からみた西安周辺の気候・災害・農業・水利：清朝の帝国支配と自然環境（从康熙年间的满文史料看西安周边的气候、灾害、农业、水利：清朝的帝国统治与自然环境）》，载日本《学习院大学国际研究教育机构研究年报》，第 3 号，2017 年。

（齐光，男，1981 年生，复旦大学历史地理研究中心副研究员。上海：200433）

从《朝鲜世宗实录·地理志》看韩国汉江及相关地名与中国之关系

——兼与杨万娟女士商榷

姚诗聪

内容提要：杨万娟女士作为韩民族起源与中国楚文化关系研究的代表学者，认为韩国之所以会存在与中国汉江流域及附近区域有众多相似乃至相同之处的文化地理现象，是缘自韩国文化与中国楚文化存在着极为深厚的历史渊源关系。但仔细考察《朝鲜世宗实录·地理志》等韩国相关重要历史地理文献后可知，该文化地理现象其实只应是韩国古代深受中国文化影响、因慕华而照搬移植中国地名的结果，并不存在与所谓罗、卢等楚国遗民迁徙到朝鲜半岛的推论相关的血缘关系，而其关于中韩相关历史地理的论述多是明显的谬误及误导，只为支撑其推论，虚张声势，应深以为戒。

关键词：《朝鲜世宗实录·地理志》；韩国汉江；相关地名；得名；慕华；照搬移植

传统观点认为，韩（朝鲜）民族主要是由西伯利亚的阿尔泰民族、东夷民族、百越民族和北狄民族等众多民族融合而形成的①。而关于韩民族起源与中国楚文化关系的研究，代表学者是中南民族大学的杨万娟女士，其自2004年起陆续发表报道文章、研究论文②多篇，并出版有专著《汉江缘》来论述韩国文化与中国楚文化

---

① 持此观点的代表论文如，苑利《韩民族文化来源新证》，《韩国学论文集》2003年第2期；林坚《朝鲜（韩）民族源流与民族意识浅见》，《延边大学学报》2010年第2期。

② 杨万娟学者论述韩国文化与中国楚文化的渊源关系的研究论文有：《韩国文化与中国楚文化渊源初探》，《中南民族大学学报》2005年第1期；《韩国祭祀习俗与古代楚俗比较研究》，《湖北社会科学》2005年第8期；《韩国文化与楚文化渊源关系再探兼谈氐羌、巴文化的渗入》，《中南民族大学学报》2006年第2期；《徐福、韩终东渡传说小考》，《韩国研究论丛》2007年第4期；《中韩汉江文化渊源探究》，《韩国研究》（第8辑），辽宁民族出版社，2007年；《檀君神话之我见》，《韩国研究》（第10辑），国际文化出版公司，2010年。

的渊源关系，在中韩学界及媒体均引起了较大反响，尤其是在湖北当地[①]。杨万娟学者主要根据包括韩国地名与中国汉江流域及附近地名在内的中韩历史地理、韩国檀君开国神话与楚辞大禹神话、中韩两国的图腾崇拜、韩国和湖北的习俗等诸多方面皆存在着很大相似甚至相同之处，便大胆推测作为韩国文化主流的新罗，其先祖是在公元前212年左右由韩终带领出逃秦国、渡海到朝鲜半岛的三千罗、卢等楚国遗民。杨万娟女士认为正是由于韩国文化与中国楚文化存在着极为深厚的历史渊源关系，古人迁徙的特点是地名随着人迁移，楚人更为典型，楚都丹阳和郢的地名一直伴随楚人迁移，韩国才会出现与中国汉江流域及附近区域存在着众多相似乃至相同之处的文化地理现象。但仔细考察《朝鲜世宗实录·地理志》等韩国相关重要历史地理文献后可知，杨万娟学者引为重要论据的，所谓韩国历史地理中与中国汉江流域及附近区域存在众多相似乃至相同之处，其实多是明显的谬误及误导。韩国之所以会出现表面与中国汉江流域及附近区域存在着众多相似甚至相同之处的文化地理现象，其实只应是其古代深受中国文化影响、因慕华（不一定是现实中的中国）而照搬移植中国地名的结果。

一、从《朝鲜世宗实录·地理志》看韩国汉江之得名

《朝鲜世宗实录·地理志》成书于朝鲜端宗二年（1454），是收录于《世宗庄宪大王实录》第148—155卷的韩国重要地理文献。其不仅仅只是对朝鲜时代初期地理书籍的收录，更是朝鲜政府为了国家统治而编撰的必备工具书，汇集了众多材料，具有很强的独创性。该书以成书于朝鲜世宗十四年（1432）的《新撰八道地理志》为基础，特别反映了直至世宗末年的鸭绿江、图们江流域变化情况。《朝鲜世宗实录·地理志》成书后藏于奎章阁。[②]

据《朝鲜世宗实录·地理志·江原道》江陵条载：

> （属县）羽溪县，本高句丽羽谷县，新罗改今名，为三陟郡领县。高丽显宗戊午，移属溟州任内，本朝因之。别号玉堂。名山曰五台。【在府西。山五峰环列，大小均敌，山以是得名。西台之下水精庵侧槛，泉涌出，色味胜常，其重亦然。曰于筒水，即金刚渊，为汉水之源。春秋令所在官行祭。汉水虽受众流之聚而于筒为中泠，色味不变，若中国之扬子江，汉之得名以此。】

---

① 受到杨万娟女士关于韩国文化与中国楚文化渊源关系研究影响的研究成果有：王英英：《韩国哲学与中国楚文化的历史渊源》，《湖北大学学报》2007年第3期；郑晓辉、刘成学、金银芳：《韩国文化与中国楚文化的渊源》，《时代文学》（下半月）2014年第4期；王雄：《汉水文化探源——一位河流守望者的文学手记》，中国青年出版社，2007年。

② 资料来源自NAVER：韩国民族文化大百科（世宗实录地理志）条。http://www.naver.com/。

韩语中汉字“汉”“韩”的写法完全一样，皆记作“한”，其发音也都为“han”，在古韩语中本身即有“大”“一”“统一”“多”“正确”“光明”等多种意思，但汉字“韩”本无以上含义。汉字传入朝鲜半岛后，汉字“韩”的发音与韩语中“han”的发音一致，故用其来表达韩语语音“han”，因而也就用来表示“大”之含义。又因为汉字“汉”“韩”在韩语中的读音与完全一样，应是沿用了“韩”所表示的“大”之含义，且在古汉语中汉字“汉”本就有“大”之含义（从字源学角度考察，所谓“汉”字，其本义乃“国之大水”），故“汉”在韩语中亦有“大”之含义。韩国学者虽坚持韩国汉江之“汉”即为“大”之义，但上述出自《朝鲜世宗实录·地理志》的记载是目前可见的关于韩国汉江（实为南汉江）得名缘由的最早记载之一。其十分清楚地点明了韩国汉江的发源地是在江原道的五台山，其源头是从五台山西台之下涌出的泉水——于筒水，因其水质优良，“色味胜常”，仿佛中国扬子江的中泠泉，因此得名汉江。而韩国汉江之所以会因为源头于筒水的水质优良而被命名为“汉江”，即用“汉”来表示水质优良，该意义最早是出自晋代杨泉《物理论》，其中有云“汉，水之精也”，其中的“汉”本指的是天河，即银河。既然银河被赞誉为水之精华，那么其中肯定包含着对其水质优良的赞颂。也就是说，“汉”的引申义中包含着形容水质的优良。韩国汉江水质优良、“色味胜常”的源头——于筒水自然也可被视作水之精华，韩国汉江因此得名，可见韩国汉江之得名是受中国文化影响的结果，其中包含着韩国古代强烈的慕华（亦可理解为汉文化，在韩国汉江得名所属的羁縻体系时期里应具体指代中原王朝）心理和民族自尊心理，即可认为韩国汉江之得名是将中国汉江之名的间接照搬移植。《朝鲜世宗实录·地理志》中关于韩国汉江得名缘由的记载若属实无误的话，那么韩国汉江的得名时间最早也应在3世纪末。查《康熙字典》可知，在“汉”字表天河一义下的举例中即有晋代杨泉《物理论》之“汉，水之精也”和《诗经·云汉》之“倬彼云汉”，“云汉”即指银河。目前已知《诗经》传入韩国的时间，最晚是在三国时代的4世纪，也就是说当韩国汉江得名时，极有可能《诗经》已传入韩国，笔者因此认为，韩国汉江之得名存在受到《诗经·云汉》影响的可能性。古人认为流经中国腹心地区的汉江就是地上的银河，是上天对人间的恩赐，如《汉书·萧何曹参传》中所云：“言地之有汉，若天之有河汉，名号休美”，孟康注云：“语，古语也。”“天汉”一词虽最早出自汉人之书，但实际上早在尧、舜、禹、汤、文、武、秦始皇时代，便已在民间口头流传。换言之，“天汉”这一名词是萧何从中国远古时代流传下来的谚语中引用的。“天汉”的本意，是指天上的银河。颜师古说：“天汉，河汉也。”河汉即银河。《诗经·小雅·大东》中也有“维天有汉，监亦有光”的句子。关于古人认为汉江就是地上的银河，《华阳国志·汉中志》也撰曰：“汉沔彪炳，灵光上照。在天鉴为云汉，于地画为梁州。”《物理论》中赞誉天河为水之精华，地上与之相映争辉的汉江自然也就是水之精华，《左传》又云：“汉，水之祥也。”故汉江自古就有“天汉”“云汉”的美称，因此汉水在中

国人心目中获得了仅次于黄河、长江的第三号地位，汉水与黄河并称为河汉，与长江并称为江汉。众所周知，大汉王朝的建立与位于汉水流域的汉中和汉水有着紧密的联系，正是因为汉朝的建立，才会出现“汉族”的称谓，因此汉水在中国人心目中的地位更为崇高。朝鲜半岛自古便对中国保有极强的向心力，箕子“八条之教”是其接受中华文明教化、由“夷”向“华”转变的开始。自西汉设四郡之后，在郡县体系下，朝鲜半岛虽然南北存在不同的行政管理模式，但都长期被纳入中国的统治之下，与中国内地的往来互动从未断绝，因而至韩国汉江得名的时间段里，从中国远古时代便开始流传的“天汉”这一著名的谚语不可能仍未流传到朝鲜半岛，而关于汉初萧何引用“天汉”一说的史实，又何必非得等到《汉书》流传入长期被纳入汉朝统治之下的朝鲜半岛才为人所知，所以韩国汉江之得名极有可能亦是受中国“天汉”一说影响下的结果。即使韩国汉江得名之时《诗经》仍未传入，也并不影响该推论的成立，其中包含着韩国古代强烈的慕华（亦可理解为汉文化，在韩国汉江得名所属的羁縻体系时期里应具体指代中原王朝）心理和民族自尊心理，也足以一窥包括汉文化在内的中国文化在韩国古代的巨大影响力和向心力。《朝鲜世宗实录·地理志·京畿道》广州条记载了韩国汉江其名的出现时间：

> 百济始祖温祚王，汉成帝鸣嘉（为鸿嘉之误）三年癸卯（前18），建国都于慰礼城。至十三年乙卯（前6），王谓群臣曰：“予观汉水之南，土壤膏腴，宜都于此，以图久安之计。”遂就汉山下立栅，移慰礼城民户，立宫阙。

由该段记载可知，韩国汉江的“汉水（汉江）”之名在西汉末年的公元前6年时便已出现。

《朝鲜世宗实录·地理志·京畿道》仁川条的注释更是将韩国汉江的得名时间向前推至百济开国、建都慰礼城（今韩国首尔市松坡区风纳土城和梦村土城一带）的公元前18年：

> 【三国史云：“朱蒙二子长沸流，次温祚。自北扶余率十臣南行，百姓多从之。遂登汉山负儿岳，望可居之地，沸流欲居海滨，十臣谏曰：‘唯北汉南之地，北带汉水，东据高岳，南望沃泽，西阻大海，天险地利，难得之势。作都于此，不亦宜乎！’沸流不听，分其民，归弥趋忽（后为朝鲜时代仁川郡）；温祚率十臣都慰礼成（城）。久之，沸流以弥趋忽土湿水咸，不得安居，归见慰礼都邑晁定，人民帖安，遂惭愧而死。其臣民，皆归于慰礼。”】

其实早在《三国史记·百济本纪》中关于韩国汉江名称的记载便已是“汉江”①：

(温祚王十四年)春正月，来迁汉山都。二月，王巡抚部落，务劝农事。秋七月，筑城汉江西北，分汉城民。

(己娄王四十年)六月，大雨浃旬，汉江水涨，漂毁民屋。

(毗有王二十九年)春三月，王猎于汉山。秋九月，黑龙见汉江，须臾云霾晦冥飞去。王薨。

《三国史记》中记载的韩国汉江之名的出现时间明显与笔者先前的推论矛盾，相差过于悬殊，时间竟被提前了至少3个世纪有余，反映出《三国史记》记载的失真性。之所以会如此，与《三国史记》的史观密切相关。因为存在以新罗为正统的观念，《三国史记》有意为了将新罗的建国时间提前，故也将高句丽、百济的建国时间提前。关于新罗、高句丽、百济的建国时间，现在中外学术界通行的认识分别是源自《三国史记》记载的公元前57年、前37年、前18年，其实存在着巨大的问题，韩国汉江的得名时间也被大幅度提前，与之属于类似问题。

从发展为成熟国家的角度来考察，黄枝连将新罗立国定于公元5世纪，百济立国定于公元4世纪②，杨军、王秋彬认为高句丽立国大约是在公元3世纪③，还是可信的。笔者在本文中主要探究的是韩国汉江及相关地名与中国之关系，对于韩国汉江得名的真正时间还需要在之后做进一步深入研究，故在本文中对于韩国汉江的得名时间暂定为最早也应在3世纪末。再结合今天的韩国首都首尔在高句丽统治时期为北汉山郡(475—551)，北汉山郡因北汉山而得名，而韩国汉江并未发源于北汉山，可以肯定的是，北汉山之得名在汉江得名之后并因位于汉江北岸而得名，故笔者认为韩国汉江的得名时间下限应定在公元5世纪末之前。

关于韩国汉江得名缘由的记载除此之外，还有如成书于朝鲜孝宗七年(1656)的《东国舆地志》，其卷七记载如下：

于筒水，在府西一百五十里五台山西西台之下，有泉涌出，即汉水之源。本朝权近记西台之下水精庵侧槛，泉涌出，色味胜常，其重亦然，曰于筒水，西流数百里为汉江。汉虽受众流之聚而于筒为中泠，色味不变，若中国之有扬子江，汉之得名以此也。

---

① 在本文中，笔者沿袭《三国史记》中所记，暂定最早命名韩国汉江为汉江者为百济，但鉴于其记载存在严重的失真性，故笔者经过一番考察推理后判断，实应为高句丽，百济只是沿袭高句丽的命名，此判断会在后文中论述，在本文中不便展开。

② 详见黄枝连《东亚的礼义世界——中国封建王朝与朝鲜半岛关系形态论》，中国人民大学出版社，1994年，第24页。

③ 杨军、王秋彬：《中国与朝鲜半岛关系史论》，社会科学文献出版社，2006年，第21—22页。

上述记载与《朝鲜世宗实录·地理志》中的记载略有不同，其并未将于筒水与金刚渊等同，而是分开列出[①]，且点明其中关于韩国汉江得名缘由的记载是沿袭了丽末鲜初的性理学巨擘——权近（1352—1409）的记录，但显然是基本沿袭了《朝鲜世宗实录·地理志》中的记载，亦由此可知《朝鲜世宗实录·地理志》其中关于韩国汉江得名缘由的记载是沿袭了权近的记述。所引出自权近《西台水精庵重创记》（1401），其中关于韩国汉江得名缘由的记述如下：

> 江原交界有大山，五峰并峙，小大均敌而环列，世号为五台山。中曰地炉，东曰满月，南曰麒麟，西曰长岭，而北为象王，遂有五类圣众常住之说，为浮屠者盛称之，于吾儒为无稽，兹不复详。西台之下，有槛泉涌出，色味胜常，其重亦然，曰于筒水，西流数百里而为汉江以入于海。汉虽受众流之聚，而于筒为中泠，色味不变，若中国之有扬子江，汉之得名以此。于筒之源有菴，曰水精。

上段权近《西台水精庵重创记》原文中关于韩国汉江得名缘由的记述，比《朝鲜世宗实录·地理志》《东国舆地志》中的记载多出“于筒之源有菴。曰水精”这一关键句，印证了笔者之前关于韩国汉江得名缘由的推测，即韩国汉江是因为源头于筒水的水质优良而被命名为“汉江”，是受中国文化影响的结果，而显然与杨万娟女士的所谓推论并无关系。那么权近关于韩国汉江得名缘由记述的根据又是什么呢？韩国汉江之名最早也应在3世纪末才会出现，但目前可见关于其得名缘由的最早记载却是权近《阳村集》中的《西台水精庵重创记》，相距长达约1200年之久，令人不得不对其记载的可靠性深感质疑。究竟是口口相传的说法至今才得以再记录，还是先前本有文献记载，却不幸亡佚，至编纂《朝鲜世宗实录》时应已不可见到，皆无从知晓。但毕竟目前关于韩国汉江（实为南汉江）得名缘由的最早记载之一是见于《朝鲜世宗实录·地理志》，故其应最具可信度和说服力。

其实《西台水精庵重创记》《朝鲜世宗实录·地理志》《东国舆地志》中的相关记载，并未提到韩国汉江（实为南汉江）的得名缘由与汉字“汉”所包含的“大”的本义相关，即可看出韩国汉江（实为南汉江）之“汉”并没有“大”之义。试问，如果韩国汉江（实为南汉江）之“汉”真是含有“大”之义，那么这些文献中为何都不见记载呢？另外，《西台水精庵重创记》《朝鲜世宗实录·地理志》《东国舆地志》中均提到韩国汉江的源头——于筒水“色味胜常”，水质优良，仿佛中国扬子江的中泠泉。但中国的“扬子江”之名，最早出现于隋代，与韩国汉江的得名时间下限相隔较远，而中泠泉被誉为“天下第一泉”的最早记载始见于唐

① 朝鲜时代官方编修的内容最为丰富、门类最为齐全的重要地理文献《新增东国舆地胜览》中亦将金刚渊和于筒水分条列出，且据其记载可知二者不可等同视之，故《朝鲜世宗实录·地理志》记载有误。

代，比前者更晚，与韩国汉江的得名时间相距更远，故令人不得不更要质疑《西台水精庵重创记》《朝鲜世宗实录·地理志》《东国舆地志》中关于韩国汉江得名缘由记载的可靠性。但鉴于中泠泉直至唐代才被誉为“天下第一泉”，其声名渐盛应是经历了一个较长的时间跨度，不会一蹴而就。故将韩国汉江与中国长江、于筒水和作为天下名泉、自然也可被称作“水之精”的中泠泉相提并论，很有可能只是后人的刻意追加涂抹、赞誉，以拔高、彰显其地位。其中又显见强烈的慕华（亦可理解为汉文化）心理和民族自尊心理，而相提并论本身即也体现着上述心理，与高丽、朝鲜时代文人动辄即对本国山川人物给予高评并和中国的山川人物相比如出一辙，同样是受中国文化影响的结果。

自西汉设四郡之后，在郡县体系下，朝鲜半岛虽然南北存在不同的行政管理模式，但都被纳入中国的统治之下。无论是朝鲜半岛三韩地区兴起的百济、新罗，还是后来势力发展进入朝鲜半岛的高句丽，都是在汉四郡管辖范围内兴起的国家，其最初的性质都是汉朝地方行政机构——郡下所辖的地方政权。发展到羁縻体系时期后，高句丽、百济、新罗三国虽然都已形成完善的国家机关，但由于上述历史传统的影响，都仍旧对中国保有极强的向心力。最明显的表现是，朝鲜半岛内的三国在发生冲突与战争时，总是向唐王朝请援、告急。在此前提背景下，再加上根据《朝鲜世宗实录·地理志》中关于韩国汉江得名缘由的记载推测出的得名时间上限并无疑问，笔者大胆推测后认为，对于韩国汉江得名的理解，存在着从另一引申层面意义上解读的可能性，即“汉江”之“汉”指的是“中国”，“江”是指“长江”。

今天的韩国首都首尔距离韩国汉江入海口不远处，在高丽时代先后为“杨州”“南京”“汉阳府”，在《高丽史·地理志》中被记载为“别号广陵（扬州）”，而扬州也在长江（扬子江）入海口不远处，且在古代“扬”一作“杨”，由此得以一见。体现的依然是韩国古代的慕华（亦可理解为汉文化，在韩国汉江得名所属的羁縻体系时期里应具体指代中原王朝）心理和民族自尊心理，是受中国文化影响的结果，而这仅为代指，与后世将中国地名的直接照搬移植所体现出的汉化程度存在强弱之差异。而其之所以能将韩国汉江与中国长江联系起来，最根本的原因还是由于其源头于筒水的水质优良，这才应是其能被命名为“汉江”的根本原因。

笔者认为即使中泠泉在唐代以前的文献（含已佚）中不见记载，但这并不能意味着其名声就不显或者压根就不为人们所知，更不能否定其声名远播朝鲜半岛的可能性。也就意味着中国长江的中泠泉可能在韩国“汉江”之名出现（最早3世纪末）之前便已声名远播朝鲜半岛，又因为作为韩国汉江源头的于筒水水质优良，具有和中国长江的中泠泉皆可谓“水之精”的相似性，进而韩国汉江与中国长江也就具有了一定的相似性，也就为在给韩国“汉江”命名时以汉江来借代中国长江提供了可能性。至于文献中之所以会出现“扬子江”，应是日后扬子江之名出现后又用以代指长江的习惯性写法。以上仅作为推测，仍有待进一步研究，但无论如何，可以确定的是，韩国汉江之得名是缘自其源头水质之优良应确切无疑。至于为何会选择韩国汉江源头水质优良这一特征作为其命名的缘由并选择用“汉”字来表示，其中应亦包含着韩国古代慕华（亦可理解为汉文化，在韩国汉江得名所属的羁縻体系时期里应具体指代中原王朝）心理和民族自尊心理，是受中国文化影响的结果。

也就是说，从韩国汉江的得名缘由足以显见，虽然可以认为韩国汉江之得名是将中国汉江之名的间接性照搬移植，是受中国文化影响的结果，但其得名与中国汉江及楚文化并无直接联系，更不存在所谓罗、卢等楚国遗民迁徙到朝鲜半岛后，为了纪念中国汉江流域故土而将其亦命名为“汉江”的一脉相承的血缘关系。

二、从《朝鲜世宗实录·地理志》看韩国相关地名之得名

韩国汉江流域及附近存在着与中国汉江流域及附近有极大相似性甚至相同之处的文化地理现象，中国汉江流域及附近的众多地名如江陵、襄阳、丹阳、汉阳、太白山在韩国汉江流域及附近亦同样存在，甚至地名的分布也大致相同。表面看来的确是易引发人们不禁联想翩翩，但仔细考察《朝鲜世宗实录·地理志》中相关地名的历史沿革及中韩两国汉江的发源地便会发现，其实二者之间并不存在所谓罗、卢等楚国遗民迁徙到朝鲜半岛后，为了纪念故土而将中国汉江流域及附近的地名刻意照搬移植的一脉相承的血缘关系，应只是韩国古代深受中国文化影响、因慕华（不一定是现实中的中国）而照搬移植中国地名的结果。

据《朝鲜世宗实录·地理志·江原道》江陵条载：

> 大都护府，使一人，判官一人，儒学教授官一人，本濊之古国。【或称铁国，或称蕊国。】汉武帝元封二年，遣将讨右渠定四郡时，为临芚，高句丽称河西良。【一作河瑟罗。】新罗善德王置小京。太宗王五年戊午，以河瑟罗地连靺鞨，罢京为州，置都督以镇之。【唐高宗显庆三年。】景德王十五年丁酉，以河西州改溟州，惠恭王十二年，复古。高丽太祖十九年丙申，号东原京，【晋高祖天福元年。】成宗二年癸未，改河西府，【宋太宗太平兴国八年。】五年丙戌，为溟州都督府，【宋太宗雍熙三年。】十一年癸巳，改溟州牧，【宋太宗淳化四年。】十四年丙申，改溟州团练使。元宗元年庚申，以功臣金洪就乡，升庆兴都护府。【南宋理宗景定元年。】忠烈王三十四年戊申，改江陵府。【元武宗至大元年。】恭让王元年己巳，升为大都护府，【大明太祖洪武二十二年。】本朝因之。

由上段关于江陵的清晰的历史沿革可知，江陵虽曾属于汉武帝时期四郡之一的临芚郡，但三国时代对江陵最早命名的是高句丽，而非新罗，“高句丽称河西良。【一作河瑟罗。】”高句丽之所以称其为“河西良。【一作河瑟罗。】”这一明显与中国汉文化地名相异的地名，应是与其历史上“本濊之古国。【或称铁国，或称蕊

国。】”密切相关。若杨万娟学者关于三千罗、卢等楚国遗民在公元前212年左右由韩终带领出逃秦国、渡海到朝鲜半岛的推论，以及韩终可能就是檀君神话中桓雄原型（史籍中记载韩终已经修炼成仙，完全有可能被后人奉为天神，神话里桓雄率徒三千降于太白山顶，意味着韩终带领以罗氏族、卢氏族为主的3000臣民在太白山下落户）的推论成立的话，那么试想，高句丽可能会以和邻国甚至敌国的新罗之先祖存在渊源联系为由称呼乃至命名后来的“江陵”吗?

如果说此理由还不足以令人信服，那么新罗在唐朝的帮助下统一三国后，对其整个版图的行政区划作了全面的整顿，自善德王六年至神文王五年（637—685）在全国完成了九州的设置，即在原新罗本土和百济、高句丽故地各置三州，合为九州（州治全在今韩国境内）；州下置郡，郡下辖县，政区通名系统完全向中国看齐，与中国魏晋南北朝的政区通名完全一致。景德王十六年（757）冬十二月，九州州名全部改成汉式名称。统一新罗在改九州州名为汉式名称的同时，景德王十六年（757），将原来郡、县的固有名称也全部改为汉式名称，由此可见新罗地名汉化程度之深。其中体现的是统一后的新罗为了建立统一的中央集权国家，对中国文物制度的全面深入学习远远超过统一之前，故而更进一步加速政区通名系统和地名的汉化甚至直接照搬移植中国地名，因此其政区通名系统以及地名的汉化程度也就比统一之前更高，而这背后不难看出是其强烈的慕华（汉）心理和民族自尊心理在起主导作用，同样是受中国文化影响的结果。而“江陵府”之名却在新罗早已灭亡近四百年的高丽忠烈王三十四年（1308）才迟迟出现，但地名“江陵”不是至此才在朝鲜半岛上首次出现。《三国史记》中即记载有“江陵乡”，“乡”虽是统一新罗时代的地方行政区划单位，然而“江陵乡”“有名未详地分”，其他同类型地名如“岳阳成（岳阳戍、岳阳城）”“万年乡”“临川乡”明显都是对中国地名的照搬移植，故可以推测地名“江陵乡”之出现应也是对中国地名的照搬移植。高丽元宗四年（1264），溟州道改称“江陵道”。地名“江陵道”之出现或即与地名“江陵乡”有关①，但地

① 除此之外，笔者推测“江陵道”之得名应与高丽朝鲜时代“道”名的命名方式有关。朝鲜时代长期分全国为八道（京畿、忠清、庆尚、全罗、黄海、江原、平安、咸镜八道），各置观察使，分统州、府、郡、县，各道皆取所辖首要州、府首字联合命名。朝鲜时代继高丽时代之后，高丽成宗十四年（995）已有“道”的建置，当时分全国为十道（即关内、中原、河南、江南、海阳、岭南、岭东、山南、朔方、浿西十道），各置节度使负责监察地方行政。显宗九年（1019）废节度使，置五都护、七十五道安抚使，不久罢安抚使，置四都护八牧，自是以后定为五道两界，即杨广、庆尚、全罗、交州、西海五道和东界、北界。杨广、庆尚、全罗、交州、西海五道各道大都取所辖首要州（牧）首字联合或直接以所辖首要州命名，故“江陵道”之名应亦取自所辖地名的首字联合，是受中国地名命名原则影响的结果。“江陵道”之名最早出现于高丽元宗四年（1264），此后名称含有“江陵”的道（江陵朔方道、交州江陵道）作为一级行政区划长期存在于高丽时代，但“江陵府”之名的出现时间（1308）晚于“江陵道”，故“江陵府”中的“江陵”之名应沿用“江陵道”中的“江陵”之名。

名“江陵道”的出现时间亦不在统一新罗时代①。

试想如果杨万娟女士的相关推论成立，那么统一新罗时代的统治者也就一定知道自己的先祖是来自中国汉江流域及附近的三千罗、卢等楚国遗民，对中国文物制度的全面学习已深入政区通名系统和地名的汉化，甚至照搬移植的他们会把本应义不容辞地对“江陵”地名命名的怀宗追远之事业，留给后世的高丽甚至更远的朝鲜吗？明显是解释不通的，这与其强烈的慕华（汉）心理和民族自尊心理以及汉化程度较高的文明程度是极为矛盾的。统一新罗时代之后的高丽时代和朝鲜时代的慕华（汉）心理和民族自尊心理更加强烈，对中国的学习更为全面深入，文化汉化程度也就更高，亦体现于政区通名系统以及地名的汉化程度比前代更高，照搬移植中国地名的例子比比皆是。也就是说，朝鲜半岛地名中之所以会出现“江陵”，只是半岛王朝对中国文物制度全面学习、受中国文化影响的结果，而与杨万娟女士所谓的推论并无关系，由此足以一窥杨万娟女士所谓推论的空洞和难以令人信服。

据《朝鲜世宗实录·地理志·江原道》襄阳条载：

> 都护府使一人，本高句丽翼岘县，【一云伊文县。】新罗改名翼岭，为守城郡领县。高丽高宗八年辛巳，以能御丹兵，升改襄州防御使，【南宋宁宗嘉定十四年。】四十四年丁巳，以降贼，降为德宁监务。【南宋理宗宝祐六年。】元宗元年庚申，复知襄州事。本朝太祖六年丁丑，以外乡，升为府，太宗十三年癸巳，例改都护府，十六年丙申，改襄阳。别号襄山。

由上段关于襄阳的清晰的历史沿革可知，对襄阳最早命名的是三国时代的高句丽，亦不为新罗，其最初之名“翼岘县，【一云伊文县。】”虽比江陵的古称“河西良。【一作河瑟罗。】”的汉化色彩浓些，但应该亦与江原道历史上“本濊之古国”密切相关，亦与杨万娟女士所谓的推论无关。“襄阳”“襄阳府”之名直至朝鲜太宗时期才出现，比“江陵道”“江陵府”之名出现得更晚，与之情况类似，只是朝鲜半岛王朝深受中国文化影响、照搬移植中国地名的结果。且韩国襄阳“别号襄山”、其高句丽旧称“翼岘县”、新罗旧称“翼岭”均与山相关，可知其之得名应与山相关，而中国襄阳之得名是与襄水有关。

据《朝鲜世宗实录·地理志·忠清道》丹阳郡条载：

> 本高句丽赤山县，新罗因之，为柰堤郡领县，高丽改为丹山县。显宗

① 对于韩国江陵历史上被称为“河西良”或“（何）河瑟罗（州）”《朝鲜世宗实录·地理志》（1454）、《新增东国舆地胜览》（1530）、《东国舆地志》（1656）中皆记载为高句丽，明显是前后沿袭的说法，但更晚成书的《大东地志》（1864）中却记载江陵沿革为“本辰韩之何瑟罗国【一云河西良】”，明显是与前三种文献中的一致记载相左的说法，至于孰是孰非，本文不作讨论。但无论如何，可以确定的是朝鲜半岛地名“江陵道”“江陵府”的出现与统一新罗时代无关。

戊午，属原州任内，后移属忠州任内。哈丹之乱，以县人能拒敌，赏其功，始置监务。忠肃王五年戊辰，【元仁宗延祐元年。】① 升为知丹阳郡事，本朝因之。

由上段关于丹阳的清晰的历史沿革可知，对丹阳最早命名的同样是三国时代的高句丽，亦不为新罗。且其高句丽新罗旧称皆为“赤山县”、高丽旧称“丹山县”皆与红山有关，汉化色彩很浓，从其旧称显见与杨万娟女士的所谓推论并无关系，是朝鲜半岛王朝受中国文化影响的结果。“丹阳”之名直至高丽忠肃王时期才出现，与“江陵道”“江陵府”“襄阳”“襄阳府”情况类似，均在统一新罗之后，只是朝鲜半岛王朝深受中国文化影响、照搬移植中国地名的结果。韩国丹阳之名显然是与山相关，而中国丹阳之名则是与丹江有关。

据《朝鲜世宗实录·地理志·京都汉城府》载：

本高句丽南平壤城，一名北汉山郡。百济近肖古王以东晋简文帝咸安二年壬申，自南汉山来都，【南汉山，即今广州。】历一百五年，文周王避高句丽之难，移都熊津。高丽初，改为杨州。肃宗时，有术士司仪令金谓磾者，据玉龙禅师《道诜密记》上言：“杨州有木觅壤，可立城。”日者少府监文象从而和之。四年己卯九日，王亲幸相地，命平章事崔思诹、知奏事尹瓘董其役，经始于五年辛巳，讫功于九年甲申，即宋徽宗崇宁三年也。八月，王来远观，陞为南京留守官。自是仁宗、毅宗、忠烈王、恭愍王、恭让王，皆巡驻于此。忠烈王三十四年戊申，改为汉阳府，置府尹判官。【即元武宗至大元年。】本朝太祖康献大王三年甲戌十月甲午，定都于此，改为汉城府，置判事尹少尹判官参军。【即大明太祖高皇帝洪武二十七年。】

由上段关于朝鲜京都汉城府较为清晰的历史沿革可知，汉城府旧称“汉阳府”，出现于高丽忠烈王三十四年（1308），可“汉阳”作为地名在朝鲜半岛的最早出现并不始于此，早在统一新罗时代便以“汉阳郡”出现。“汉阳”是韩国存在的与楚国相同的地名中唯一一个最早出现于统一新罗时代的地名，《朝鲜世宗实录·地理志》杨州条即有记载：

景德王十四年丙申，改为汉阳郡，高丽改为杨州。

① 忠肃王五年（1318）与元仁宗延祐元年（1314）时间相左，其他文献如《东国舆地志》中只记载“忠肃王时升为丹阳郡”，但可以确定的是“丹阳”之名是在高丽忠肃王时期才出现的。

“汉阳郡”之得名与汉江、汉山密切相关，由京都汉城府“本高句丽南平壤城，一名北汉山郡。百济近肖古王以东晋简文帝咸安二年壬申，自南汉山来都，【南汉山，即今广州。】”可知早在统一新罗时代之前的三国时代，“北汉山”“南汉山”作为地名便已存在，北汉山郡明显是因北汉山而得名，不难看出是受到了中国“因山为名”原则的影响。而“汉阳郡”之得名更显然是受到了中国“水北为阳、山南为阳”思想的影响，汉城府在统一新罗时代即属于汉阳郡，汉城府旧称“汉阳府”之得名原理亦如此。由襄阳、丹阳旧称均与山有关，可推测襄阳、丹阳之得名也是受到了中国“水北为阳、山南为阳”思想的影响。汉城府位于北汉山之南、汉江之北，处于山、水俱阳之位，得名“汉阳”也就毫不足怪了，是深受中国文化影响、间接照搬移植中国地名的结果，包含着韩国古代强烈的慕华（汉）心理和民族自尊心理。

无论是《朝鲜世宗实录·地理志》中所载朝鲜京都汉城府在历史上的旧称“南平壤城，一名北汉山郡”“杨州”“南京”“汉阳府”，还是其失载的旧称如百济时期的“慰礼城”、新罗时期的“北汉山州”，不难看出其得名基本是受中国文化影响的结果，与杨万娟女士的所谓推论并无什么关系可言。其中由高丽命名的“汉阳府”在《高丽史·地理志》中更被记载为“别号广陵”，可见“汉阳府”之名与中国汉阳并无直接关联。最初对汉城府命名的是百济，亦非新罗，与前几例地名情况类似。“汉阳郡”之得名虽与统一新罗有关，但毕竟仅为孤例，且其所辖范围并不等同于后世之“汉阳府”“汉城府”，且在韩国汉江流域的位置也与中国的汉阳在中国汉江流域的位置不尽相同，故并不能因此就说明其之得名就与杨万娟女士的所谓推论有关。

至于韩国的太白山，《朝鲜世宗实录·地理志·江原道》载：

> 名山曰雉岳，在原州东，琚瑟岬山在原州任内酒泉县北，【俗号白德山。】义馆岭在淮阳府北，金刚山在淮阳任内长杨县东，【一名皆骨，一名枫岳。】五台山在江陵府西，八峰山在洪川县西，太伯山在三陟府西。

另外此卷三陟条亦载：

> 太伯山【在府西南，新罗拟五岳为北岳。有祠，名曰太伯天王堂，诸郡人民，春秋祀之。】

由两条记载中都将太白山称为“太伯山”可知，至少在《朝鲜世宗实录·地理志》的成书年代，韩国的太白山仍被称为“太伯山”，而非今名。全面学习中国文物制度的统一新罗，不仅仅只是对本国的政区通名系统和地名进行汉化以及直接照搬移植中国地名，和中国一样，统一新罗也有五岳、四渎（其中北渎为汉江，时称“汉山河”)，是深受中国文化影响的结果，而太白山在统一新罗时代被封为五岳之一的北岳，时名即为“太伯山”，而成书于朝鲜孝宗七年（1656）的《东国舆地志·江原道》中太白山的名称便已是今名。至于“太伯山”之名何以衍变为今天的“太白山”，应与“白”“伯”在韩语中同音且写法相同有关。“百济”见于中国史书的最早记载是《后汉书·东夷传》中称“凡七十八国，伯济是其一国”。《三国志》卷三十《魏书·东夷传》所列马韩诸国名也有“伯济”，说明“百济”本名“伯济”。《隋书》卷八十一《百济传》称其“初以百家济海，因号百济”。而“伯济”之名何以衍变为后来的“百济”，应与韩语中“白”“伯”“百”的读音和写法均一致，且古代汉语中“伯”通“佰”，为数目单位，“佰”又为数词“百”的大写有关。朝鲜时代杰出文学家、传奇小说《金鳌新话》的作者金时习（1435—1493）有诗《望太白山》云：

西望遥遥太白山，碧尖高插耸云间。人言岳顶神灵异，辨得乾坤造化关。

诗题和内容中均出现了“太白山”，即可将韩国太白山得名的时间范围大致确定在《朝鲜世宗实录·地理志》成书的朝鲜端宗二年（1454）至金时习去世的朝鲜成宗二十四年（1493）之间，可见韩国“太白山”之得名又与新罗无关，而关于韩国太白山之得名，《三陟真珠志》的陟州赋载：

何苍苍兮太白，堂其上而天王。
自罗丽而崇信，尽巫觋之都会。
瞻彼东兮大朴，睠其南兮萃觉。

而韩国太白山之得名其中亦有记载，是与其中海拔最高山色也最白的山峰——文殊峰有关，文殊峰上覆盖堆积着白色的沙丘和圆形鹅卵石，故山色白亮，韩国太白山因此得名①。

关于中国太白山之得名，《录异记》载：

金星之精，坠于终南圭峰之西，其精化白石若美玉，时有紫气复之，故名。

大抵是取太白金星之意称“太白山”的，《古今图书集成》《关中胜迹图志》《眉县志》等均有记载。而“太白山”之名最早见于《魏书·地理志》，隋唐后一直沿用至今。显然韩国太白山的得名原因与中国太白山并无直接关联，也就与杨万

① 译自 NAVER：韩国民族文化大百科（太白山）条。http：//www. naver. com/。

娟女士的所谓推论并无关系。韩国太白山之得名虽只是将中国太白山之名的间接照搬移植，但韩国太白山的得名亦是受中国文化影响的结果，其中又显见韩国古代强烈的慕华（汉）心理和民族自尊心理。

汉江、北汉山、南汉山等韩国地名得名在前，而韩国汉江流域及附近存在的与中国汉江流域及附近的地名相同的众多地名，如江陵、襄阳、丹阳、汉阳、太白山的得名在后，且这些众多相同的地名在韩国汉江流域及附近的分布，与之在中国汉江流域及附近的分布存在一定的相似性，高丽王朝和朝鲜王朝的统治者在命名这些地名时，不可能不知道其在中国汉江流域及附近同样存在及其分布。也就是说，高丽王朝和朝鲜王朝在命名这些地名时，应是较为了解且参照了中国汉江流域及附近的地名及分布，并刻意照搬移植了这些地名乃至地名分布。意在韩国的汉江流域及其附近再造一套与之相同的地名与存在一定相似性的地名分布，而其之所以如此，可以肯定是深受中国文化影响的结果，是为了提升巩固自身文明地位而更全面深入学习中国文物制度、加速汉化程度而做出的努力，包含着强烈的慕华（汉）心理和民族自尊心理。而从这些相同地名的得名又基本都是在统一新罗时代之后的高丽时代和朝鲜时代，对应中国南宋至明这一时期，时间跨度较长，前后两朝的多位统治者能如此默契地配合完成这一事业，不由令人感到诧异惊奇。可见其为了提升巩固自身文明地位而更为全面深入地向中国看齐、加速文明汉化程度而做出的不懈努力，更可见其强烈的慕华（汉）心理和民族自尊心理。值得注意的是，5 个地名中，“江陵府”“丹阳郡”（包含“丹阳”）“汉阳府”这 3 个地名集中分布于高丽时代末期的忠烈王、忠肃王时期，更深层的具体原因值得进一步研究。

综上所述，韩国存在的和中国汉江流域及附近的地名相同的众多地名，其得名都应只是韩国古代深受中国文化影响、因慕华（不一定是现实中的中国）而照搬移植中国地名的结果，而与杨万娟女士的所谓推论并无关系，并不存在所谓罗、卢等楚国遗民迁徙到朝鲜半岛后为了纪念故土而将中国汉江流域及附近的地名刻意照搬移植的一脉相承的血缘关系。

三、从中韩历史地理事实看杨万娟女士相关论述之谬误

杨万娟女士在其专著《汉江缘》中称“中韩两国汉江沿岸的地名分布几乎同出一辙”，但只要稍加考察便会发现其实很大程度上并不相同。韩国的襄阳、江陵根本就不在汉江流域，中国的襄阳位于汉江流域的中游，江陵位于汉江流域的下游，至于古江陵究竟是在今天的湖北宜城还是荆州，在本文中暂且搁置争议，不做探讨。韩国的丹阳位于汉江流域的上游，中国楚国的故都丹阳（今河南淅川县）同样位于汉江流域的上游；韩国的汉阳（首尔古称）位于汉江流域的下游，距离汉江入海口还有一段距离，中国的汉阳也位于汉江流域的下游，但中国汉江在武汉汇入长江，将武汉分为武汉三镇（武昌、汉口、汉阳），故实际上韩国存在的和楚国地

名相同的地名分布还是有很大的不同。杨万娟女士甚至为了支撑自己证据本就牵强不足、争议极大的推论，而故意捏造明显谬误的历史地理事实以误导读者，从而吸引眼球，虚张声势，由此不得不使人对其本就证据牵强不足、争议极大的推论更加质疑，其颠倒黑白的治学行径实在令人不齿。

杨万娟女士在其专著《汉江缘》中又称“韩国汉江发源地亦为两处：南汉江发源于江原道和庆尚北道连接处的太白山。北汉江发源于江原道的金刚山”，可是《朝鲜世宗实录·地理志》和《东国舆地志·江原道》中关于韩国汉江（实为南汉江）的源头记载很清楚，即五台山于筒水，而非在五台山之南、距离不近的太白山，直至朝鲜高宗元年（1864），《朝鲜时期全图》中韩国汉江（实为南汉江）的源头仍被清楚地标记为五台山，绝非太白山。而今天韩国汉江（实为南汉江）的源头已不再是五台山的于筒水，而是位于五台山之南大德山的俭龙沼，即江原道太白市苍竹洞金台峰，距离太白山仍有一段距离。故无论是朝鲜时代还是今天韩国汉江（实为南汉江）的源头均不在太白山，且韩国太白山本就不位于汉江流域，这些都是确凿无误的历史地理事实。不知杨万娟女士所言“南汉江发源于江原道和庆尚北道连接处的太白山”的根据是出自何处，真是可笑不堪，只是其个人为了支撑推论、扩大声势而故意杜撰出来的虚妄之语。

不仅对韩国汉江源头的叙述尽是不负责任的虚妄之语，杨万娟女士就连对中国汉江源头的叙述也尽是为了自圆其说的欺罔之语，毫无严谨性可言，令人鄙夷。杨万娟学者在其专著《汉江缘》中称“中国汉江的主要发源地有两处：一在太白山下……二在陕西宁强。这里是现代汉江的源头，可是陕西宁强”“并不是古汉江的真正源头”。可地理事实是作为汉江历史文化河源的西源为原古漾水河（甘肃天水齐寿乡的嶓冢山及周边的漾水为西汉水的一个源头，陕西宁强嶓冢山的漾水为东汉水的源头，历史上有东汉水、西汉水之分，研究汉水源头者把发源于漾水河的汉水称为古汉源，由于其处在沮水河与玉带河中间，故又称为中汉水）、沮水河（发源于留坝县与凤县交界处的紫柏山南麓黄花坪）和玉带河（发源于宁强县阳平关镇曹家坝村）三个源头，故汉江的历史文化河源主要即位于陕西宁强，而绝非杨万娟女士所言的“并不是古汉江的真正源头”。作为汉江自然地理河源的北源是汉江的正源，分为西源中曲河（正源，凤县境内秦岭南麓代王山秦岭沟）、中源红岩河（红岩河上游的上河。发源于太白县北部秦岭南麓、文公庙南的上河为河源）和东源太白河（发源于太白山第二高峰鳌山），其中只有东源太白河发源于太白山，而作为汉江历史文化河源的西源的三条河流更是无一条发源于太白山，故绝非杨万娟女士所言的“中国汉江的主要发源地有两处：一在太白山下”。另外，杨万娟女士在其专著《汉江缘》中称“研究韩国地名的分布我们可以看到，和楚国一样的地名主要集中在韩国东部海岸的江原道，这里有江陵、襄阳、洞庭湖、汉江、太白山”，可是翻遍韩国相关的所有地图册，均未发现韩国江原道有所谓的洞庭湖，应在朝鲜江原道通川郡①。杨万娟女士治学之虚妄实在令人汗颜。

而杨万娟女士在其论文中关于韩国汉江流域及附近地域历史地理的叙述中明显的谬误及误导更是比比皆是，甚至是随意杜撰捏造，颠倒黑白，毫无严谨性可言。如其在论文《韩国文化与中国楚文化渊源初探》中写道："在韩国，除江陵外，还有丹阳、襄阳、汉阳（今首尔）、汉江、洞庭湖等令人耳熟的地名。韩国江陵在三国时代称'阿瑟罗'，高丽时代称'东原京'，在李氏朝鲜时代改称'江陵大都护府'，也称'江陵府'，历史的确不短，距今至少已 600 多年。与此同时，1397 年新罗的翼岭县改为'襄阳府'，后为'襄阳郡'，江陵、襄阳两府均属江原道。韩国的首都首尔在高丽时代（1308）称为'汉阳府'，大致同时，新罗的赤山县也改为了'丹阳郡'，洞庭湖位于江原道北通川郡，是江原道最大的自然湖。另有因太白山而命名的太白市，三韩时属于辰韩的悉直国领域，于公元 102 年并进新罗。"根据上文的纠正可知洞庭湖并不在韩国而在朝鲜。根据《朝鲜世宗实录·地理志》中的记载可知，江陵在三国时代被高句丽称为"河西良。【一作河瑟罗。】"而非"阿瑟罗"，且其"江陵大都护府""江陵府"之称也不是始于朝鲜时代而是高丽时代。"襄阳"之名出现于朝鲜太宗时期无疑而非朝鲜太祖六年（1397），但《朝鲜世宗实录·地理志》和《东国舆地志》中的时间有别，且襄州（襄阳旧称）自朝鲜太祖六年（1397）升为府后便贯穿整个朝鲜时代，并未改为"襄阳郡"。"丹阳郡"之名是在高丽忠肃王时期出现的，晚于"汉阳府"之名出现的高丽忠烈王三十四年（1308）。该文中的其他叙述如"韩国几个地名的分布，属于忠清北道的丹阳在汉江的上游，汉阳（今首尔）在汉江的下游；属于江原道的江陵和襄阳均在汉江上游不远处，洞庭湖也在江原道；最有趣的是韩国汉江也发源于江原道和庆尚北道连接处的太白山下"，其中又出现洞庭湖是在韩国江原道、韩国汉江发源于太白山的明显谬误和误导。

类似的叙述在其论文《韩国文化与楚文化渊源关系再探兼谈氐羌、巴文化的渗入》中仍有出现，"韩国的太白山是韩国汉江的发源地。中国的太白山位于陕西秦岭，也是中国汉江的主要源头。查找中国地图我们可以看到，汉江的源头有两支，一支在太白山下，另一支在陕西宁强。可是陕西宁强并不是古汉江的真正源头。"其中关于中韩汉江源头的叙述又都是明显的谬误和误导，该文中还有如"中国汉江的源头和尽头都称汉阳，这是否和韩国汉江尽头的汉阳（现名为首尔）有某种联系呢?"的叙述又有明显的谬误和误导，韩国汉江的入海口并不在首尔，而是距离首尔还有一段距离。

综上所述，韩国存在的和中国汉江流域及附近区域相同的众多地名的分布和其在中国的分布存在着较大差异，并不如杨万娟女士所言。韩国汉江（实为南汉江）的古源头是在五台山于筒水，今源头是在大德山俭龙沼；中国汉江的历史文化源头

① 资料来源自（사）평화문제연구소。http：//www. ipa. re. kr/.

是在陕西宁强，与太白山无关，自然地理河源虽与太白山存在一定关系，但太白山并不为主源。洞庭湖位于朝鲜江原道而非韩国江原道，都是确凿无疑的历史地理事实。杨万娟女士却颠倒黑白，任意杜撰捏造欺罔之言，毫无严谨性可言，只为支撑其推论，吸引眼球，虚张声势，其学术行径之失实，令人不齿，应深以为戒。

参考文献

［1］韩国国史编纂委员会：《朝鲜王朝实录》，影印编缩版，探求堂，1970年。

［2］雒玉玲主编《韩国地图册》，中国地图出版社，2004年。

［3］刘清河：《汉水文化史》，陕西出版传媒集团陕西人民出版社，2013年。

［4］（清）陈廷敬、张玉书编撰：《康熙字典》，社会科学文献出版社，2008年。

［5］（韩）金英娥：《〈诗经〉与韩国古代诗歌发展》，《北方论丛》2012年第3期。

［6］李珺平：《天汉雄风》，北京师范大学出版集团北京师范大学出版社，2009年。

［7］孙卫国：《朝鲜王朝“小中华”思想的核心理念及其历史演变》，《韩国研究论丛》2014年第2期。

［8］首尔特别市史编纂委员会：《图说首尔历史两千年》，景仁文化社，2009年。

［9］（高丽）金富轼：《三国史记》，吉林大学出版社，2015年。

［10］黄枝连：《东亚的礼义世界——中国封建王朝与朝鲜半岛关系形态论》，中国人民大学出版社，1994年。

［11］杨军、王秋彬：《中国与朝鲜半岛关系史论》，社会科学文献出版社，2006年。

［12］金勋：《高句丽“南平壤”考》，延边大学硕士学位论文，2015年。

［13］（朝鲜）柳馨远编著：《东国舆地志》，收入《한국지리지총서（韩国地理志丛书）》之《전국지리지》（全国地理志），아세아문화사，1983年。

［14］（朝鲜）李荇、洪彦弼编著：《新增东国舆地胜览》，韩国国立首尔大学奎章阁藏本年。

［15］（朝鲜）权近：《阳村集》，收入《韩国文集丛刊》第7册，景仁文化社，1990年。

［16］王河、康芬：《天下第一泉中泠泉宜茶古文献叙录》，《农业古》2011年第2期。

［17］吴于廑、齐世荣主编：《世界史·古代史编》（下），高等教育出版社，2011年。

［18］魏嵩山：《朝鲜八道建置沿革考》，《韩国研究论丛》1996年。

［19］（朝鲜）金正浩编著：《大东地志》，韩国国立中央图书馆藏本。

［20］华林甫：《中国传统地名学对朝鲜—韩国半岛的影响》，《中国文化研究》2001年第4期。

［21］（朝鲜）郑麟趾：《高丽史》，西南师范大学出版社、人民出版社，2014年。

［22］杨万娟：《汉江缘》，湖北长江出版社、湖北人民出版社，2006年。

［23］冯忠贤、常崇信、樊维翰：《汉江河源考析》，《陕西水利》2013年第4期。

［24］杨万娟：《韩国文化与中国楚文化渊源初探》，《中南民族大学学报》2005年第1期。

［25］杨万娟：《韩国文化与楚文化渊源关系再探兼谈氐羌、巴文化的渗入》，《中南民族大学学报》2006年第2期。

（姚诗聪，男，1994年生，韩国岭南大学韩国汉文学研究生。韩国庆山：38541）

林春秋同志在延边大学创建过程中的贡献研究

刘建林

内容提要： 由林春秋首先提出并直接领导创建的延边医科专门学校为延边大学医学部的建立和发展奠定了基础，延边医专护士养成所同时也是延边大学护理学院的前身。1947 年 12 月，东北地区的解放战争进入战略反攻阶段后，林春秋预见到延边地区将要实行的民族区域自治需要大量的高级专门人才，因而率先提出了在延边地区创办一所综合性的朝鲜族大学的提议。在筹建朝鲜族高等院校的过程中，林春秋以坚定的共产主义信念、前瞻性的思考和善于倾听不同意见的宽广胸怀，认真贯彻党的新民主主义教育方针，热情地投身于发展民族高等教育的事业中，为培养新一代具有革命思想和专业知识的朝鲜族青年，夜以继日地辛勤工作，做出了很大的贡献。延边大学的创建是党民族平等和民族区域自治政策的体现，在新中国民族教育发展史上具有十分重要的意义。

关键词： 林春秋；延边医科专门学校；东北朝鲜人民大学；延吉大学

延边大学是党在少数民族地区亲手创建的新中国第一所综合性高等院校，是由新中国成立前担任中共延边地委副书记、延边行政督察专员公署专员的林春秋①最先提出并直接领导筹建的。延边大学在筹建阶段先后使用了东北朝鲜人民大学、延吉大学两个校名。在克服种种困难后，于 1949 年 3 月 20 日正式成立。同日，林春秋在出席完延吉大学开学典礼后，被组织调往朝鲜工作。延吉大学筹委会也随之圆满地完成了她的历史使命。《东北朝鲜人民大学（延吉大学）筹建方案》从提出、

---

① 林春秋，朝鲜无产阶级革命家、政治家，1912 年 3 月 8 日生于朝鲜咸镜北道。1930 年参加中国共产主义青年团，1932 年参加抗联并于同年加入中国共产党，先后担任抗联第一路军第二方面军军医官、抗联教导旅军医官（中尉军衔）。1945 年东北“八一五”光复后回到朝鲜。1946 年任劳动党平安南道党委副委员长，1947 年 4 月 4 日任延边行政专员公署专员。1947 年 10 月 26 日，任吉林省民族事务厅厅长。1948 年 3 月 27 日，再次担任延边专员。同年 4 月 16 日，兼任中共延边地委副书记。1949 年 3 月 20 日，延吉大学（后改为“延边大学”）创建后于当天回到朝鲜。回国后历任朝鲜江原道人民委员会委员长、中央联络部副部长、驻阿尔巴尼亚和保加利亚大使、最高人民会议常委会秘书长、金日成广播大学校长、中央人民委员会秘书长。1980 年 10 月，当选为劳动党中央政治局委员。1983 年 4 月 8 日，林春秋在朝鲜最高人民会议第七届第二次会议上被选举为朝鲜民主主义人民共和国副主席，直到 1988 年 4 月 27 日逝世一直担任这一职务。

实施、建成，整个过程的“顶层设计”都是按照林春秋同志的思路完成的。

一、林春秋调任中国延边与延边医科专门学校的创建

1945年8月9日，苏联红军远东第一方面军第五集团军和第二十五集团军在东北抗联教导旅的配合下，从珲春、绥芬河突破日军防线进入延边境内。[①] 15日，日本无条件投降。18日，苏军解放了延吉。19日，龙井光复。26日，龙井教育同盟筹备委员会委员长林启学带领爱国师生接管了伪东满医科大学。9月12日，按照“民办公助”的指导思想，龙井教育同盟筹备委员会在接收的伪东满医科大学及其附属医院、附属看护员学校的基础上创建了民办龙井医科大学，并彻底废除了日伪的奴化教育制度。27日至28日，民办龙井医大举行了招生考试，录取了70名学生。[②] 1946年6月7日，国民党反动派向蛟河县的新站、拉法发起进攻，意图东进攻占延边根据地，东北解放区的“爱国自卫战争”打响。26日，蒋介石下令进攻中原解放区，发动了全面内战。至此，《双十协定》被国民党反动派彻底破坏。中国共产党代表的人民大众同美帝国主义所支持的代表大地主、大资产阶级利益的国民党反动派之间的矛盾上升为中国社会的主要矛盾。8月17日，中共吉林省委、省政府和省军区，由省委书记陈正人、省政府主席兼省军区司令员周保中带队迁到延吉，与吉东分省委合署办公，并部署迎击国民党军对解放区发动的进攻。[③] 在这一过程中，周保中通过调研了解到民办龙井医科大学在办学中存在的困难，同意将该校改为公立，并将学校预算纳入吉林省财政预算。10月3日，学校改名为吉林省立龙井医科大学。

周保中十分重视朝鲜族的教育问题。1946年12月22日，吉林省委第二次群运工作会议在龙井召开，周保中在会上作了《延边朝鲜民族问题》的报告，报告指出：“建党、建军、建政工作及社会经济文化教育建设和生活风尚等问题，必须通过民族形式，区别民族特点，以求贯彻党的民族政策。”[④] 周保中为发展延边地区的新民主主义教育事业、推进延边地区的土地改革工作，急需一位了解延边地区民族教育特点、在延边的朝鲜族群众当中有一定威信的得力干部。最终，周保中选择了抗联时期曾在延吉朝阳川从事抗日革命活动的老部下林春秋。1947年3月26日，

---

① 政协汪清县委员会文史资料办公室编：《汪清文史资料》（第6辑），吉林省内部资料准印证第970412号，第127页。

② 延边历史研究所编：《延边历史研究》（第5辑），吉林省内部报刊准印证第190号，1988年，第28页。

③ 政协延边朝鲜族自治州文史资料委员会编：《解放初期的延边》，辽宁民族出版社，1999年，第51页。

④ 延边朝鲜族自治州档案局（馆）编：《中共延边吉东吉敦地委专署重要文件汇编》（第1辑），1985年，第358页。

周保中与北朝鲜人民委员会委员长金日成在朝鲜咸镜北道南阳市会面。在这次会晤中，根据周保中的请求，金日成决定派已担任朝鲜劳动党平安南道党委副委员长的林春秋到中国延边地区工作。[①] 4月4日，吉林省政府任命林春秋为延边行政督察专员公署专员。为适应战时的需要，夺取新民主主义革命的胜利。根据中共中央东北局和吉林省委的指示，延边根据地压倒一切的中心任务是“支援前线”。根据党的方针政策，这一时期，林春秋在延边地区领导开展的教育事业以“干部教育第一，国民教育第二”为原则。[②] 周保中十分关心延边根据地朝鲜族干部的培养问题，他多次提醒林春秋，朝鲜族人民要想实现民族自治，需要培养大批民族人才，特别要注意培养各类高级专门人才，[③] 其中就包括前线战地救护所急需的医护人才。林春秋曾先后在抗联第一路军第二方面军、东北抗联教导旅担任军医官，长期从事医务工作，在朝鲜传统医学、药学领域有一定的研究并具有丰富的实践经验，因而特别重视延边地区医疗卫生事业的发展。

1947年3月，为培养战地医护人员，支援解放战争，吉林省立龙井医科大学被东北民主联军总卫生部接管，改称东北军政大学吉林分校医学院。4月18日，吉林省委决定成立东北军政大学吉林分校高干班，专为培训朝鲜族的区营级和县团级干部而设立。高干班设在原龙井明信中学旧址[④]，省委任命林春秋为高干班党委书记，文正一、许明为副书记。在参加培训的115名干部中，朝鲜族干部占113名。[⑤] 在高干班，林春秋积极支持副书记文正一和班主任金世敏的工作，帮助学员提高认识，学习党的文件和马克思主义著作。9月25日，延边专署和吉敦专署合并为吉东专署，专署机关设在敦化，徐元泉任专员。10月22日，吉林省政府政务会议召开，会议决定成立吉林省民族事务厅，并将民族事务厅的领导人选呈报东北行政委员会。26日，吉林省政府转发了东北行政委员会任命林春秋为民族事务厅厅长的命令。[⑥] 林春秋就任厅长后，根据东北行政委员会发出的《关于冬学运动的指示》，将“冬学运动”和吉东、吉北、吉南少数民族地区发动群众的工作相结合，为吉林省少数民族地区土改工作的顺利完成做出了贡献。

1948年1月，东北军政大学吉林分校医学院被中国医科大学接管，学校名称改

---

① 延边大学档案馆，案卷号1-1949-10，第119页；金日成：《金日成全集》（第8卷），朝鲜劳动党出版社，1994年，第384—386页。

② 辽宁省教育科学研究所编：《东北解放区教育资料选编》，教育科学出版社，1983年，第3页。

③ 许青善、姜永德主编：《中国朝鲜族教育史》，延边教育出版社，2009年，第359页。

④ 1946年9月16日，明信、大成、东兴、恩真、槿花、永新等6所中学一起合并组成了吉林省立龙井中学。延边大学初创时期的部分教师来自该校。参见政协延边朝鲜族自治州委员会文史资料委员会编《延边文史资料》（第6辑“教育史料专辑”），吉林省内部资料准印证第5439号，第18页。

⑤ 崔秀日、姚作起编著：《延边热土育英才——朝鲜族儿女业绩荟萃》，吉林人民出版社，2002年，第251页。

⑥ 延边历史研究所编：《延边历史研究》（第5辑），吉林省内部报刊准印证第190号，1988年，第218页。

为“中国医科大学第一分校”。2月13日，林春秋被中共中央东北局任命为吉林省委委员，同时继续担任民族事务厅厅长一职。3月27日，吉东专署改为延边专署，林春秋任专员。① 4月2日，林春秋组织成立了东北地区第一所地市级的党校——“延边党政干部学校”②，林春秋号召广大朝鲜族群众积极投身于推翻国民党反动派的解放事业。③ 16日，吉林省委决定取消吉东地委，成立延边地委。林春秋被任命为延边地委委员、常委、副书记，并继续兼任延边党政干部学校校长。④ 5月3日，延边党政干部学校、延吉高等师范学校、延边工业学校、延边中央小学的师生共3000余人，在中央小学各教室听取了林春秋的专题报告。林春秋在报告中要求广大青少年发扬中国的“五四精神”和朝鲜的“三一精神”，继承先烈的事业，将革命进行到底。⑤ 据统计，截至1948年8月，由林春秋组织创建的延边党政干部学校共举办了3期，培训了962名干部，其中朝鲜族干部900名，占学员总数的93.5%。⑥这些干部在校期间接受了马列主义教育，成为用科学理论武装起来的自觉的革命战士。林春秋则通过创办延边党政干部学校积累了丰富的办学经验。

1948年7月，中国医科大学第一分校开始着手布置从龙井迁往哈尔滨的工作，并要求全校师生在9月完成迁校工作。该校搬迁时，一部分朝鲜族教师希望能够留在延边地区。为了发展延边地区朝鲜族的医疗卫生事业，以及在中国医大一分校迁走后避免延边的医学教育事业出现断层，林春秋提出在延吉市另外建立一所全新的以培养朝鲜族卫生干部为办学目标的医学专科学校，留下的医大一分校朝鲜族教师可以到医专工作。林春秋的主张得到了副专员文正一的大力支持，两人推动延边行政专员公署最终做出了在延吉市建立民办延边医科专门学校的决定。8月1日，“延边医科专门学校期成会”成立，林民镐任期成会主任。⑦ 郑一为总务，金龙云、李相奎、马兴洙、安炳基、池章勋、申永植、金炳烈为庶务。医专期成会在林春秋的领导下开展具体的工作。8月31日，延边行政专员公署向吉林省政府呈报了《请求批准设立延边专门学校》的文件，得到了省政府的批准。⑧ 9月23日至25日，延边大学医学院的前身——延边医科专门学校在延吉市组织了招生考试。录取

---

① 1948年3月15日，吉东专署由敦化迁回延吉，并撤销原吉东专署延吉办事处。

② 由林春秋担任首任校长的延边党政干部学校，于1957年1月改称中共延边州委党校。

③ 金日成：《金日成全集》（第8卷），朝鲜劳动党出版社，1994年，第387—389页。

④ 吉林省档案馆编：《中国共产党吉林省委员会重要文件汇编》（第一册），1984年5月，第277页。

⑤ 延边历史研究所编：《延边历史研究》（第5辑），吉林省内部报刊准印证第190号，1988年，第255页。

⑥ 政协延边朝鲜族自治州文史资料委员会编：《解放初期的延边》，辽宁民族出版社，1999年，第292页。

⑦ 延边大学医学院院史编委会：《延边大学医学院院史》（1948—2003），吉林省内部资料性出版物，第200304016号，第1页。

⑧ 延边朝鲜族自治州教育志编纂委员会编：《延边朝鲜族自治州教育志》，东北朝鲜民族教育出版社，1992年，第467页。

了本科生64名，特科生15名，候补生21名，共100名新生。① 学生均为中国朝鲜族，学校的日常授课语言为朝鲜语。②

1948年10月1日，延边医科专门学校在延吉市成立，校址设在延边军分区办公楼，杨尹担任代理校长。林春秋、文正一等行政督察专员公署的领导参加了在延吉市天主教堂举行的“开校式”（开学典礼）。延边医专归延边行政督察专员公署领导，按照林春秋等领导同志的指示，医专办学以“培养具有专门医疗卫生知识的人才，服务延边人民健康，支援国内解放战争为宗旨”③，把原中国医大第一分校以学制一年为中心的“专科重点制”改为以四年制的正规化本科教育为中心。同时，医专也设立了学制为一年的特科，以培训具有一定专业知识的在职医护人员。延边医专成立后，有教师8名。医专附属医院有医师2名，护士6名，床位10张。④

办好延边医专最关键的因素是教师队伍的建设。面对医专缺少教师的现状，林春秋认真落实党的“团结、教育、改造”的知识分子政策，对政治立场坚定的朝鲜族医学人才充分信任、放手使用。10月中旬，林春秋邀请已卸任领导职务的原中国医科大学第一分校教师、日本九州大学医学博士卢基舜担任延边医专校长，杨尹转任医专附属医院院长。同时，由林春秋提议，延边行政督察专员公署任命原延边民主大同盟委员长池喜谦担任医专教导处主任，沈炳镐为教导处副主任，负责学校的组织和教学管理工作。10月下旬，延边医专由延吉迁回龙井。12月，中国新民主主义青年团延边医专支部成立。⑤ 由于学校的创建工作已经完成，“延边医科专门学校期成会”正式解散，另成立由郑一担任会长的“延边医科专门学校董事会”⑥，负责办学经费的募集。卢基舜校长在林春秋的支持下，进行了大刀阔斧的教学改革，使学校面貌在短期内得到了显著的改善。延边医专并入东北朝鲜人民大学前，师资队伍有了一定的发展，教职员工达到39名。⑦

---

① 《延边大学医学部部史》编委会：《延边大学医学部部史》，延边大学出版社，2011年，第2页。

② 延边大学医学院院史编委会：《延边大学医学院院史》（1948—2003），吉林省内部资料性出版物，第200304016号，第2页。

③ 延边大学医学院院史编委会：《延边大学医学院院史》（1948—2003），吉林省内部资料性出版物，第200304016号，第191页。

④ 延边大学医学院院史编委会：《延边大学医学院院史》（1948—2003），吉林省内部资料性出版物，第200304016号，第2页。

⑤ 延边大学医学院院史编委会：《延边大学医学院院史》（1948—2003），吉林省内部资料性出版物，第200304016号，第243页。

⑥ “延边医科专门学校董事会”存续期间一共有两任会长：郑一、马兴洙。

⑦ 延边大学医学院院史编委会：《延边大学医学院院史》（1948—2003），吉林省内部资料性出版物，第200304016号，第3页。

注：第四排正中位置为中共延边地委副书记、延边行政专员公署专员林春秋。
图片来源：延边大学档案馆，图片编号：2－1948－SX12－1－001。

二、林春秋与东北朝鲜人民大学的筹建

"八一五"东北光复后，东北解放区的朝鲜族中学教育和中等职业教育迅速发展。截至1949年初，东北三省有朝鲜族中学70所，教师550名，学生16700人；朝鲜族师范学校4所，学生850人。[①] 其中，延边地区有高中28所（汉族学校1所、朝鲜族学校23所、汉朝联校4所），加上延吉二中、吉林民主学院两所学校的高中班每年招收的400名学生，学生共计11057名，朝鲜族占95.1%。[②] 延边作为未曾被国民党反动派占领过的革命老区，由于有相对安定的办学环境，中等教育发展尤为迅速。这些朝鲜族学校由于使用朝鲜语授课，汉语没有在朝鲜族学生当中普及，导致朝鲜族学生在国内高考时很难考入以汉语为授课语言的大学。据统计，升入以汉语为授课语言的大学的朝鲜族学生每年为500人左右。[③] 因此，一部分朝鲜族高中毕业生选择到朝鲜参加高考，读朝鲜的大学或专科学校。这种状况造成了延边地区朝鲜族人才的流失，引起了林春秋等党政领导的注意。

林春秋作为1932年根据共产国际"一国一党"原则加入中共的党员，[④] 深刻

① 朴泰洙主编：《延边大学师范教育史》，延边教育出版社，2010年，第3页。

② 延边朝鲜族自治州档案局（馆）编：《中共延边吉东吉敦地委专署重要文件汇编》（第1辑），1985年，第96页。

③ 延边朝鲜族自治州档案局（馆）编：《中共延边吉东吉敦地委专署重要文件汇编》（第1辑），1985年，第397页。

④ 延边大学档案馆，案卷号：1－1949－10，第119页。

了解党的民族平等和民族区域自治政策。林春秋预见到未来延边地区必然会实行民族区域自治，需要大量的拥有专业知识和革命思想的朝鲜族人才。从 1948 年年初开始，林春秋在不同的场合多次提出在延边地区创办朝鲜族大学，得到了广大朝鲜族群众的支持。同时，林春秋也将自己的这一想法向中共中央东北局、东北行政委员会、吉林省委、延边地委的主要领导做了汇报，争取到了林枫、陈正人、周保中、刘俊秀等主要领导的支持。1948 年 3 月 23—24 日，吉东地区“教育文化人座谈会”在延吉市二中召开，出席会议的共有 114 人。[①] 会议按照东北行政委员会第二次教育会议提出的“争取和改造旧有知识分子、培养工农子弟新知识分子”的要求，纠正了土改中部分学校对地主家庭出身的学生进行揪斗、开除的做法，探讨了中小学朝鲜语教材在出版过程中遇到的纸张缺乏和编辑不足的问题。[②] 吉林省民族事务厅厅长林春秋出席会议并作重要讲话。林春秋指出，虽然有部分朝鲜族中学毕业生升入东北大学和东北军政大学，但因汉语基础薄弱的关系为数不多。为解决朝鲜族学生升学困难问题，在延边地区创办一所民族大学，符合延边乃至整个东北朝鲜族高等教育发展的需要。虽然目前尚处于解放战争阶段，可能有些困难，但不能托故不办，而是要尽可能促其早日实现。[③] 座谈会在分析朝鲜族中学毕业生升学困难的基础上，广泛听取了与会人员的意见和建议，座谈会按照“民主集中制”的原则达成了在延边地区创办一所朝鲜族大学的共识。

1948 年 8 月 5 日，东北行政委员会发布了《朝鲜人请求归国暂行办法》，要求：凡申请去北朝鲜的朝鲜族，必须获得所在地的县以上政府的批准和北朝鲜人民委员会的复信许可，才可以按规定办理手续。[④] 东北解放区的朝鲜族虽然和朝鲜半岛的朝鲜族是同一民族，拥有相同的语言、文字及生活习惯，但已经是拥有不同国籍的中国公民。8 月 15 日，延边地委出台了《关于延边民族问题》的文件，分析了在当前形势下创办朝鲜族大学的必要性，指出“朝鲜族人民教育发达是很好的现象。现时小、中学已举办不鲜，但没有大学可进，是一问题。在延边建立一综合大学是必要的”[⑤]。对于如何创办朝鲜族的民族大学，延边地委认为，解决办法有二：“由政府创办一所朝鲜民族大学，分设专科，经费由当地群众募捐一部分。如一时办不起来，则在东北主要个别大学中设朝鲜民族班，招收一定数量朝鲜族中学毕业

① 参会人员包括朝鲜人民委员会外务局的外宾 3 名。参见延边朝鲜族自治州档案局（馆）编《中共延边吉东吉敦地委专署重要文件汇编》（第 1 辑），1985 年，第 396 页。

② 延边朝鲜族自治州档案局（馆）编：《中共延边吉东吉敦地委专署重要文件汇编》（第 1 辑），1985 年，第 400 页。

③ 延边朝鲜族自治州档案局（馆）编：《中共延边吉东吉敦地委专署重要文件汇编》（第 1 辑），1985 年，第 397 页。

④ 东北行政委员会主席林枫，副主席张学思、高崇民：《朝鲜人请求归国暂行办法》，东外字第三号文件，民国三十七年（1948）八月五日。

⑤ 延边朝鲜族自治州档案局（馆）编：《中共延边吉东吉敦地委专署重要文件汇编》（第 1 辑），1985 年，第 389 页。

生参加进去。”[①] 对于地委的两种办学思路，林春秋始终主张前者，即在延边地区建立一所独立的培养朝鲜族人才的综合性大学。关于教师缺乏的问题，刘俊秀、林春秋等地委的主要领导也在不同的场合深入交换了各自的意见。[②] 10月10日，东北行政委员会发布《关于教育工作的指示》，指出：“教育工作的首要任务是培养大批有文化知识、科学技术和革命思想的各种知识分子，以适应建设需要。因此，要拿出一定力量来办大学、中学和师范。”[③]

1948年10月初，为迎接即将举行的吉林省民族工作座谈会的召开，争取上级领导的支持，由林春秋组织，在延吉市市长赵容极的家里召开了由延边地区教育界、文化界的朝鲜族知名人士参加的预备座谈会。会议充分发扬民主，分析了创办朝鲜族大学的问题。林春秋在会上作了总结发言，他认为延边地区已有延边医科专门学校、延边高级师范学校、延边工业学校，创办朝鲜族大学有了一定的师资基础。随着东北三省和内蒙古地区朝鲜族中学教育的发展，生源不成问题。针对一部分与会人员认为创办朝鲜族大学时机还不成熟的看法，林春秋指出，在创建朝鲜族大学的过程中会遇到很多困难，但只要依靠广大的朝鲜族群众，发扬艰苦奋斗、自力更生的革命精神，困难都可以克服。[④] 经过与会代表的讨论和表决，通过了把“在延边地区创建朝鲜族大学”的提案提交吉林省民族工作座谈会的决议。

1948年12月初，林春秋、林民镐代表延边地区在吉林市出席了吉林省政府召开的民族工作座谈会。在座谈会上，林春秋和林民镐提交了将“东北朝鲜人民大学”作为校名的大学筹建方案。吉林省民族工作座谈会经过讨论和审议，同意了延边代表的提案并把此案呈报中共吉林省委。在省委审议期间，省政府责成林春秋主持拟制建校方案。座谈会期间，林春秋派一同参会的年轻同志购置了大量的图书资料带回延吉，为兴办东北朝鲜人民大学图书馆打下了基础。[⑤] 在林春秋前往吉林市争取上级领导支持之际，延边地委也在积极推动朝鲜民族大学的创建。12月9日，中共延边地委书记刘俊秀在《关于民族政策中的几个问题（草案）》中指出，“以现在的高师、医专、工业学校为基础，迅速创办延边民族大学。这样，一方面能替国家培养各种建设人才，另一方面又能解决一部分中学生升学问题，使某些学生克

---

① 延边朝鲜族自治州档案局（馆）编：《中共延边吉东吉敦地委专署重要文件汇编》（第1辑），1985年，第390页。

② 延边朝鲜族自治州档案局（馆）编：《中共延边吉东吉敦地委专署重要文件汇编》（第1辑），1985年，第397页。

③ 延边历史研究所编：《延边历史研究》（第5辑），吉林省内部报刊准印证第190号，1988年，第267页。

④ 《延边大学校史编写组》编：《延边大学校史》，延边大学出版社，2009年，第6页。

⑤ 政协延边朝鲜族自治州文史资料委员会编：《解放初期的延边》，辽宁民族出版社，1999年，第304页。

服想到朝鲜升学的不安思想”①。至此，创建朝鲜族大学的构想在地区层面已达成完全一致。

林春秋回到延吉后，12 月 11 日晚上 7 点，在延边教育出版社召开由文正一、崔采等 10 余人参加的朝鲜族大学筹建工作会议。会上，林春秋首先传达了吉林省政府的决定，之后向与会人员强调了准备工作的必要性，会议决定成立由 9 人组成的“东北朝鲜人民大学筹备委员会”。② 林春秋任筹委会主任，延边日报社总编辑林民镐任副主任。委员分别为：延边专署副专员文正一、延边地委宣传部长崔采、延边专署教育科科长梁贞凤、延边医科专门学校校长卢基舜、延边高级师范学校副校长崔文镐、延边工业学校校长卢承均、延边专署督学金裕勋。③ 关于组织人事问题，与会人员一致选举林春秋为东北朝鲜人民大学校长、林民镐为副校长、金裕勋为教务长、时任龙井中学校长朴奎灿为秘书长。大学筹委会办公室临时设在延边日报社二楼。在林春秋的统筹领导下，由林民镐、金裕勋负责全校的筹建，崔文镐负责文学部的筹建，卢承均负责理工学部的筹建，卢基舜负责医学部的筹建，朴奎灿负责农学部的筹建。④

学校创办时，将原延边工业学校作为东北朝鲜人民大学本部，校舍面积不足 5000 平方米。校舍不仅数量不足而且破损严重。因此，林春秋同志指示大学筹建委员会购买了 5 座宅院作为新的校舍，花费了 0.58 亿元东北币，⑤ 并对已有的校舍进行了修缮。1948 年 12 月，大学筹委会提出了 1949 年全年的办学预算，总额为 63.8274 亿元东北币。⑥ 其中，1949 年 1 月急需的预算为 15.0093 亿元东北币，⑦ 这是考虑到组织上的困难，从最低的限度提出的办学预算。1949 年 1 月，东北朝鲜人民大学实际的开支达到了 21.6448 亿元东北币。2 月，东北行政委员会向大学筹委会下拨了 3 亿元东北币。而这不足以承担学校的支出。面对困难，林春秋向筹委会成员和全体教职员工提出了三项具体要求：第一，亲自动手，自力更生；第二，克服困难，因陋就简；第三，发动广大朝鲜族群众，捐款、捐物。同时，林春秋主张学校全体教职员工要厉行节约，严格控制开支，把有限的教育经费用在刀刃上。⑧ 学校筹建期间，延边地区的朝鲜族有识之士，自发组织了“东北朝鲜人民大学董事会”，经营商店、药房和厂房等小型企业，用所得的营业收入支持“东北朝鲜人民大学”的筹建。除此之外，“东北朝鲜人民大学”的筹建还得到了东北行政委员

① 延边朝鲜族自治州档案局（馆）编：《中共延边吉东吉敦地委专署重要文件汇编》（第 1 辑），1985 年，第 394 页。

② 延边大学档案馆，案卷号：1－1949－4，第 1 页。

③ 延边大学档案馆，案卷号：1－1949－4，第 2 页。

④ 延边大学档案馆，案卷号：1－1949－11，第 1 页。

⑤ 延边大学档案馆，案卷号：1－1949－4，第 66 页。

⑥ 延边大学档案馆，案卷号：1－1949－4，第 5 页。

⑦ 延边大学档案馆，案卷号：1－1949－4，第 33 页。

⑧ 朴泰洙主编：《延边大学师范教育史》，延边教育出版社，2010 年，第 44 页。

会、吉林省政府、延边地委、延边行政专员公署等各有关方面的大力支持和帮助。[①]

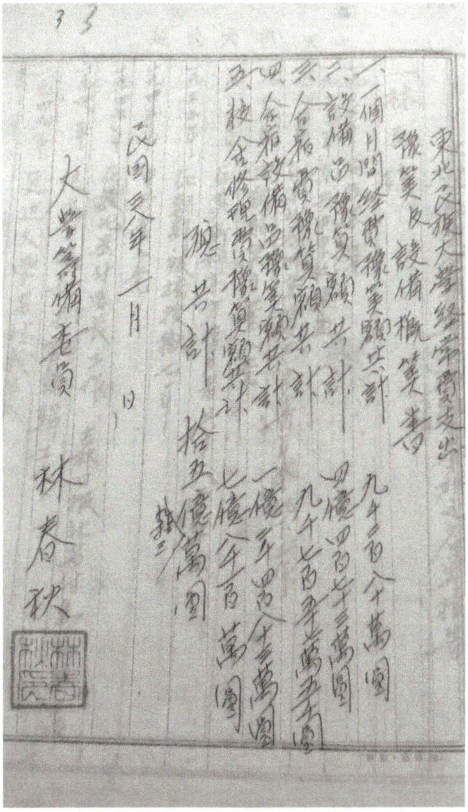

注：林春秋向东北行政委员会呈报的《东北朝鲜人民大学预算支出概况书》及其签字、个人印章。图片来源：延边大学档案馆，案卷号：1－1949－8，第3页。

三、林春秋与延吉大学（延边大学）的创立

1949年1月5日，中共吉林省委将学校名称定为“东北朝鲜人民大学”，[②] 但因当时学校归属东北行政委员会民政部领导，学校的名称问题仍未最终确定。10日，筹委会讨论通过了《学部方案》。[③] 2月初，中共中央东北局大学委员会批准在延边地区创立一所培养朝鲜族高级人才的高等学校。2月10日，林春秋组织召开了筹委会扩大会议，延吉和龙井两地的教师均参加会议并参与了讨论，会议确定了各

① 政协延边朝鲜族自治州文史资料委员会编：《解放初期的延边》，辽宁民族出版社，1999年，第304页。

② 延边大学档案馆，案卷号：1－1949－4，第4页。

③ 延边大学档案馆，案卷号：1－1949－4，第2页。

学部所属学科开设的课程，决定组织招生考试。[①] 筹委会经过两个多月的组织酝酿，初步拟定了《东北朝鲜人民大学建校方案》。在《建校方案》出台的过程中，林春秋主导了学校教育方针的制订，并直接过问学校的各项建设，和筹委会成员一起审定了教学大纲和教学计划。《建校方案》把东北朝鲜人民大学的性质定为拥有理工学部、文学部、农学部、医学部的综合性民族大学，并详细规划了建校方针和培养计划，即：培养具有革命思想和专业知识的建设新民主主义国家的朝鲜族人才。《建校方案》制定后，林春秋领导筹委会根据不断出现的新情况对方案进行了适时的调整。2 月 11 日，中共延边地委任命副校长林民镐兼任教育长，金裕勋任副教育长兼教务处处长。同日，林春秋重新调整了筹委会的组织架构，筹委会下设四个直属部门：组织委员会、计划委员会、秘书处、龙井筹备处。[②] 在筹备工作基本完成后，18 日，东北朝鲜人民大学筹委会正式向东北行政委员会大学委员会呈报了《为呈请批准"东北朝鲜人民大学"名称》的请示报告。[③]

3 月 8 日，延边医科专门学校并入筹建中的"东北朝鲜人民大学"，成为东北朝鲜人民大学医学部，卢基舜担任医学部学部长，元逸愚为副学部长。3 月 13 日，吉林省政府任命文正一为延边行政专员公署专员，林春秋即将被调回朝鲜工作。[④] 林春秋卸任专员职务后，继续担任筹委会主任一职。3 月中旬，东北行政委员会批复指出，朝鲜族综合大学的校名应冠以大学所在的城市名称。因此，"东北朝鲜人民大学"的校名应根据校本部所在的延吉市相应地改称"延吉大学"。接到批复后，林春秋立即组织大学筹委会成员召开会议。经过讨论，筹委会成员一致认为学校本部在延吉、医学部在龙井，"延吉大学"这个校名不符合学校的办学实际，具有地域上的局限性。因而，林春秋再次请示东北行政委员会希望把校名改为"延边大学"。在请示上级的过程中，3 月 15 日至 18 日，学校暂时以"东北朝鲜人民大学"的校名进行了单独的招生考试，从 565 名考生中择优录取了 325 名新生。[⑤] 学生均为东北地区的朝鲜族，体现出了学校在建校之初作为单一的朝鲜族大学的特色。加上把学籍转入延吉大学的原延边医科专门学校的 63 名本科生和 51 名特科生，学校共有 439 名学生。[⑥] 林春秋同志出身于朝鲜咸镜北道的贫农家庭，[⑦] 在"延吉大学"招生的过程中，林春秋领导筹委会认真贯彻了党的"教育为工农开门"的方针，使旧社会被剥夺了受教育权的工农家庭出身的朝鲜族学生走进了大学

① 延边大学档案馆，案卷号：1－1949－4，第 4 页。

② 延边大学档案馆，案卷号：1－1949－11，第 1 页。

③ 延边大学档案馆，案卷号：1－1949－7，第 1 页。

④ 崔秀日、姚作起编著：《延边热土育英才——朝鲜族儿女业绩荟萃》，吉林人民出版社，2002 年，第 254 页。

⑤ 延边大学档案馆，案卷号：1－1949－4，第 6 页。

⑥ 延边大学档案馆，案卷号：1－1949－11，第 13 页。

⑦ 延边大学档案馆，案卷号：1－1949－10，第 119 页

校园。此外，延吉大学筹委会减免了家庭生活困难学生的学杂费，并确立了“人民助学金制度”①，以利于培养建设东北解放区和支援全国解放战争所需要的工农出身的新型知识分子。延吉大学的办学宗旨为：“培养具有革命思想、专门知识的东北朝鲜族人民的新民主主义国家建设人才。”② 学校的培养目标注重以民族形式贯彻党的新民主主义的教育方针，将授课语言定为朝鲜语，被日帝的“文化抹杀”政策所取消的朝鲜历史和朝鲜文学重新进入课堂。

面对延吉大学开学在即的现状，林春秋等筹委会领导带领全校教职员工发扬“抗大精神”和“抗联精神”，根据筹委会制定的《延吉大学十条办学纲领》，恪守艰苦奋斗、勤俭办学的原则，从延边医专、延边工业学校、龙井的原中国医大一分校接收了544件教学用品，继续使其“物尽其用”。同时，筹委会紧紧依靠广大朝鲜族群众，渡过了经费不足的难关。据统计，延边地区朝鲜族人民给延吉大学的捐款、捐物共计折合东北币1099900680元，延边地区以外的东北朝鲜族群众捐款、捐物折合东北币共计179432000元。③ 同时，学校也有一定的校产。学校在龙井有旱田、水田各15000坪（1坪合3.3057平方米），在延吉有旱田26000坪，④ 共计拥有农田56000坪。建校之初，延吉大学教职员工的薪资制度采取的是“工分制”，由学校领导对教职员工的工作进行绩效评定，确定应得的工分，最后折算成工资。在当时，学校确定的标准是1工分折合东北币8028.79元。⑤

“延吉大学筹委会”经过长时间的筹备，克服种种困难，基本解决了办学资金、校舍、教师不足，干部配置、招生、教材等一系列问题。3月20日，中共延边地委任命朱德海兼任延吉大学校长，林民镐任延吉大学副校长。同日，“延吉大学”筹委会按照《建校方案》如期在延吉市斯大林剧场隆重举行了开学典礼。开学典礼首先由崔采代表大学筹委会正式宣布了“延吉大学”的创立，并向与会师生传达了中共中央东北局大学委员会“关于同意延吉大学创建”的批复。随后，大学筹委会主任林春秋作重要讲话。林春秋在讲话中指出，延吉大学的创立是伟大的中国共产党民族政策的光辉体现，他号召全校师生员工在党的领导下，团结一致，同心协力，以艰苦奋斗的精神，搞好学校建设。教职员工代表表示今后要团结在朱德海校长、林民镐副校长周围，排除万难，把学校建设好。⑥ 学生代表则在发言中回顾了伪满时期日帝对朝鲜民族实施的文化抹杀暴政，表达了延吉大学全体朝鲜族学生对党的

① 政协延边朝鲜族自治州文史资料委员会编：《解放初期的延边》，辽宁民族出版社，1999年，第296页。

② 延边大学档案馆，案卷号：1-1949-4，第2页。

③ 延边大学档案馆，案卷号：1-1949-4，第55页。

④ 延边大学档案馆，案卷号：1-1949-4，第55页。

⑤ 延边大学档案馆，案卷号：1-1949-13，第44页。

⑥ 延边大学档案馆，案卷号：1-1949-4，第7页。

感激之情。[①] 来自延边地区各县代表和东北各地的朝鲜族代表也相继发言，表示一定为办好延吉大学这所朝鲜民族自己的大学而竭尽全力地做好支援工作。会上，延吉大学筹委会发表了《延吉大学创立宣言》（朝鲜语），宣言的汉语译文如下："在党的正确的民族政策指引下成立的延吉大学，肩负着为建设新民主主义国家培养有革命思想和专业知识的各类民族人才的繁重任务。延吉大学的创立，克服了种种的困难和曲折，是一件历史性的创举，它将和光辉的朝鲜族历史一同载入史册。"[②] 对于"延吉大学"的教育方针和办学宗旨，《宣言》指出："延吉大学将遵照毛主席的教导，成为实行新民主主义文化教育的榜样，彻底肃清帝国主义、封建主义、资本主义文化教育的残余，坚决贯彻无产阶级领导的、民族的、科学的、人民大众的新民主主义教育方针。在党的领导下，紧密联系人民群众，团结广大师生员工，克服一切困难，实现崇高理想。为此，延吉大学的全体师生员工，决心以满腔热情投入工作，坚决贯彻办学方针，实现办学宗旨。最后，筹委会庄严宣告，延吉大学经中共中央东北局大学委员会的批准，于 1949 年 3 月 20 日正式成立。"[③] 林春秋在参加完"延吉大学"的开学典礼后，根据组织的调令，于当天下午返回了朝鲜。随着"延吉大学"的正式成立，"延吉大学筹委会"圆满地结束了她所肩负的历史使命。

林春秋同志回到朝鲜后，继续关心、支持延边大学的建设和发展。1949 年 7 月 20 日，延边大学组成了由林民镐副校长带队的"赴朝访问代表团"。代表团来到朝鲜后，考察了金日成综合大学等朝鲜著名高等学府的办学情况，时任朝鲜江原道人民委员会委员长林春秋赠给代表团相当数额的款项以购置朝文图书资料。1986 年 10 月 31 日上午，朝鲜劳动党中央政治局委员、朝鲜国家副主席林春秋在平壤亲切接见了由延边大学校长朴文一教授率领的 4 人延边大学访朝代表团。林副主席在单独接见朴文一校长时，回顾了自己在中国筹建延边大学的情形，并详细询问了原东北朝鲜人民大学（延吉大学）筹委会朴奎灿等老同志的近况和学校的发展状况。在得知学校在教育、教学改革当中取得的成绩时，林春秋同志十分高兴。宾主双方会谈的时间由原定的 30 分钟一直持续到近两个小时。会谈结束时，林春秋同志希望学校在朴校长的带领下能够再接再厉，取得更大成绩。[④]

① 延边大学档案馆，案卷号：1－1949－4，第 13 页。

② 延边大学档案馆，案卷号：1－1949－4，第 20 页。

③ 延边大学档案馆，案卷号：1－1949－4，第 21－22 页。

④ 此段内容根据 2015 年 11 月 30 日笔者对延边大学前校长朴文一教授的采访记录整理而成。

备注：1986 年 10 月 31 日，时任朝鲜国家副主席林春秋同志（右三）
在平壤亲切接见了由延边大学校长朴文一教授（左三）
率领的延边大学访朝代表团。图片来源：延边大学档案馆。

四、结　语

中国朝鲜族由于受到儒学文化的影响，具有“重视教育、崇尚知识”的传统。由林春秋首先提出建议并直接领导创建的延边医科专门学校，虽然办学的时间只有 6 个月，但医专的诞生在延边医学教育史上具有十分重要的意义。在延边行政专员公署的正确领导和全体师生员工的奋发努力下，延边医专克服了办学过程中所经历的种种困难，在医护人员培养、支援解放战争前线、疫苗研发等方面取得了辉煌的成绩。并入东北朝鲜人民大学时，延边医专已初具规模，教职员工增加到 39 名。附属医院也有了一定的发展，医务人员达到 24 名。[①] 延边医专的建立和发展为后来的延边大学医学部奠定了坚实的师资基础，延边医专护士养成所也是今天的延边大学护理学院的前身。

1947 年 12 月，东北地区的解放战争进入战略反攻阶段后，林春秋预见到延边地区将要实行的民族区域自治需要大量的民族人才，因而前瞻性地提出了在延边地区创办一所综合性的朝鲜族大学的提议。这一提议得到了广大朝鲜族群众的支持。

① 尹宗柱、金青松编：《中国朝鲜族医学教育先驱卢基舜》，延边大学出版社，2012 年，第 77 页。

同时，林春秋也将自己的筹建计划向上级进行了汇报，争取到了东北局、东北行政委员会、吉林省委省政府、延边地委等主管部门主要领导同志的支持。1948 年 11 月 2 日，辽沈战役胜利结束，国民党在东北的反动统治终结。东北解放后，建立新型的正规化“新民主主义教育”势在必行。林春秋准确把握了这一变化，把创建朝鲜族高等教育的目标和建设东北解放区、支援全国的解放战争结合起来。12 月 7 日，由林春秋担任主任、林民镐任副主任的“东北朝鲜人民大学筹委会”正式成立。林春秋和林民镐均为东北抗联出身的老干部，筹委会班子团结、作风民主，在朝鲜族大学的创建过程中发挥了重要的领导核心作用。

林春秋十分重视发展朝鲜族教育文化事业，特别是在发展朝鲜族高等教育方面，《东北朝鲜人民大学（延吉大学）筹建方案》从提出、实施、建成，整个过程的“顶层设计”都是按照林春秋同志的思路完成的。在筹建的过程中，东北朝鲜人民大学（延吉大学）遇到了校舍不足、经费短缺、教师缺乏等种种困难。根据林春秋提出的“在年内（农历 1948 年）打下建校基础”的目标，全体筹委会成员因陋就简、厉行节约，发扬艰苦奋斗的“抗大精神”和“抗联精神”，最终克服了困难，完成了筹建目标。1949 年 2 月初，中共中央东北局大学委员会批准在延边地区创建朝鲜族高等学府。3 月中旬，东北行政委员会建议“东北朝鲜人民大学”更名为“延吉大学”。对于这一决定，林春秋和其他筹委会成员认为学校在延吉、龙井拥有两个校区，“延吉大学”这一名称有一定的地域局限性。因而，林春秋积极向上级申请将学校名称改为更加符合学校实际的“延边大学”，最终得到了东北行政委员会的批准。

总之，林春秋领导的大学筹委会，把彻底消除日伪奴化教育和国民党反动党化教育的影响，全面实施党的新民主主义教育方针作为筹建工作的重点。在筹建的过程中，林春秋以坚定的共产主义信念、对朝鲜族未来发展的前瞻性思考和善于倾听不同意见的宽广胸怀，热情地投身于发展民族高等教育的事业中，为培养新一代具有革命思想和专业知识的朝鲜族青年，夜以继日地辛勤工作，做出了很大的贡献。面对建校过程中遇到的种种困难，林春秋带领筹委会全体成员深入调研，采取了许多具体、有力的措施，进行了大量卓有成效的工作。1949 年 3 月 20 日，延吉大学创建后，成为在延边地区宣传马克思列宁主义、毛泽东思想和培养新型朝鲜族人才的坚强阵地。延吉大学的创建成功也标志着中国朝鲜族从小学到大学的完整教育体系构建工作的完成。延吉大学（后改为“延边大学”①）的创建是党的民族平等和民族区域自治政策的体现，在新中国民族教育发展史上具有十分重要的意义。

（刘建林，男，1985 年生，图们江经济文化中心特聘研究员。延吉：133002）

① 林春秋回到朝鲜后不久，1949 年 4 月 13 日，东北行政委员会民政部批复同意“延吉大学”更名为“延边大学”。参见延边大学档案馆，案卷号：1 - 1949 - 7，第 3 页。

清朝蒙古例财产相关规定再考

——以内蒙古喀喇沁地区财产继承纠纷案为例

包呼和木其尔

内容提要：清朝蒙古游牧社会的财产继承问题一直以来被学者们所关注。对这一问题，法制史研究者与社会结构研究者之间持有不同的看法。前者认为，随着清朝统治的巩固，包括财产继承在内的蒙古习惯法，很大程度上受到中国内地法的影响。后者认为，当时的财产继承问题是取决于蒙古特有的社会结构，与清朝统治没有直接关系。两者都理所当然地认为蒙古社会的习惯法与内地的习惯法原本应该截然不同。但是我们无法从法律条文的相似程度断定同样的法律条文在不同社会中的解读也是同样的。因此，本文以实际财产纠纷案为例，阐述法律条文在蒙古地区和中国内地实际运用当中的不同解读，以及清朝蒙古例财产相关规定和当时的蒙古社会结构之间的关系等问题。

关键词：财产继承；清朝；内蒙古；喀喇沁地区；社会结构

序　言

本文以清代喀喇沁地区为例探讨蒙古人的土地、家畜等"财产"与清代蒙古社会阿勒巴（义务）之间的关系。

蒙古语阿勒巴是指汉语的义务或公务。在清代，狭义上的阿勒巴是指蒙古平民中苏木箭丁身份者（albatu erüke）向清朝国家提供的兵役、驿站役等义务。但是在外藩蒙古各旗内，蒙古平民向其所属贵族台吉、塔布囊提供的谷物、肉类、乳制品等实物以及劳力也称阿勒巴。另外，任旗印务处或苏木组织的相关职务也称阿勒巴。所以广义上的阿勒巴包括清朝政府要求外藩蒙古札萨克旗提供的各项义务，旗内平民向其所属贵族提供的各项义务以及有关旗行政方面的公务等，其范围非常广泛，不能一概而论。因本文所依靠的基本史料是苏木箭丁的农耕地纠纷案件，所以这里阿勒巴主要指蒙古平民的义务。

苏木所属的蒙古箭丁，一方面是清朝的阿勒巴负担者，他们需要承担兵役。另一方面他们与蒙古贵族之间的主从关系并没有因为编入苏木而被切断，所以也要向其所属贵族提供实物、劳力方面的义务。在清代喀喇沁地区，苏木箭丁的阿勒巴有两种，分别是“旗所属阿勒巴”和“个人所属阿勒巴”①。本文的目的虽然不是对箭丁所提供的阿勒巴内容加以阐述，但是从阿勒巴均分册等档案史料可以确认当时箭丁所提供的阿勒巴主要有：实物（肉类，乳制品类，谷物）、劳力和货币。其中实物与劳力的内容在外藩蒙古游牧地区与农耕地区之间的差异很大。Sh. Natsagdorji在其论述中对清代游牧蒙古社会喀尔喀四部的阿勒巴问题做了详细考证。根据Natsagdorji的考证，当时的喀尔喀四部主要用家畜作为财源来提供阿勒巴，所以家畜有很多种分类。例如，活佛之仓或活佛之畜群（boγda - yin sang，boγda - yin sürüg），贵族之畜群（noyan - u sürüg），阿勒巴以及个人之家畜（alban ba amin - u mal）等。② 可以看出喀尔喀蒙古的家畜是根据蒙古社会内部用途的不同，被不同身份集团分别领有。与之不同的是，清朝中期以后基本定型为蒙汉杂居农耕社会的喀喇沁地区蒙古人，其提供阿勒巴的财源是他们分得的农耕地。但是跟喀尔喀蒙古相同的是，喀喇沁地区的农耕地也是根据不同的用途而分类的。例如，确保印务处公费的外仓地，确保札萨克及其王府开支的内仓地，贵族塔布囊的家系所领有的闲散王公与塔布囊地，确保苏木官员公费的苏木共有地，确保苏木箭丁阿勒巴财源的苏木箭丁地等。除此之外，还有一项分类是恩赏地（γuyulγan tariy - a）。相对而言恩赏地不受阿勒巴体系约束，蒙古人之间可以相对自由地进行交易。这些农耕地分别与旗的行政运行、政治中枢、贵族家系，平民的义务与生计等相对应，是根据清代蒙古社会内部结构而分类的。③

这些农耕地之中，专门承担各项阿勒巴的苏木箭丁之农耕地作为阿勒巴财源在旗的行政事务中被视为重中之重。因为此项农耕地直接关系到苏木箭丁的阿勒巴承担能力，会牵涉到札萨克旗能否顺利完成需要向清廷提供的各项义务。所以，旗印务处档案中有关苏木箭丁之阿勒巴用农耕地的文书非常多。其中最为多见的是苏木箭丁之间的阿勒巴用农耕地之争，苏木箭丁与民人之间的地租纠纷等案件。

阿勒巴用农耕地因其分配方式的不同分为两种。一种是箭丁所居住村落周边的土地。农耕地的面积、位置等很明确，箭丁可以自己耕种或私自出租。此种阿勒巴用地在喀喇沁地区叫作努图克之地（nutuγ - un tariy - a），对应于汉语的自种地④。另一种是已经有人承包耕种，且离箭丁所居住村落较远，地形及地质条件较差的土地。这些农耕地只分租，不分地。十几户箭丁统一从一户承包者收取地租后均分租银。此种阿勒巴用地在喀喇沁地区叫作野外之地（ködege - yin tariy - a），对应于汉

① ボルジギン・フフムチル（包呼和木其尔）：《清末の内モンゴル・ハラチン地域における巡警局創設について》，《東北アジア研究》18号，2014年，9—28頁。

② Ш. Нацагдорж：『Сум，хамжлага，шавь ард』Улаанбаатар，1972.

③ 蒙古语表记为γuyulγan tariy - a，为通过乞求得来的农耕地之意。

④ 蒙古语表记为nutuγ - un tariy - a，故乡nutuγ之后加农耕地tariy - a是指村落周边的农耕地。

语的吃租地。①

就像上面提到的一样，清代后期的内蒙古喀喇沁地区农耕地有其特定的用途，对应着特定的身份阶层或集团。我们可以把它看作是一种基于阿勒巴体系的蒙古社会资源分配形态。如果从这一前提出发的话，蒙古人的财产继承到下一代的时候会遇到怎样把上一代所承担的阿勒巴也同时继承下去的问题。接下来我们就以清代后期的内蒙古喀喇沁地区为例探讨这一问题。

关于清代蒙古人的财产问题，清朝蒙古例中有相应的规定。本文在确认清朝蒙古例中有关财产问题规定的基础上，结合实际案件的分析进行考证。

岛田正郎在其著作中对清朝蒙古例所收录的有关蒙古人财产问题的法律条文进行了非常详细的比较研究。岛田认为，清初的蒙古例是以蒙古游牧社会的惯行法为基础制定的，但是随着时间的推移中国内地法律系统逐渐渗透到了蒙古社会，财产问题的规定也同样受到中国内地财产继承惯行法的影响。② 而中村笃志则认为，蒙古人的财产问题是跟清朝统治没有直接联系的领域，是受蒙古社会特有的社会结构的影响。③ 在同一问题上，岛田与中村的理解确有了很大的分歧。但是，中村所着眼的是纠纷发生到解决过程中当事人之间是如何达成共识这一点，对财产所指的范围、相应的法律规定等没有深入考证。二木博史翻译了蒙古国出版的史料集《蒙古人的遗产继承权》关于解放奴隶的部分，并介绍了成为奴隶的理由，解放奴隶的手续，继承遗产的时候奴隶被解放成为阿勒巴图的事例。但是，对遗产继承和解放奴隶之间的关系没有加以阐述。④

通过对上述先行研究的整理，我们可以提出以下两点问题。（1）有清一代，在社会制度与组织结构方面与中国内地截然不同的外藩蒙古之成文法，是否果真转向中国内地法律系统？当然，岛田正郎所做的法律条文的比较研究非常详细，所以本文也无意否认在法律条文方面的相似。但是在现实运用当中，这些法律条文在蒙古地区与中国内地的解释是否一致这一问题需要再确认。（2）如果像中村笃志所言，蒙古社会的财产问题是与清朝统治没有直接联系的领域的话，那么清朝蒙古例中又为何存在关于蒙古人财产问题的规定？

为了阐明上述两点疑问，本文首先分别探讨，中国内地财产继承制度的形式特征与清朝蒙古例有关蒙古人财产继承的部分。其次，对喀喇沁地区的农耕地继承时

---

① 蒙古语表记为 ködege－yin tariy－a，野外 ködege 之后加 tariy－a 指远离村落的农耕地。在喀喇沁此类农耕地基本上是被揽头包揽下来的土地，蒙古人只从这里收取地租。

② 岛田正朗：《北方ユーラシア法系の研究》，《東洋法史論集》第四，創文社，1981 年，第 446—447 页；《清朝蒙古例の研究》，《東洋法史論集》第五，創文社，1982 年，第 909 页。

③ 中村笃志：《財産関係文書を通じてみた清代モンゴル旗社会の社会関係》，《集刊東洋学》（87），2002 年，第 134—114 頁。

④ 二木博史：《清代ハルハ・モンゴルの奴隷解放文書について》，《東洋法史の探求》，《島田正郎博士頌寿記念論集》，1987 年，第 21—44 頁。

发生的纠纷案件进行个案分析。然后对比外藩蒙古与内地的财产继承制度，明确两者的本质性差异。结论部分，综合以上各节内容，明示清朝蒙古例所收录的有关蒙古人财产问题的规定与蒙古社会阿勒巴之间的关系。

本文所利用的史料主要来自内蒙古自治区档案馆所藏清代喀喇沁三旗蒙文档案。具体为503－2－1644、503－2－1645两个目录下所藏的朝克图案čoγtu－yin kereg为题的档案。本案从乾隆末期开始，嘉庆初期得到解决。诉讼文书中包括当事者的呈文，旗印务处的处理，八沟理事司员的处理，札萨克给旗官员的命令文，盟长给札萨克的文书，旗印务处与理事司员之间的来往文书等60余件文书，缩微胶卷225片。内容记录当事者的口供，官员的判决，被告方的上诉，当地官员作为中间人进行的调整等从纠纷开始到最终解决为止的详细过程。无论从史料的量还是从史料内容来看，都可以说是给研究者提供非常全面信息的史料。还有需要说明的是，八沟理事司员衙门是乾隆二年（1737）设在喀喇沁地区主要审理蒙汉交涉事件的行政机关。但是，即便是蒙古人之间的案件，在旗内得不到解决的情况下，有不少人到八沟理事司员那里祈求给予解决。所以，当时发生在喀喇沁地区的很多案件都是由旗印务处、理事司员、盟长三方进行审理的。

一、中国内地财产继承制度的特征与清朝蒙古例所收录财产继承规定

本节，首先依据前人研究成果，对中国内地财产继承惯行进行简明的介绍。其次对清朝蒙古例所收录的蒙古人财产继承规定进行大体的介绍。

（一）中国内地的财产继承惯行

中国史上的财产继承问题一直以来被视为家族制度研究的一环，受到研究者们的关注。日本有关这方面的研究主要有仁井田陞、滋贺秀三等法学研究者所做的中国家族法研究以及濑川昌久等人类学研究者所做的中国宗族、家族研究。① 从这些前人研究成果我们可以得知，中国的家族大致可从广义、狭义两方面理解。广义上的家族即所谓“宗族”，是指出自父系单系的亲族集团。狭义上的家族即所谓“同居共财”，是指具有父系近亲关系的复数个小家庭在共同的家计、财产下同居生活，主要是兄弟数人结婚后仍然与父母同居在一个大院，以复数世代组成的大家庭。这样的大家族形式在中国内地叫“四世同堂”，被认为是中国庶民最为理想的家族形态。但是，扩大家族也不会永远扩大下去，因为某种原因会趋于分离。这个时候要

① 仁井田陞：《中国身分法史》，東京大学出版会，1942年。滋贺秀三：《中国家族法の原理》，創文社，1967年。瀬川昌久：《中国社会の人類学：親族・家族からの展望》，世界思想社，2004年。瀬川昌久：《民家の間取りに現れた家族のかたち－中国漢族の「家（jia）」と日本のイエ》，《アジア遊学》（74），2005年，第32—41頁。

实行分家，分家时采取财产均分制。中国内地的这种“分家”与日本家族制度中的“分家”是完全不同的概念，日本的“分家”是对置于“本家”的概念。[①]

在“同居共财”的情况下一般不采取财产分配，但是在家族成员死去的情况下会发生继承问题。这种情况下被继承者其人、祭祀、财产全部由继承者相继下去，所以被继承者的肉身虽然消失，但人格会得到延续。[②] 这是源于中国传统思想中的“孝”的观念，即有限的“自我”为了超越肉身的生命，需要另一个重生的“自我”，作为自己的延续去永远尽孝与先祖。[③] 在这种传统观念之下，儿子必然会继承父亲的人格，没有子嗣者则必须找一个养子来代替自身。这个惯行叫“立嗣”或“立继”，选定后继者的条件是家系最为亲近的同姓宗族中跟子辈相当者，这个原则在传统中国家族法中叫“异姓不养”“同宗昭穆相当”。立嗣也分生前立嗣与死后立嗣，死后立嗣时被继承者的配偶有后继者选定权，夫妇俱亡的情况下被继承者的直系尊属有选定权。还有，夫妇俱亡后也没有直系尊属的情况下立嗣会经过宗族中主要人物的商议选定，这种形式的立嗣叫“命继”。[④]

（二）清朝蒙古例所收录财产继承相关规定

岛田正郎认为，有清一代蒙古人在财产继承惯行上逐渐过渡到了中国内地的“立嗣”或“命继”。那么清朝蒙古例当中，是怎样规定蒙古人的财产继承的呢?《钦定大清会典事例》（光绪）中有关“继嗣”的规定如下（本条规定跟《蒙古律例》卷之二、户口差徭、丑七“承受绝嗣人畜产”的内容一致）[⑤]：

> （顺治）十八年（1661）定。蒙古人恐身后无嗣，于身在时，具保呈明该札萨克王贝勒贝子公等，将族中兄弟之子，抚养为嗣者，准其承受家产。如抱养遗失之子及异姓之子、家奴之子均不准承受家产。若身在时并无养子者，将家产令其族人承受。倘族中并无兄弟之子、身在时曾呈明该旗收养异姓之子为嗣者，亦准其承受家产。若身故后，同姓中尚有可继之人，而其妻收养异姓之子为嗣者，不准承受家产。再正妻无子、将妾所生之子养为己子者，其生子之妾不得嫁卖。嫁卖者其子不得为嗣。若身故之后既无近族又无养子，将家产交该旗王贝勒等以充公用。

这里规定了“生前立嗣”“死后立嗣”与财产继承的关系。从这个规定来看，

---

① 濑川昌久：《中国社会の人類学：親族・家族からの展望》，世界思想社，2004 年，第 12 页。

② 滋贺秀三：《中国家族法の原理》，创文社，1967 年，第 119—120 页。

③ 滋贺秀三：《中国家族法の原理》，创文社，1967 年，第 112—113 页。

④ 滋贺秀三：《中国家族法の原理》，创文社，1967 年，第 334 页。

⑤ 光绪朝《钦定大清会典事例》卷 978，《钦定大清会典事例》21、22 影印本，新文丰出版公司，1976 年。

生前立嗣时应当优先考虑其近亲兄弟的子嗣，若随意领养异姓或家奴之子，则不可继承家产。这一点跟中国内地的“异姓不养”“同宗昭穆相当”的原则一致。但是接下来的部分则规定，一族之内若无与子辈相当的人选，也可领养异姓之子。还有需要注意的是，立嗣时必须向札萨克衙门呈报。经过札萨克衙门的同意后养子才能继承财产。死后，若是没有养子也没有近亲的话，其财产就交给死者所属旗的王公以备公用。这里所说的“公用”很有可能指的就是外藩蒙古札萨克旗的阿勒巴。

这个有关蒙古人“立嗣”规定与中国内地“立嗣”的不同之处是，必须把所选择的继承人呈报到札萨克王公或旗衙门。那么关于向王公札萨克呈报一事，清朝蒙古例中是如何说明的呢？下面看看另一条规定（本条规定与《蒙古律例》卷之二户口差徭丑六、丑七“乏嗣人抱养他人之子”条的内容一致）。①

> 又定：蒙古人乏嗣，有欲收养他人之子为嗣者，并令呈报该旗王贝勒及管旗章京等注册，准其收养，仍造入本旗本佐领下丁册。倘不行呈报、擅自收养者，即将所养之子撤出交回本家。

从这条规定来看，呈报札萨克王公或管旗章京的目的是为了在本旗、本佐领的丁册上登录养子的名字。在佐领丁册上记载的无非是苏木箭丁的名字，也就是说这条规定很有可能是针对苏木箭丁而定的。要继承财产的养子，他可以是近亲之子还可以是异姓之子，但是对于札萨克王公或管旗章京等行政官员来说，最为重要的是是否遵照有关规定，把继承人的名字登录在佐领丁册上。

从上述部分我们可以得知，财产继承问题上，中国本土的财产继承惯行与清朝蒙古例中规定的条例一方面有相似之处，但另一方面也有不同之处。最为明显的不同之处是，外藩蒙古人在选择继承人的时候必须要向扎萨克王公或管旗章京等呈报。但是，这样做的理由是什么？仅仅从上面所引用的条例是不容易得出结论的。还有，这些规定在实际的财产继承纠纷中是否有实效这一问题还需更深入的探讨。所以本文在第二节的内容中详细分析喀喇沁地区蒙古人围绕农耕地继承所发生的纠纷案，对上述问题进行解答。

二、围绕农耕地继承问题的纠纷及其解决

（一）朝克图案的概要

内蒙古自治区档案馆所藏，以“朝克图案（čoγtu－yin kereg）”为题的史料是

① 光绪朝《钦定大清会典事例》卷978，《钦定大清会典事例》21、22影印本，新文丰出版公司，1976年。

从乾隆五十一年（1786）到嘉庆三年（1798）之间做成的。但是从档案内容上看，此案的起源可以追溯到乾隆三十九年（1774）。乾隆三十九年，喀喇沁左旗一位名叫托布扎布的塔布囊把属于自己的10户箭丁卖给了同旗的协理塔布囊布音图。但是其中的9户因为对塔布囊们的箭丁交易感到不满，向札萨克胡图灵阿控诉，并自愿成为胡图灵阿的所属阿勒巴图①。翌年（乾隆四十年，1775），朝克图一户箭丁正式成为协理布音图的所属阿勒巴图，被登录在布音图名下佐领丁册上。同文记载另外9户的佐领所属关系也是在这个时候变更的。

朝克图的近亲、叔父扎西原本是与朝克图一起负担阿勒巴义务的箭丁，但是扎西老来无子，所以决定出家当喇嘛。扎西出家的时候把自己 alban tariy－a（阿勒巴用农耕地）的一半交给朝克图，替自己继续负担阿勒巴义务，另一半自己留下来维持生计。但是，扎西死后，他的远房亲戚丹丕勒与呼图克兄弟突然把逃亡别旗已久的扎西的亲生弟弟桑图找回，并把呼图克的儿子根丕勒过继给桑图，试图从朝克图手里夺回扎西的阿勒巴用地。此事发生在乾隆五十一（1786）年，丹丕勒兄弟认为朝克图已经成为跟扎西不同的塔布囊的属民，之前的所属苏木与所属贵族都变了，不应该继承扎西的阿勒巴用地。②

对此，朝克图表示不接受，并出示了曾祖父世代到他为止的一族家谱，证明自己与扎西兄弟在血缘上具有更加亲密的关系。桑图也承认了与朝克图的家系更加亲近这一事实。但是，丹丕勒又举例说明，他们兄弟二人与桑图一起被派往木兰围猎，此事意味着他们与桑图一起承担着阿勒巴，所以有权利共同使用扎西与桑图的阿勒巴用地③。为此，旗印务处官员从丹丕勒的所属苏木官员那里确认有无此事，其所属苏木官员却否认丹丕勒所说的是事实。印务处以此事为根据，处罚了丹丕勒兄弟，并命令朝克图照料桑图到终老。扎西兄弟二人的阿勒巴用地也被朝克图所继承。④

但是此案并没有到此结束。乾隆五十五年（1790）四月，丹丕勒兄弟又煽动其所属塔布囊托布扎布的遗孀诺日玛，无视旗印务处的处理，向八沟理事司员控告了朝克图。八沟理事司员认为，呼图克之子根丕勒与桑图的血缘关系甚远，按理不宜做其养子，朝克图虽为近亲，但已被其所属塔布囊卖给了别的塔布囊。因此，无论阿勒巴用地判给谁都会让另一方感到不满。鉴于此，理事司员所给出的处理方案是，桑图继承其兄长扎西的阿勒巴用地，桑图去世后旗印务处遵照旗所定的有关规定把阿勒巴用地分给相应的继承者。⑤

---

① 喀喇沁左旗札萨克在位：乾隆七年（1742）到乾隆四十四年（1779）。

② 503－2－1644－4，朝克图向札萨克衙门呈文。

③ 蒙古语表记为 müran－u aba，木兰围场是指位于现在的河北省承德市围场县的狩猎场。清皇帝每年或隔年亲自来到此地进行狩猎。

④ 503－2－1644－4，朝克图向札萨克衙门呈文。

⑤ 503－2－1644－22，理事司员致印务处官员文书。

然而丹丕勒等人并没有死心。乾隆五十五年年末，丹丕勒兄弟与诺日玛夫人共谋从朝克图家带走桑图，并将其放到丹丕勒家里隐居。然后向八沟理事司员控告朝克图，要求朝克图交出桑图。接到控告后，理事司员命令朝克图一个月之内必须找回桑图。[①] 但是朝克图用了三年的时间，在乾隆五十八年（1793）才发现桑图隐居在丹丕勒家，并向印务处官员呈报此事。印务处随即派人将当事者与之前在印务处处理过的事件经过记录一同送到八沟理事司员处，并提出处罚丹丕勒，还朝克图的清白，并允许朝克图继承扎西的阿勒巴用地等议案。理事司员也明示要按照印务处的意见处理此案件。[②] 可是诺日玛还是不肯接受理事司员与旗印务处的处理。她认为，朝克图已经不是他的属民，与桑图隶属于不同的苏木与贵族，如阿勒巴用地被朝克图继承的话，桑图去世后不仅诺日玛的属民减少一户，向皇帝提供阿勒巴的苏木箭丁也会减少。为此，诺日玛再次把朝克图告到新任的理事司员处。[③] 诺日玛的此举直接反映了在当时的喀喇沁地区，阿勒巴用地是确保箭丁人数的重要公共财产。而且，每个贵族的所属民中有特定比例的箭丁，如果阿勒巴用地减少的话就无法确立新的箭丁户。

因当事者互不相让，诉讼持续了七八年之久。为此，新任的理事司员要求旗札萨克和印务处官员彻底调查处理此案。应理事司员的要求，时任札萨克的拉特纳嘎日迪派遣专员，以年代顺序整理案件的整个过程，嘉庆二年整理成文，与乾隆三十九年、四十年、五十一年的档案一同报送到了理事司员处。[④] 因此案是塔布囊之间的箭丁交易引起的，理事司员提出把朝克图一户从塔布囊宝音图的儿子索纳木托布杰名下抽出，转到札萨克名下当差，并立即修改旗比丁册上的记录。至于扎西的阿勒巴用地一事，则考虑血缘关系的远近，应由朝克图继承、根丕勒不得相争等处理方案。八沟理事司员处还要求议案送到旗印务处后，印务处召集当事者，转饬理事司员的处理。[⑤]

接到旗印务处的转饬后，索纳木托布杰从命允许将朝克图一户从其名下抽出，并要求将当初付给诺日玛的银 30 两也同时抽出，交到旗里充公。[⑥] 但是因诺日玛拒不接受这样的处理，理事司员与旗印务处也并未强制执行。案件被转到当地官员手中，企图通过协调当事者来解决。在几经周折后，最终当地官员决定以桑图个人的意见为准处理此事。桑图虽然承认朝克图与他有更近的血缘关系，但是他以朝克图并不尊重他为由，希望将根丕勒收为养子。并承诺将现有吃租地平分给朝克图和根丕勒，自种地由自己耕种，待他去世后其自种地也平分给朝克图、根丕勒二人。嘉

① 503－2－1644－10，印务处致理事司员文书。
② 503－2－1644－11，印务处致理事司员文书。
③ 503－2－1644－39，诺日玛向理事司员呈文。
④ 503－2－1645－15，印务处致理事司员文书。
⑤ 503－2－1645－19，印务处致理事司员文书。
⑥ 503－2－1645－20，塔布囊索纳木托布杰向印务处呈文。

庆三年（1798），朝克图与根丕勒同意桑图的意见，三人共同到旗印务处提交甘结文书。至此朝克图案终于得到了解决。①

以上，简略介绍了朝克图案从发生到解决的过程。以下，本文对各级官员处理本案时的判断依据进行考察。

（二）印务处以及理事司员对朝克图案的对应

从上一节的观察我们得知，朝克图案从乾隆五十一年（1786）持续到嘉庆三年（1798），期间旗印务处与理事司员都提出过各自的处理方案。旗印务处与理事司员的处理虽然没有被当事者最终接受，但是有必要确认审理此案的官员们在什么样的情况之下，以什么为根据，做出什么样的决定等问题。从中可以看出清朝蒙古例等法律条文与旗内惯用的规定在现实社会中的解读、运用情况。比如，朝克图案中理事司员根据以下三点做出了判决。

köbegün ürěcilekü-yi jüi anu salburi-yini qola oyir-a-yi boduju ürěcilebesü jokimui，joriγ-iyar dangsatu kümün-i qudalduju abuγsan-i čöm yal-a unaγabasu jokimui. bayičaγaqu-yi aldaγsan jasaγ nar basaču buruγu olqu γajar bayimui.

养子本应考虑家系之远近而行事。任意买卖有档之人者，理应治罪。失察之札萨克等，应记其过（印务处官员送理事司员之文书）②。

jiči ene quyaγ čoγtu ger nutuγ ečigen salju，öber-e bülüg-tür saγun alban-u tariy-a abuγsan bolbasu，basa kelelčikü yabudal ügei bile. öber-e tabunang-un qariyatu boluγsan bolbaču，qalaγun nutuγdeger-e-ben saγuγsaγar kümün-ü alban-i tariy-a-yi küčürken buliyaγsan anu tung ese jokijuqui.

倘若此披甲朝克图有离其所居，移居他处之部落，分得阿勒巴用地等事，应另当别论。（朝克图）虽已成为异主（塔布囊）之属民，但仍居其故居。今强夺其阿勒巴用地实属不应该（札萨克送协理塔布囊之命令文书）③。

jasi sangtu tan čöm tegün-ü dangsatu albatu bayiγ-a. oγtu tegünü gerün boγul bisi，kedüi ür-e tasuraγsan qubi bolbaču，mön nige türül-ün oyir-a kümün qubiyan idejü alba baribasu jokimui. kerbe ger-ün boγul bolbasu，jüi-iyer tabunang bunisiri ejerkejü bolumui. man-u qosiγun-u qaγučin qauli ene jüil-ün dangsatu kümün-ü alba bariqu tariy-a-yi qariyatu tabunang joriγ-iyar medejü bolqu yosun ügei

---

① 503－2－1645－24，理事司员致印务处文书。

② 503－2－1645－15，印务处致理事司员文书。

③ 503－2－1644－17，札萨克致协理塔布囊的命令文。

扎西、桑图等皆为其有档之阿勒巴图。并非其家奴。虽说此为绝嗣之份，其一族之近亲应取之，为其当差。倘若是其家奴，塔布囊本雅失里可占其为私有。[①] 我旗之旧惯所定，所属塔布囊不得擅自处理此等有档丁之阿勒巴用地（印务处官员送理事司员之文书）。[②]

从上面内容看，朝克图因与扎西兄弟属于不同的领主与苏木，情况一时对他有所不利。但是在追究此事的过程中，印务处官员依据本旗的规定指出，塔布囊之间不应该任意交易被登录在旗档册上的所谓有档丁。为此，朝克图继承扎西兄弟的阿勒巴用地也被赋予了正当性。从第二段内容看，如果朝克图从之前居住的村落，移居到别的村落，并从新所属的苏木分到阿勒巴用地的话，其之前耕种的阿勒巴用地应该归还给前所属的苏木。但是，朝克图既没有移居，也没有分到新的阿勒巴用地。所以，官员们的判断是不应该把朝克图现有的阿勒巴用地收回到苏木。从最后一段内容可以看出，扎西兄弟作为有档丁，向苏木提供着一户的阿勒巴，他们的绝嗣意味着苏木箭丁户的减少。苏木官员，需要以他们留下的阿勒巴用地为基础财产，重新拥立一户箭丁。所以，不允许所属塔布囊私自支配他们的阿勒巴用地。

理事司员的处理基本上参照了旗印务处的决定。不同的是，在旗内的处理中，交易有档丁的塔布囊未被处罚。但是，理事司员则遵照《蒙古律例》的有关规定，对上述交易有档丁的塔布囊给予了相应的处罚。[③]

quyaγ kümün-i abuγsan qudalduγsan tabunang bunisiri, sunumtubjai kümün büri-yi qoyar yisün mal torγaba. sunumtubjai-yin neren dour-a-ača uγ qudalduγsan quyaγγalsang nigen erüke-yi tataju γarγaγad, čoγtu joutu nar-i tus qariyatu jasaγ-un γajar oruγulju alban-dur yabuγulju čegerlel bolγabasu sayi toγtaγsan qauli luγ-a neyilelčimui.

买卖披甲之塔布囊本雅失里与索纳木托布杰每人罚畜二九。[④] 从索纳木托布杰名下抽出原被买之披甲嘎拉桑一户，将朝克图、照图交给所属札萨克当差，并以此为戒，才能与所定之法律相合。

理事司员对两位塔布囊做出处罚时所依据的很有可能是乾隆三十七（1772）议准的有关禁止买卖有档丁的《蒙古律例》规定。此规定原文如下（《蒙古律例》卷

① 塔布囊托布扎布之子。

② 503－2－1644－20，印务处致理事司员文书。

③ 503－2－1645－19，印务处致理事司员文书。

④ 处罚家畜的单位，一九为一组计九头。

之二户口差徭丑十三—丑十四)。①

> 凡已入档案之蒙古等，毋许擅行售卖。即或未入档之庄头，亦只准本旗互相买卖，不许私卖与别旗及内地之人。违者，将承买之人，从重治罪。失察之扎萨克、协理台吉、盟长等，分别罚俸、罚九。将所卖之人，不给原价，撤出交入本旗，充当差使。

可以看出旗印务处的处理受到旗内贵族之间权衡关系的左右，但理事司员在掌握事件的概要之后，按照《蒙古律例》的规定来处罚当事者。虽然，从结果来看，实际处罚并没有跟《蒙古律例》的规定完全一致。岛田正郎认为此规定被收录在《蒙古律例》的“户口差徭”篇的理由是：“可以说其立法的重点是为了阻止隶属于王公与旗之家口的移动，是原本基于清朝对蒙古统治政策之上的。”② 但是从上述的案例来看，苏木箭丁的交易有可能带来阿勒巴用“财产”的纠纷，可想而知其立法的重点不是在“户口”，而是应该在“差徭”之上。在此案例中产生纠纷的扎西兄弟之“财产”是阿勒巴用自种地和吃租地，是他们作为苏木箭丁向旗或清朝政府提供阿勒巴（义务）所换来的“使用权”跟蒙元时期的“忽必”（qubi）非常相似，③ 跟私有财产“奄出”（ömči）是完全不同的概念。所以，朝克图要继承的并非扎西兄弟的财产，而是替他们提供阿勒巴用的“一份资产”即“忽必”。通过继承跟自己不同的“忽必”，朝克图一户要承担两户的阿勒巴。对于旗印务处等官衙来说，此问题绝非私人财产问题，而是苏木阿勒巴用资产问题。所以，官员们做出判决时也是完全考虑如何保证旗行政的协调运行为前提。

三、中国内地的财产继承与朝克图案例的比较

本节在结合第一、第二节考证的基础上，将在朝克图案例中所呈现的外藩蒙古“财产”继承的特征与中国内地的财产继承特征之间做以下四个方面的比较。

1. 在中国内地，绝嗣或无嗣的情况下必须通过立嗣来试图延续自己的人格。对此，扎西因为无嗣考虑出家当喇嘛。并将自己所承担的阿勒巴交给近亲的朝克图来承担，但并无意过继朝克图为养子。

---

① 《蒙古律例》卷2《户口差徭》，中国社会科学院中国边疆史地研究中心编、中国边疆史地史料丛刊：《蒙古律例·回疆则例》，全国图书馆文献缩微复制中心出版，1988年，丑十三至丑十四。

② 岛田正郎：《清朝蒙古例の研究》，《東洋法史論集》第五，創文社，1982年，第691页。

③ 有关“忽必”与“奄出”可参考村上正二：《『元朝秘史』に現れた「奄出」（ömčü）の意味について》，《和田博士還暦記念東洋史論叢》，講談社，1951年，第703—716页。姚大力：《蒙元时代西域文献中的“因朱”问题》，《南京大学学报》（哲学人文社会科学）1991年第2期，第146—152页。宫海峰：《蒙元时期的“奄出”及其相关问题》，《西北民族研究》2009年第1期，第42—62页。

2. 在中国内地立嗣时，宗族内部家系的远近是选择养子时的决定性因素。并用宗族权利来强制执行。但是在朝克图案例中围绕桑图的立嗣问题，诺日玛等人主张领主与苏木的统一要比血缘关系更为重要，贵族以及行政官员的干涉大于亲族关系。

3. 朝克图案的处理过程中，印务处官员与理事司员所依据的“养子必须从近亲中选择”等惯例，是准用了中国内地的“同宗昭穆相当”的原则。① 但是，从结果来看，桑图选择了家系比较远的根丕勒作为自己的养子，而自己的阿勒巴义务确交给了近亲的朝克图来承担。并把阿勒巴用地平分给了两个继承者。在中国内地，被继承者的人格、财产、祭祀等作为一体会传给继承者。但是在外藩蒙古，被继承者的社会角色、公务资产、私产等可以被不同的人继承下去。

4. 朝克图承担了自身与扎西兄弟的两份阿勒巴，这个在形式上类似于中国内地的“独子兼祧”惯例。“独子兼祧”是指兄弟二人中如一人无嗣，一人持有独子的情况下，这一独子可以作为嫡子继承其父业，同时也可作为养子继承其叔父的财产。这种情况下，亲生父亲和养父各自为他迎娶妻子，两者都有正妻的地位。两个妻子所生的子嗣，分别继承亲祖父和养祖父的遗产。但是朝克图未成为养子却“兼祧”扎西兄弟的阿勒巴，作为养子的根丕勒却没有继承他们的阿勒巴。

从以上比较可以看出，两者最大的不同之处是，中国本土的财产继承秉承“异姓不养”“同宗昭穆相当”等清朝以前的中国家族法惯例；相比之下，外藩蒙古的财产问题则关系到苏木、阿勒巴等行政问题。对于没有登录在苏木丁册上，或者不承担阿勒巴者的财产问题，清朝蒙古例并没有明文规定，极有可能是按照旗内的惯例处理的。如果是这样的话，清朝蒙古例中有关财产继承的规定并非以蒙古社会整体为对象，把这些规定看作专门为阿勒巴承担者，即苏木箭丁而制定的话更为合理。

还有非常有趣的是，清朝以前的中国家族法当中并不存在“独子兼祧”的情况，南宋时期的《名公书判清明集》所收录的判决结果也都是禁止将独子当做两家的继承者。② 清乾隆四十（1775）年第一次将“独子兼祧”列入《大清律例》的“立嫡子违法”条当中。③ 郑小悠在其论文中谈到，乾隆朝镇压大小金川叛乱使八旗士兵死伤惨重，为了抚慰他们的家属，以八旗旗人为对象适用了“独子兼祧”。随着此规定被列入《大清律例》，“独子兼祧”也被准用到内地的同样问题上。④ 郑小悠认为这是中国传统宗祧法发展的结果。岛田正郎把清朝允许蒙古人的“独子兼

① 乾隆四十年奏准：孀妇承继子嗣，除照昭穆次序相当外，仍听孀妇择其属意之人，并问本房是否愿继。取有阖族甘结，独子亦准出继。（光绪朝《钦定大清会典事例》卷978）。

② 仁井田陞：《中国身分法史》，東京大学出版会，1942年，第505页。郑小悠：《清代“独子兼祧”研究》，《清史研究》2014年第2期，第55—65页。

③ 郑小悠：《清代“独子兼祧”研究》，《清史研究》2014年第2期，第55—65页。

④ 郑小悠：《清代“独子兼祧”研究》，《清史研究》2014年第2期，第55—65页。

祧”一事理解为蒙古法向中国家族法“命继”的过渡过程。[①] 但是，“独子兼祧”最初的目的是为了解决因八旗士兵的大量死伤而引起的壮丁不足问题，是为了让一人承担复数个旗人的官爵、公务等权利和义务。问题的本质是来源于八旗社会的阿勒巴体制，跟本文所探讨的朝克图案的性质是相同的。

结　语

本文以清朝蒙古例中有关财产的规定为线索，探讨了清代蒙古社会的“财产”与阿勒巴的关系。经过考证获得了如下见解。

有关蒙古社会的财产问题，前人研究认为，有清一代，中国内地诸惯行与法律规定逐渐渗透到以蒙古游牧民社会惯行为基础制定的清朝蒙古例当中。就此问题，本文第一节分别探讨了中国内地财产继承制度的特征和清朝蒙古例所定蒙古人财产继承问题的特征。经过考证可以确认，清朝蒙古例所定蒙古人财产继承虽然与中国内地财产继承在形式上类似，但是也有所不同。即清朝蒙古例规定蒙古人在选择养子时必需报告到旗里，在苏木丁册上登录。

接下来在第二节，通过对朝克图案的分析可以得知，清朝蒙古例有关蒙古人财产的规定是针对公务负担者，即苏木箭丁的“公务资产”制定的，其中的财产意味着承担阿勒巴的财源。这也是选择养子时必需报告到旗里，登录在苏木丁册上的原因所在。最后通过比较中国本土财产继承与外藩蒙古喀喇沁地区财产继承的特征，得出的结论是，两者在形式上看似相近，但是因“财产”概念的不同，其处理方式完全不同。

中国本土的财产问题是个人或家族领有资产的问题，其财产继承也带有浓厚的中国传统家族法原理。清朝时期导入了“独子兼祧”惯行。至于蒙古例所定外藩蒙古的“财产”，则意味着承担阿勒巴的“忽必”，围绕这份资产的问题是行政上的问题，并非个人或家族内部问题。此类阿勒巴用资产在继承到下一代时，也是以阿勒巴义务的继承为前提，所以有关规定也是为了确保这份资产不流失而存在。跟阿勒巴无关的领域，比如私人财产等问题没有明文规定，很有可能是在旗内部按惯例或以贵族权利来解决的。清代外藩蒙古也同样运用了“独子兼祧”惯行。“独子兼祧”是为了解决八旗社会的壮丁不足问题而出台的规定。是为了让一个人承担复数份义务而制定的，外藩蒙古的案例跟这一规定原本的目的是一致的。

清代以前的中国家族法中可以看到“一子不得承二家”的原则，这跟“独子兼祧”是矛盾的，但是对财产纠纷时的当事者来说，“独子兼祧”的导入可以防止一族家产的外流，所以被列入《大清律例》之后，很有可能开始逐渐适用在中国内地的财产纠纷案件的处理上。清朝蒙古例中，有关财产的规定是为了确保外藩蒙古

---

① 岛田正郎：《清朝蒙古例の研究》，《東洋法史論集》第五，創文社，1982 年，第 295 页。

阿勒巴义务的顺利完成而制定的法令集，其立法的重点不在于财产本身，因此可以认为是阿勒巴征收的相关规定。

（包呼和木其尔，男，1985 年生，内蒙古大学蒙古历史学系讲师。呼和浩特：010021）

避暑山庄与常山峪行宫兴衰之比较研究

智梅娟

内容提要：避暑山庄曾为清朝北巡行宫的中心和清中叶的第二政治中心，有着重要的政治、民族和军事内涵。避暑山庄和常山峪行宫等行宫的修建，与清帝北巡和木兰围场的建立密不可分。有关避暑山庄的研究颇多，但将避暑山庄与北巡途中的其他行宫进行比较的研究及相关著述则较少。本文通过对避暑山庄与当时北巡路线固定后，多次途经的规模较大的常山峪行宫之建筑格局、北巡驻跸时间和次数及皇帝日常政务处理，以及这两座行宫的兴建、行宫运作、理政活动及驻兵等情况进行比较，以此角度，浅析两行宫功用和地位的微妙变化，从而试探两行宫之间的转换关系和兴衰变化。而随着道光朝之后木兰秋狝的取消，加上内忧外患，财政拮据，避暑山庄和常山峪行宫等一道衰落。

关键词：避暑山庄；常山峪行宫；木兰秋狝；驻跸

作为清朝北巡途中，从古北口往东北方向至木兰围场之间二十多座行宫之一，承德避暑山庄虽然不是最早建立的行宫，初建规模并不凸显，但自其建成之后，却逐步发展成为当时清朝北巡行宫的中心和第二政治中心，因此有关著述颇多，历来为前辈学者所重视。对于避暑山庄之外的常山峪等行宫，由于种种原因，学界关注不够，成果较少，而将避暑山庄与其他行宫进行比较的研究及相关著述则更少。由于避暑山庄与塞外诸行宫所涉内容极多，笔者拟通过避暑山庄与当时规模较大、北巡路线固定后历次途经的行宫之一——常山峪行宫之建筑格局、北巡驻跸时间和次数，及皇帝日常事务的处理，以及两座行宫的兴建、行宫运作、理政活动及驻兵等情况进行对比，以此角度，运用数据统计、史学实证的方法，从两者的个例对比研究中浅析避暑山庄在诸行宫中功用和地位的微妙变化，从而试探两行宫之间的转换关系和兴衰变化。

口外行宫，据其功能可分为三类：饮水、吃茶点休息者为茶宫；中途御膳者为尖宫；居住休息、游览消夏者为驻宫。从建制来看，驻宫大部分在南路，茶宫、尖宫主要建在北路。驻宫多为左、右、中三宫院，可划为宫殿区和苑景区两部分，且苑景区又为山区景观；茶宫、尖宫则多为独院，规模较小。[①] 从行宫的职能来看，避暑山庄无疑是当时的第二政治中心。而口外行宫众多，之所以选择常山峪行宫与避暑山庄两者作比较，一方面在于常山峪行宫是休憩之所，两者皆为“驻宫”；另一方面，常山峪行宫不同于其他行宫者，在此多休憩两日，而其他行宫仅一宿，此乃本文对比的前提，亦为本文的重心所在。常山峪行宫建成后，康、乾、嘉三帝共往返住 140 余次。除避暑山庄外，此处是清统治者出塞经驻最多的行宫之一。

一、两行宫概况对比

（一）两行宫修建背景及原因

避暑山庄和常山峪行宫等行宫的修建，与清帝北巡和木兰围场的建立密不可分。

康熙二十年（1681），以“喀喇沁、敖汉、翁牛特诸旗敬献牧场”[②]，“遂间灵圆”[③]，正式设置木兰围场[④]，“以效驰驱，诘戎绥远”[⑤]，“巡狝之典，或一岁而二三举行”[⑥]。康熙二十三年（1684），下令全国各省驻防官兵皆要行围习武。雍正帝时，木兰秋狝作为皇家子孙永远遵循的家规订立下来，要求“后世子孙，当遵皇考所行，习武木兰，毋忘家法”[⑦]，“每以八月行围塞外”[⑧]。而“乾隆六年间岁一举，十六年以来定为岁一举行”[⑨]。

自康熙至嘉庆年间，“康熙年间行围四十八次，乾隆年间二十八次，嘉庆年间

---

① 另外相关研究参见邓文静《清代皇家活动与避暑山庄的兴起》，四川大学历史文化学院 2006 年硕士学位论文，第 26 页，认为：“塞外行宫，分为‘茶宫’和‘驻宫’两种。”笔者认为口外行宫据规模可细分为三类。

② （清）海忠修：《承德府志》卷首 26《围场》，光绪十三年延杰重订本，成文出版社，2007 年影印本，第 1 页。另见（清）穆彰阿《（嘉庆）大清一统志》卷 42，四部丛刊续编景旧钞本，第 655 页。

③ （清）穆彰阿：《（嘉庆）大清一统志》卷 42，四部丛刊续编景旧钞本，第 655 页。

④ 今河北省围场满族蒙古族自治县境内。（清）穆彰阿《（嘉庆）大清一统志》卷 42，四部丛刊续编景旧钞本，第 655 页，载：“木兰围场在承德府北境外，蒙古各部落之中周一千三百余里，东西三百余里，南北二百余里，东至喀喇沁旗界，西至察哈尔旗界，南至承德府界，北至巴林及克西克腾界，东南至喀喇沁旗界，西南至察哈尔镶白旗界，东北至翁牛特界，西北至察哈尔正蓝旗界。”可知，木兰秋狝活动有利于加强和巩固民族统一，绥柔蒙古，稳定北部边防。

⑤ （清）穆彰阿：《（嘉庆）大清一统志》卷 42，四部丛刊续编景旧钞本，第 655 页。

⑥ 见布莉华、段钟嵘《避暑山庄与外八庙碑刻诗文讲解》，辽宁民族出版社，2007 年，第 154 页；张淑敏：《乾隆御笔避暑山庄碑诗》，新华出版社，1998 年，第 166—172 页。《避暑山庄百韵诗》及序，系弘历于乾隆十二年（丁卯）所作，全文的题目为《避暑山庄百韵诗有序》。永佑寺舍利塔建成时，刻于《永佑寺舍利塔记》碑的阴面，石碑另一面为《御制永佑寺舍利塔记》。

⑦ 见莉华、段钟嵘：《避暑山庄与外八庙碑刻诗文讲解》，辽宁民族出版社，2007 年，第 143 页。

⑧ （清）和珅、梁国治：《钦定热河志》卷 45《围场一》，辽海书社，1965—1966 年影印，第 1 页。

⑨ （清）穆彰阿：《（嘉庆）大清一统志》卷 42，四部丛刊续编景旧钞本，第 655 页。

十五次，总共有九十一次”[①]，形成清代皇帝北巡的多条路线。早期，北巡路线不固定，随政治局势巩固与经济发展。乾嘉时期，除乾隆皇帝于乾隆六年（1741）从喀喇河屯沿伊逊河进入围场外，御道固定为：出古北口，经两间房、常山峪、喀喇河屯、广仁岭、避暑山庄、中关、波罗和屯、张三营，向北进入围场。总的来看，康熙时期御道路线，一般为首先视察蒙古边疆，而后返至木兰围场；乾嘉时期则为“木兰秋狝”结束后，北上去往蒙古各地，但次数不多。

木兰围场设立后，为解决皇帝及伴驾人员沿途吃住休息及物资供应驼载之劳等问题，康熙四十年（1701）后，在古北口至木兰围场沿线开始营建行宫，即塞外行宫，因其处于由京师出古北口以外地区，又称口外行宫。从古北口东北方向至木兰围场之间，沿途依次为巴克什营、两间房、常山峪、鞍子岭、王家营、桦榆沟、喀喇河屯、热河、蓝旗营、二沟、钓鱼台、黄土坎、中关、汤泉、什巴尔台、波罗河屯、张三营、唐三营、济尔哈朗图、阿穆呼朗图等行宫（见图1），且均于康熙四十年后修建。其中，热河行宫即避暑山庄规模最大，常山峪次之，最小的如钓鱼台、黄土坎等行宫。此即避暑山庄和常山峪行宫建立的背景与原因。

至于常山峪行宫，为鞍子岭行宫拆建。鞍子岭建于康熙四十三年（1704）。“（康熙）五十二年，筑城，京城往还由十八盘岭，后乃改由常山峪。”[②]《清实录》中有关北巡驻跸鞍子岭的最后一条记载为，康熙五十八年（1719）九月，“丙申，孝慈高皇后忌辰，遣官祭福陵，上驻跸鞍子岭”[③]。而常山峪行宫“康熙五十九年建”[④]。由此可知，康熙五十八年至康熙五十九年（1720）为鞍子岭行宫拆建至常山峪的关键时间。对于鞍子岭迁建常山峪的原因，杨天在认为是为了避讳容妃马佳氏而“大拆大建行宫是完全有可能的”[⑤]。笔者不以为然。虽因拆迁较早、史料奇缺，笔者至今并未找到有关确切记载，而由前文可知，行宫修建的主要原因是为北巡途中临时驻跸，且“盖自皇城沿道三十里，必有一行宫，仓廪府库，莫不备焉”[⑥]，此虽非确指，但亦可知大概情况。以此角度，从现有史料分析来看，此段御道自南至北，依次为两间房、常山峪、鞍子岭、王家营，两间房行宫在常山峪行宫西南，“去常山峪三十三里”[⑦]，常山峪行宫在王家营西南，“去王家营四十里”[⑧]，常山峪行宫在鞍子岭西南，距离鞍子岭10里。由此可知，两间房与王家营之间相距约80里，必然需修建一处行宫，而把鞍子岭行宫迁建10里之外的常山峪，乃因

① 参见王锺翰《“国语骑射”与满族的发展》，《故宫博物院院刊》1982年第2期，第20页。

② （清）俞正燮：《癸巳存稿》，辽宁教育出版社，2003年，第141页。

③ 《清圣祖实录》卷285，康熙五十八年九月丙申条。

④ 《钦定热河志》卷44《行宫二十》，第3页。

⑤ 杨天在：《鞍子岭行宫与容妃马佳氏——从鞍子岭行宫被拆撤谈起》，戴逸：《中国承德清史国际学术研讨会论文集：清史研究与避暑山庄》，辽宁民族出版社，2005年，第201页。

⑥ 朴趾源：《热河日记》，上海书店出版社，1997年，第118页。

⑦ （清）穆彰阿：《（嘉庆）大清一统志》卷42，四部丛刊续编景旧钞本，第654页。

⑧ （清）穆彰阿：《（嘉庆）大清一统志》卷42，四部丛刊续编景旧钞本，第654页。

鞍子岭山势险要，为北巡路途之便捷而改变此处行进路线所致。此即最重要原因所在。除此之外，清代皇帝修建行宫追求崇山峻岭、水态林姿，突出自然之美，“常山峪地势较鞍子岭高敞，南向开阔，山势风景好”①，鞍子岭为“三合”土层，植物长势不好，常山峪行宫即使初冬将近，仍山青水绿，温暖如春，犹如世外桃源，可谓塞外行宫风景最美的行宫。由此看出，追求秀丽的风景当为鞍子岭行宫迁建常山峪的另一原因。至于当时并未直接修建常山峪行宫，而由鞍子岭后迁于此，笔者认为，乃因前文所述早期北巡路线不固定之故。之后，原本康熙年间守卫鞍子岭的李、穆、苏、杨、张等姓人，也于鞍子岭行宫迁建常山峪后改守常山峪行宫。

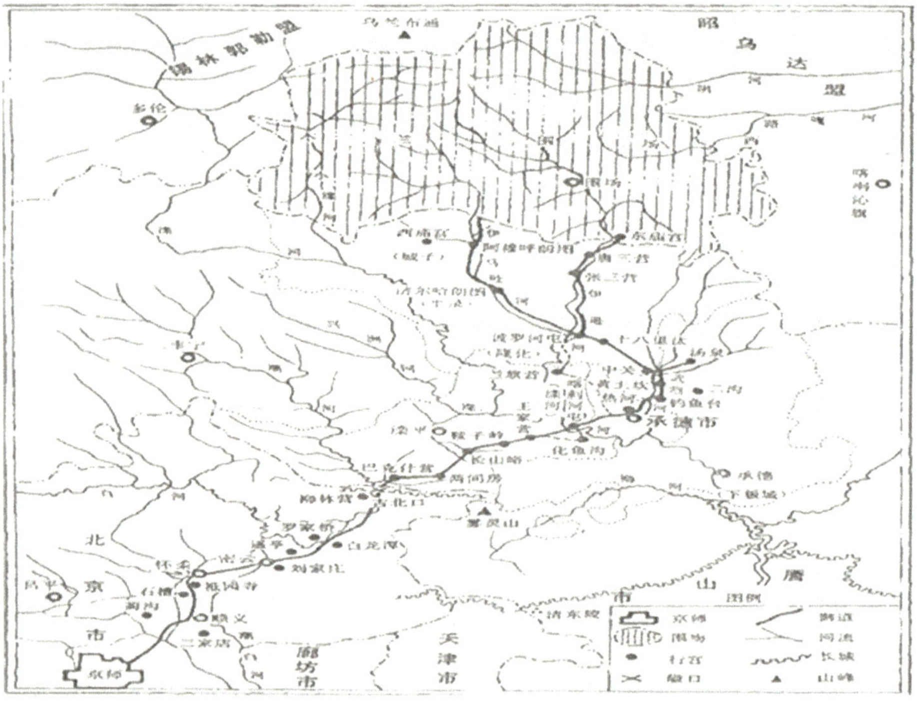

图 1　清帝北巡行宫分布图，来源：《承德市城乡建设志》，142 页②。

由上内容可知，乾嘉时期，御道固定之后，北巡行至两间房行宫，改由原来的鞍子岭方向为常山峪入王家营、喀喇河屯，这即邓文静所说“乾隆中期以后，以避暑、庆典为主的木兰秋狝活动代替初期以‘习武木兰’为主的木兰秋狝活动”③ 在北巡路线上的反映，而又由于政治经济局势的稳定，乾隆时期避暑山庄已经转移为

① 《承德文史文库》编委会编：《承德文史文库》第 2 卷，第 685 页。

② 陈宝森：《承德市城乡建设志》，中国建筑工业出版社，1993 年，第 142 页。

③ 邓文静：《清代皇家活动与承德城市的兴起》，四川大学历史文化学院 2006 年硕士学位论文，第 45 页。

北巡的中心[①]。因此，选建于圣祖时期[②]，兴于乾嘉时期，且规模居中的常山峪行宫与避暑山庄具有时代趋势和兴衰走向的一致性，更具比较意义和价值。

图2 避暑山庄总图，来源：《钦定热河志》卷二十五《行宫一》。

（二）两行宫建筑规模对比

避暑山庄在承德府治东北，“康熙四十二年肇建避暑山庄，为时巡展觐，临朝听政之所”[③]，是我国现存规模最大的皇家园林、当时清朝京城之外的第二政治中心，“如紫禁城之制，周十六里，三分，南为三门，中丽正门，东德汇门，西碧峰门，其东及东北西北门各一，东门外长隄蜿蜒，北起狮子沟，南尽沙隄觜，延袤十二里，甃石七层，广约丈许，宫左湖右山，山势自北而西”[④]。避暑山庄由宫殿区

① 见刘玉文《避暑山庄初建时间及相关史事考》，《明清历史》（故宫博物院院刊）2003年第4期，第27页：“……自康熙四十八年开始，热河行宫已成为清帝北巡的中心行宫，取代了喀喇河屯的历史地位。”

② 根据《钦定热河志》卷44《行宫》载清康熙年间古北口外行宫建立时间（自南至北顺序）：王家营康熙四十三年（1704），常山峪康熙五十九年（1720），巴克什营康熙四十九年（1710），两间房行宫康熙四十一年（1702），喀喇河屯康熙十六年（1677）（此处为行宫旧址），避暑山庄康熙四十二年（1703），黄土坎康熙五十六年（1717年），中关康熙五十一年（1712年），什巴尔台康熙五十九年（1720），波罗河屯康熙四十二年（1703），张三营康熙四十二年（1703）。可知，常山峪行宫为此批行宫中较晚建立的行宫。

③ （清）穆彰阿：《（嘉庆）大清一统志》卷42，四部丛刊续编景旧钞本，第647页。另参见（清）海忠《承德府志》卷22《山庄》，第1页。

④ （清）穆彰阿：《（嘉庆）大清一统志》卷42，四部丛刊续编景旧钞本，第647页。

和苑景区两大板块构成。其中，宫殿区居南，由正宫、东宫、万壑松风与松鹤斋四组宫殿构成；苑景区则为湖区、平原区和山区。

图3 常山峪行宫，来源：《钦定热河志》卷44《行宫二十》。

康熙五十九年（1720），鞍子岭行宫拆，迁建常山峪。常山峪行宫坐北朝南，由宫殿和苑景区两部分组成，宫殿区面积约4.2万平方米①，分为左、中、右三个院落，正阳宫居中，“殿五楹”②，东西两侧的配殿各三，其中垂花门有三间；二殿为五间，东西两面的配房有四间；另有楼一座，名曰“蔚藻堂”，“内曰‘青云梯’，西曰‘虚白杆’，后曰‘如是室’”③，“皆创于圣祖时”④。且“高宗纯皇帝时，巡标为八景，御书题额分章叠咏焉”⑤。蔚藻堂右“曰翠风埭，曰绿樾径，曰

① 田淑华：《清代塞外行宫调查考述》（上），第33页，认为“宫殿区占地面积63亩”（约42000平方米）；王淑云：《清代北巡御道和塞外行宫》，第119页，认为“宫殿区面积约66000多平方米”。笔者认为行宫坍圮，调研勘察有误差实属正常，在此认同田的数据。

② 《钦定热河志》卷44《行宫二十》，第3页。

③ 《钦定热河志》卷44《行宫二十》，第3页。

④ 《钦定热河志》卷44《行宫二十》，第3页。

⑤ （清）穆彰阿：《（嘉庆）大清一统志》卷42，四部丛刊续编景旧钞本，第654页。

枫香坂，曰陵霞亭”①。常山峪行宫苑景区，其北照山鹿苑10.87万平方米，其南鹿苑58万平方米，群山围成，此山中最高处修筑面积200平方米的四柱亭，附近筑假山、碑刻等。“北坡山根处有甘泉一眼”②，即宫鹿饮水处。

由上可知，落实到数据层面，按避暑山庄宫殿区100000平方米，常山峪行宫宫殿区42000平方米，粗略算来，避暑山庄宫殿区为常山峪行宫的2.4倍；按避暑山庄湖区和山区总面积830000平方米，常山峪行宫苑景区688700平方米，粗略算来，避暑山庄苑景区为常山峪苑景区的1.2倍。

而从建筑规制来看，避暑山庄之格局为清王朝之等级关系映射，如此周全之布局，为皇家园林之典范，而常山峪行宫的建筑规制相对较低，且构造简单，又根据当时皇帝北巡随行人员众多的情况来看，常山峪行宫仅为临时驻跸休息之所，职能有限；从建筑格局来看，避暑山庄除有统驭蒙古各部之职能外，还具有“处理朝政、安全居住（兵防部署、行宫保卫全部完备）、游玩（观景、看戏、洗汤、游船）、通信（建成北京至热河围场的古北口、喜峰口两条驿站）、指挥等多种功能，成为北巡重要目的地”③，是追求自然园林之乐，更为政治、军事以及边防形势之需，而常山峪行宫则很难具备如此全面之功能。由此看来，在建筑层面，避暑山庄的优势远居常山峪行宫之上。

（三）两行宫发展沿革比较

避暑山庄经不断改建、扩建，先后历时89年完成，其营建主要可分为两个阶段。第一阶段，“从康熙四十二年（1703）至康熙五十二年（1713）”④，康熙四十二年开工，辟湖区、修洲岛、造堤岸，然后营造殿宇、亭树和宫墙，四十六年（1707）初具规模，四十七年（1708）始由热河上营改称“热河行宫”，正式启用。避暑山庄自四十八年（1709）成为塞外的中心行宫。其当时之建制状况，从画家冷枚绘制的《热河行宫全图》可见一斑⑤。康熙五十年（1711），热河行宫正宫建成，圣祖为其题匾，即“避暑山庄”之始。“康熙以四字为名选取佳景，标定康熙三十

① （清）穆彰阿：《（嘉庆）大清一统志》卷42，四部丛刊续编景旧钞本，第654页。另据田淑华《清代塞外行宫调查考述（上）》，《文物春秋》2001年第5期，第32页，载：蔚藻堂“东西配房各六间。各殿之间有回廊相隔。东宫有垂花门三间，泰和殿五间，东西配房各三间。西宫与东宫建筑布局相同，各有凌霄殿一座。两宫之间有宫道相隔。常山峪行宫北门为三间，东西两边各有朝房三间，北二宫门三间，门外两侧各有九棵罗汉松，俗称‘十八罗汉’。宫东北角有堆房27间”。

② 田淑华：《清代塞外行宫调查考述》（上），《文物春秋》2001年第5期，第32页。

③ 邓文静：《清代皇家活动与承德城市的兴起》，四川大学历史文化学院2006年硕士学位论文，第34页。

④ 王文仁：《故宫与承德避暑山庄的历史文化渊源》，《时代文学》（下半月）2010年第1期，第171页。

⑤ 冷枚绘《热河行宫全图》现藏北京故宫博物院。由图可见，乾隆皇帝扩建避暑山庄主要是新开镜湖和增加山峦区、平原区、湖区的建筑景观。

六景，为之绘图、赋诗、作记”[①]。第二阶段，“从乾隆六年（1741）至乾隆十九年（1754）”[②]，此阶段避暑山庄得以大规模扩建宫殿和诸多园林景观。“乾隆十九年，高宗驻跸避暑山庄，于圣祖御题三十六景之外，再题三十六景”[③]，“合称为‘避暑山庄七十二景’”[④]。康熙五十二年（1713）至乾隆四十五年（1780），避暑山庄周边寺庙相随落成。

常山峪行宫一年内建成，在此后的巡幸驻跸中，并未进行改建、扩建，而档案奏折中多见修缮、活计、陈设、膳食及耗银记载。据不完全统计，《清宫热河档案》中，有关常山峪修缮方面的记载有嘉庆十一年（1806）[⑤]、嘉庆十三年（1808）[⑥]、嘉庆十九年（1814）[⑦]、嘉庆十八年（1813）[⑧]、嘉庆二十年（1815）[⑨]、嘉庆二十四年（1819）[⑩]、嘉庆二十五年（1820）[⑪]、道光三年（1823）[⑫]、道光四年（1824）[⑬]、

① 参见刘玉文《康熙皇帝与避暑山庄——读清圣祖〈御制避暑山庄记〉札记》，《清史研究》1998 年第 2 期，第 115 页。

② 参见王文仁《故宫与承德避暑山庄的历史文化渊源》，第 171 页。

③ （清）海忠修：《承德府志》卷首 23《山庄》，光绪十三年延杰重订本，第 350 页上栏。

④ 参见王文仁《故宫与承德避暑山庄的历史文化渊源》，第 171 页。

⑤ 中国第一历史档案馆、承德市文物局合编：《清宫热河档案》（第十册），《热河总管穆腾额奏报坍塌墙垣业将遮挡修砌完竣惟常山峪一处现拨兵看守折》，嘉庆十一年七月二十三日（宫中硃批奏折），中国档案出版社，2003 年，第 481 页。

⑥ 中国第一历史档案馆，承德市文物局合编：《清宫热河档案》（第十一册），《传谕热河总管穆腾额等著饬将喀喇河屯行宫紧要处所赶紧修葺》，嘉庆十三年六月二十六日（军机处上谕档），第 4 页。

⑦ 中国第一历史档案馆、承德市文物局合编：《清宫热河档案》（第十二册），《热河总管嵩年等奏请将旷观等处挪盖山神庙等项活计於二十一年春一並修理折》，嘉庆十九年月二十二日（宫中硃批奏折），第 431 页。

⑧ 中国第一历史档案馆、承德市文物局合编：《清宫热河档案》（第十二册），《热河园庭内外应行续修活计清单》，嘉庆十八年（军机处录副奏折），第 347 页。

⑨ 中国第一历史档案馆、承德市文物局合编：《清宫热河档案》（第十三册），《嘉庆十九年常山峪处粘补零星活计等项用过银两数目清册》，嘉庆二十年（内务府堂清册），第 108 页。

⑩ 中国第一历史档案馆、承德市文物局合编：《清宫热河档案》（第十四册），《热河总管常显等奏报核估修理前宫等处园庭庙宇行宫需用工料银两折》，嘉庆二十四年三月初一日（宫中硃批奏折），第 3—5 页；《热河总管常显等奏报喀喇河屯等处园庭外庙行宫续经被雨情形折》，嘉庆二十四年六月二十五日（宫中硃批奏折），第 38—39 页；《传谕热河总管常显等著将热河行宫被水冲塌围墙务于临莅钱修竣》，嘉庆二十四年六月二十八日（军机处上谕档），第 42 页。

⑪ 中国第一历史档案馆、承德市文物局合编：《清宫热河档案》（第十四册），《热河总管祥绍等奏报热河春雨应时並园庭内外各寺庙树株繁茂折》，嘉庆二十五年二月初八日（军机处录副奏折），第 168—170 页。

⑫ 中国第一历史档案馆、承德市文物局合编：《清宫热河档案》（第十四册），《热河总管延隆寺奏报热河院内外庙行宫情形最重急修活计清单》，道光三年五月十六日（宫中硃批奏折），第 406 页。

⑬ 中国第一历史档案馆、承德市文物局合编：《清宫热河档案》（第十四册），《道光三年热河行宫外庙用过经费银两数目清单》，道光四年（军机处录副奏折），第 429 页。

道光三年（1823）[①]、道光三年（1823）[②]、道光十年（1830）[③]、道光十一年（1831）[④]、道光十四年（1834）[⑤]、道光二十一年（1841）[⑥]、道光二十二年（1842）[⑦]、道光二十三年（1843）[⑧] 及宣统年间[⑨]的奏折等。

例如：

> 嘉庆十三年六月二十六日，奉上谕：穆腾额等奏热河复经大雨，山庄园亭墙垣房间多有坍塌，又喀拉河屯行宫内敞厅三间全行被水冲去，外围大墙坍塌一百二十余丈，又常山峪、两间房等处行宫墙垣亦间有坍塌，请饬交总理工程事务大臣遴员查勘，赶紧兴修等语太不晓事。热河园亭工程及喀拉河屯等处行宫，坍塌墙垣若距启銮之期尚远，原可照例奏交工程处查勘兴修，今距启銮已近，既据呈报各处行宫大墙坍塌，穆腾额等即应一面奏闻，一面驰赴各该处赶紧兴修，乃犹拘照向例奏请遴员查勘，试思此时即使由京派员驰往估修，辗转稽延必教届期贻误，穆腾额那苏图皆系谙悉工程之人，何……常山峪、两间房二处坍损无多，不难即时赶办。[⑩]

由此看出，北巡行宫日常修缮程序为“照例奏交工程处查勘兴修”，奏请核实请旨后才予以修砌；而在距离北巡驻跸紧迫时，亦可地方上奏的同时破例自主进行修缮。从嘉庆帝认为此次依旧惯例行事，热河总管穆腾额等“太不晓事”的训斥

---

① 中国第一历史档案馆、承德市文物局合编：《清宫热河档案》（第十四册），《附件：热河院内外庙坍倒外围墙垣段落丈尺清单》，道光三年七月二十二日（军机处录副奏折），第409页。

② 中国第一历史档案馆、承德市文物局合编：《清宫热河档案》（第十四册），《附件：热河院内外庙坍倒外围墙垣段落丈尺清单》，道光三年七月二十二日（军机处录副奏折），第410页。

③ 中国第一历史档案馆、承德市文物局合编：《清宫热河档案》（第十四册），《附件：热河园内外庙各等处粘修工程销算银两黄册》，道光十年十二月（内务府黄册），第484—485页。

④ 中国第一历史档案馆、承德市文物局合编：《清宫热河档案》（第十四册），《附件：热河园内外庙等处粘修僧房诸旗房墙垣销算银两黄册》，道光十一年三月（内务府黄册），第534页。

⑤ 中国第一历史档案馆、承德市文物局合编：《清宫热河档案》（第十五册），《附件：热河园内并南北两路各等处粘修工程销算银两黄册》，道光十四年，第51页。

⑥ 中国第一历史档案馆、承德市文物局合编：《清宫热河档案》（第十五册），《附件：道光二十年份用过经费银两数目清单》，道光二十一年九月二十四日（军机处录副奏折），第415页。

⑦ 中国第一历史档案馆、承德市文物局合编：《清宫热河档案》（第十六册），《附件：道光二十一年份用过经费银两数目清单》，道光二十二年十月十六日（军机处录副奏折），第6页。

⑧ 中国第一历史档案馆、承德市文物局合编：《清宫热河档案》（第十六册），《道光二十二年常山峪行宫各处找补糊饰等项用过银两数目清册》，道光二十三年（内务府堂清册），第82—85页。

⑨ 中国第一历史档案馆、承德市文物局合编：《清宫热河档案》（第十八册），《热河园内外庙并南北两路行宫各等处粘修工程销算银两黄册》，无朝年（内务府黄册），第326—327页；《热河园内外庙并南北两路各等处粘修工程销算银两黄册》，无朝年（内务府黄册），第366—377页。

⑩ 中国第一历史档案馆、承德市文物局合编：《清宫热河档案》（第十一册），《传谕热河总管穆腾额等著饬将喀喇河屯行宫紧要处所赶紧修葺》，嘉庆十三年六月二十六日（军机处上谕档），第4页。

中，一则看出嘉庆帝对北巡极为重视，对常山峪等塞外行宫日常修缮事物及其正常运作的重视；二则看出常山峪等行宫在当时的重要地位；三则塞外行宫受内务府掌管各处苑囿管理、修缮的奉宸院管控，热河总管权力受总管内务府牵制。此外，时任热河总管穆腾额，更于嘉庆十三年八月因护得遗失宫报赏穿黄马褂。①

上谕：据佶山等奏热河各等处渗漏房间坍塌墙垣应行续修一折，已交总理工程处核办矣……随时知会热河副都统衙门，派令官兵支搭帐房小心看守……多加匠夫分段赶紧修砌，约于二十六日，全行一律修砌完竣，至南路行宫，唯长山峪（常山峪）坍倒墙垣一百一十余丈之多，虽经奴才等饬交该监督多加匠夫，赶紧修砌，诚恐圣驾驻跸时不能全行修筑完竣，奴才即遵旨速行知热河副都统庆杰拔派官兵，前往长山峪（常山峪）看守，维思该处向无满兵驻防，恐一时不能到齐，奴才仍行文直隶提督薛大烈，在附近营汎先行拨派官兵，加意看守。②

由此奏折可看出，连日降雨导致北巡行宫多处出现墙垣坍倒，常山峪行宫的情况相对比较严重，而奏折的时间为“嘉庆十一年七月二十三日”，距离往常木兰秋狝时间已十分接近。更为甚者，“墙垣一百一十余丈”体现行宫的安全隐患堪忧。为何“向无满兵驻防”，而据《钦定大清会典事例》常山峪惯例，应“千总一人，委署千总二人，兵三十四名”③，那么常山峪行宫防务执行何况，官兵职责为何？抑或驻防汉兵为主？由《热河园庭现行则例》相关记载可知，乾隆六年（1741）九月十一日，热河总管巴图缮清字咨覆都虞司文：“看守行宫之人，系由唐三营、茅沟、赛汉沟、鞍匠屯等处藩下人内挑补。”④ 后因热河、喀喇河屯行宫内添建处所，需人看守，于康熙四十五年（1706）间奉旨“著盛京黑龙江等处藩下之人拨来当差”⑤，由此明矣。而看守人数方面，实时有变化，但同一时期，避暑山庄往往多于常山峪行宫。

道光十八年（1838）七月，常山峪行宫日久失修而逐渐倾圮，“今已拆卸大木，俱存翠峰亭，按件造册。所有不堪用者，作为柴烧。”⑥。至民国八年（1919）被热河都统姜桂题拆卸，并将木材运载于避暑山庄，在此不再赘述⑦。

---

① 石利锋点校：《热河园庭现行则例》，团结出版社，2012年，第4页。

② 中国第一历史档案馆、承德市文物局合编：《清宫热河档案》（第十册），《热河总管穆腾额奏报坍塌墙垣业将遮挡修砌完竣惟常山峪一处现拨兵看守折》，嘉庆十一年七月二十三日（宫中硃批奏折），第481页。

③ （清）昆冈：《钦定大清会典事例》卷573《兵部十三》，光绪二十五年八月石印本。。

④ 石利锋点校：《热河园庭现行则例》，团结出版社，2012年，第28页。

⑤ 石利锋点校：《热河园庭现行则例》，团结出版社，2012年，第28页。

⑥ 石利锋点校：《热河园庭现行则例》，团结出版社，2012年，第90页。

⑦ 详见王淑云《清代北巡御道和塞外行宫》，中国环境科学出版社，1989年，第121页。

从建筑沿革来看，避暑山庄经过89年不断的改造、扩建，使其规模远远超过常山峪行宫，而常山峪行宫除日常维修外，史籍中有关其扩建规模和次数的记载甚少。由此看出清执政者对避暑山庄的重视，亦透露出避暑山庄重要的地位和无可替代的作用。

二、两行宫巡幸驻跸情况比较

根据刘玉文的研究，避暑山庄康熙四十二年（1703）初建时期称“热河上营”，四十七年（1708）初具规模后称“热河行宫”并启用，五十年（1711）赐名“避暑山庄”，营建工程基本结束。① 常山峪行宫“康熙五十九年（1720）建”②。又根据《清实录》等记载，自康熙六十年（1721）八月始有“丙午，上驻跸常山峪”③ 行宫之记录，之后的历次北巡除个别情况外，均驻跸避暑山庄和常山峪行宫。嘉庆之后衰落，直至道光时期木兰秋狝废止。据此，笔者主要通过《清实录》《钦定热河志》和《承德府志》等文献中有关内容的记载，比较康熙和乾隆两朝皇帝驻跸避暑山庄和常山峪行宫的时间、次数以及所举行的活动等，从康熙六十年（1721）开始，以康乾时期为重点展开，并选取时间段来具体分析。

（一）两行宫驻跸次数与时间的比较

康熙皇帝自康熙十六年（1677）至康熙六十一年（1722）的46年间，巡幸塞外共计48次，又康熙三十年（1691）、四十五年（1706）、四十九年（1710）、五十年（1711）、五十一年（1712）、五十二年（1713）、五十三年（1714）、五十五年（1716）等均巡幸两次，因此实际巡幸年份为41年。④ 在康熙巡幸塞外的46年中，分别于康熙六十年（1721）八月丙午日至戊申日、康熙六十一年（1722）三月丙子日至丁丑日和九月壬寅日至癸卯日4次驻跸常山峪行宫，共计4天。而康熙

---

① 刘玉文：《避暑山庄初建时间及相关史事考》，第23页。另外，彭俊波认为，“在避暑山庄发展史上，避暑山庄未曾叫过‘热河上营’”，且“从位置上看，两者不曾重合”，“历史上的‘热河上营’在时间和位置上不属于避暑山庄”，详见彭俊波《避暑山庄形成过程的有关问题》，《承德民族师专学报》2000年第3期，第36页。笔者在此认同刘玉文先生的观点，且为避分歧，本文自康熙四十七年之后对其进行研究。

② 《钦定热河志》卷44《行宫二十》，第3页。

③ 《清圣祖实录》卷294，康熙六十年八月，中华书局，2008年影印本，第2801页。

④ 此外，相关的研究有庄吉发《避暑山庄与清代前期的政治活动》，戴逸编《山庄文集纪念承德避暑山庄建园290周年论文集》，紫禁城出版社，1994年，第43—44页，认为在历年巡幸塞外时间中，最长达到204天，最短22天，共有4240天之多，若每月以30天计，平均每年巡幸时间达三个半月以上。根据庄吉发的统计，康熙年间启跸月份的分布四月份共13次，约占27%，为最多；其回宫月份的分布九月份最多，共27次，约占56%，概括地说，即启跸巡幸多在四月间，回宫返京，多在九月间。在邓文静的研究中，邓文静：《清代皇家活动与承德城市的兴起》，四川大学历史文化学院2006年硕士学位论文，第34页，统计出康熙在后15年的施政生涯中有7年是四月从北京起驾来热河行宫，有8年是五月来热河。返京时间有1年是七月，7年为九月，另十月1年、十一月1年、十二月回京有5年。这中间包括1年来二三次。

六十年驻跸避暑山庄 64 天，康熙六十一年驻跸避暑山庄 84 天，共计 148 天。① 由此可见，康熙驻跸避暑山庄的时间在整个北巡过程中所占比重相当之大，常山峪行宫自初步建立开始，其皇帝驻跸时间已远远无法与避暑山庄相比。雍正登基后未北巡，因此不曾驻跸避暑山庄和常山峪行宫。

再来看乾隆皇帝巡幸情况。② 据《清实录》相关记载统计得知，乾隆皇帝自乾隆六年（1741）开始木兰秋狝巡幸塞外至乾隆六十年（1795）的 55 年间，巡幸避暑山庄共 49 次，而乾隆十九年（1754）巡幸 2 次，因此实际巡幸年份为 48 年。在这 49 次巡幸中，往返途中常山峪行宫驻跸 92 次，共驻跸 93 天，平均每次驻跸 1 天。而仅乾隆五十八年（1793）驻跸避暑山庄 87 天，乾隆五十九年（1794）驻跸避暑山庄 78 天。③

"嘉庆皇帝巡幸避暑山庄共计 15 次，384 天，平均每年在避暑山庄 25 日以上。在这 15 次的巡幸中，木兰行围共 11 次，223 天，平均每年 20 日以上。"④ 如此算来，嘉庆在避暑山庄驻跸时间仅为乾隆皇帝的四分之一，其滞留避暑山庄的时间比乾隆减少将近两个半月，由此可见清中衰之后嘉庆朝的勤俭务实精神。而根据《清实录》的相关记载，笔者统计嘉庆共驻跸常山峪行宫 44 次，共计 44 天，平均每次驻跸 1 天。

道光在位 30 年从未到过木兰围场，因此避暑山庄和常山峪行宫不曾驻跸。其后咸丰帝逃难避暑山庄近 1 年，至同治元年（1862），由于木兰秋狝礼废多时，热河都统瑞麟获旨以开围荒。由此，木兰秋狝废止，避暑山庄、常山峪行宫及北巡沿途行宫渐于荒废。

综上所述，自康熙六十年（1721）北巡开始驻跸常山峪行宫，至道光四年（1824）木兰秋狝废止⑤，在历次的北巡途中，皇帝均驻跸避暑山庄和常山峪行宫，由此可见两行宫之重要地位。而驻跸常山峪行宫的时间一直以来稳定在 1 天左右，可见，常山峪行宫无论是建筑规模还是政治职能，都未有大的发展，其兴盛之处体现在历次北巡皇帝的固定临时驻跸。相对常山峪等行宫而言，皇帝驻跸避暑山庄的

---

① 本数据根据《清圣祖实录》有关记载内容计算得出。

② 相关的研究有庄吉发《避暑山庄与清代前期的政治活动》，第 44 页，庄认为，"历年巡幸时间最短为 55 天，最长达 167 天，合计共 4654 天，且每月以三十日计，每年平均约计三个半月弱，在塞外的时间，较康熙年间稍短。乾隆年间，京师启跸月份分布情况为五月份最多，共 24 次，约占 49%；回宫返京月份的分布为九月份最多，共 32 次，约占 65%。由此看出，乾隆皇帝启跸时间多在五月间，较康熙皇帝较迟；康熙、乾隆两朝回宫返京都在九月间，乾隆皇帝常在九月二十二日回銮"。

③ 本数据根据《清高宗实录》有关记载内容计算得出。

④ 何瑜：《嘉庆皇帝与木兰秋狝》，戴逸：《清史研究与避暑山庄：中国承德清史国际学术研讨会论文集 1703—2003》，辽宁民族出版社，2005 年，第 176 页。由于嘉庆元年至三年嘉庆皇帝未亲政，因此此计算并未将其计算在内，而嘉庆二十五年抵达承德避暑山庄第二天即病世，因此也未算入在内。

⑤ 胡汝波：《木兰秋狝衰落及废止的原因》，《承德民族师专学报》2003 年第 3 期，第 95 页，认为木兰秋狝完全废止于道光四年（1824 年）。

时间在整个北巡过程中占有很大比重，说明避暑山庄的的重要性，其职能已非临时驻跸之所，俨然绥远蒙古的第二治政中心。

（二）两行宫皇帝理政情况比较

由于自康熙五十年（1711）始有“避暑山庄”之称，且常山峪行宫建于康熙五十九年（1720），自康熙六十年（1721）八月始有“上驻跸常山峪”① 的记载，因此，笔者首先选取康熙六十年至六十一年这一时间段。乾隆十九年（1754）之后，乾隆“三十六景”建成，避暑山庄扩建基本完成，且于乾隆四十五年（1780）伴随避暑山庄的修建，周围寺庙也相继落成，至乾隆六十年（1795）乾隆皇帝退位为太上皇，因此，选取乾隆五十八年至乾隆五十九年这一时间段，更为合适。故根据上述避暑山庄营建过程中两个阶段的特点，笔者分别截取康熙六十年至六十一年，乾隆五十八年至五十九年这两个时间段，根据《清实录》《钦定热河志》和《承德府志》中的相关记载，拟对避暑山庄和常山峪行宫当时之具体情况进行比较。

由附表一（见后附）可知，康熙六十年和康熙六十一年这两年中，皇帝驻跸避暑山庄和常山峪行宫情况差别明显。从纵向来看，康熙帝驻跸避暑山庄的时间由六十年的八月增加为六十一年的四月至八月四个月份，由六十年的 12 天增加为六十一年的 110 天，变化非常之大；常山峪行宫则稳定地保持在 2 天左右。从横向来看，由康熙六十年和六十一年皇帝在两行宫的朝政活动可知，由于康熙这两年中驻跸避暑山庄的时间远多于常山峪行宫，避暑山庄的朝政活动不仅在数量上多于常山峪行宫，而且政治活动种类也多于常山峪行宫。即使议政理政和批奏等不计，康熙六十年和康熙六十一年这两年，避暑山庄进宴 3 次，进贡 1 次，朝拜 11 次，祭祀 7 次，而常山峪行宫仅面奏 1 次，足见避暑山庄在当时的政治功用。且由前文可知，也就是在五十年热河行宫改名为“避暑山庄”，其建筑设施和规模达到了一定的程度。可见，随着避暑山庄的扩建，其政治功能也逐渐开始扩大、完善，北巡行宫的中心地位愈加明显和固定。

通过附表二（见后附）可以继续分析得出，乾隆时期避暑山庄俨然成为当时的第二政治中心的事实。正如前文指出，乾隆“历年巡幸时间最短为 55 天，最长达 167 天”②，而乾隆五十八年和五十九年这两年中驻跸山庄时间分别为 87 天和 78 天，驻跸常山峪行宫的时间则变化不大，可见在北巡中驻跸避暑山庄的时间所占比重之大。在理政方面，在避暑山庄赐食 10 次，入觐 3 次，恤赏 1 次，祭祀 13 次，行礼 3 次，而常山峪行宫理政方面的记录仅 4 条记载，而与前文康熙六十年和康熙六十一年，避暑山庄进宴、进贡、朝拜、祭祀等理政活动相对比，可以看到避暑山庄的职能随着扩建而不断得到完善丰富并细节化，而我们也可看到木兰秋狝活动在

---

① 参见《清圣祖实录》卷 294，康熙六十年九月丙午条。

② 庄吉发：《避暑山庄与清代前期的政治活动》，第 44 页。

由“习武木兰”到以避暑庆典为主的过渡的展现。

结合附表一和附表二比较分析，可以看出皇帝举行木兰秋狝活动的时间越来越短，在避暑山庄驻跸的时间和比例则相对有很大的增加。究其原因，很重要的一点是当时政治、军事和民族环境的作用。承德地理位置优越且距离北京较近，可以朝发夕至，因此，全国各地的奏折聚集向承德，皇帝的诏令也从山庄流向各地，既保证了正常的行政运作，又较大地发挥了笼络蒙古、西藏等边疆民族的作用，很大程度上满足了清政府政治、军事和外交等各方面的需要。

三、两行宫管理运作分析

口外行宫的管理归内务府的七司三院负责，如奉宸院负责京师及周边行宫苑囿的管理和修缮等事宜。康熙四十二年（1703）始于热河南营公署设热河总管一职，专营热河行宫事务，兼管热河行政、军事事务。期间对于热河的管理机构不断完善。乾隆三年（1728）增设副都统，热河总管则专管行宫事务，至乾隆五年（1740）热河总管衙门始迁至避暑山庄城关门内，即“钱粮处”。[①] 始，热河总管向无定额亦未定品级，康熙、雍正至乾隆初年皆系以原衔管理，或尚书衔、都统、膳房总领不等。乾隆二十一年（1756）闰九月初九日，由军机处抄出：“海保着补放热河总管，富贵作为副总管。将此二缺永为定例，遇有缺出照此补放。钦此。”[②]

根据《热河园庭现行则例》的相关记载，北巡之时，内务府派出机构随从皇帝一起驻跸，处理政务，随着避暑山庄的扩建，与在皇宫无二，有专门办公处所。总管衙门由十个机构构成，其中办事部门七个，如钱粮房、示谕处、户科、仓科、清折房、汉折房等，晚清时设事务所和外庙事务所，此外还有堂档房（总档房）。热河官员的设置和避暑山庄的园庭管理以及安全防卫也形成了完善的体系。对于常山峪来说，由于并无行政运作固定格局和官员的专门机构与办公处理之所，其管理和防卫稍显简单，只为皇帝和随行人员的休憩之所，办公理政职能完全无法与避暑山庄相比。

热河总管对行宫安全负总责，千总和副千总为负责安全的武职官员。清制，中枢及地方衙署实行无偿值班制度。清帝停止北巡以后，热河总管衙门的职司主要是管理和守卫“园庭、行宫、寺庙及口外庄田、钱粮”。

由此可见，有清一朝，对于口外行宫的管理十分完善，其机构设置与京城十分相似，而又由于总管衙门设置于避暑山庄，使得避暑山庄的行政运作具有了常山峪等其他口外行宫无可比拟的优势和地位。

---

① 石利锋点校：《热河园庭现行则例》，团结出版社，2012年，第254页。

② 石利锋点校：《热河园庭现行则例》，团结出版社，2012年，第24页。

四、其他方面的对比

（一）康熙朝行宫兴建情况

康熙朝几个行宫兴建概况统计表①

行宫	承建人	竣工时间	用银	建房
两间房②	穆丹	康熙四十二年	四万八千九百九十八两余	417 间
鞍子岭③	雅思泰	康熙四十三年	五万九千两余	420 间
桦榆沟④	邓光钱	康熙四十三年	六万一千余两	445 间
喀喇河屯⑤	托岱	康熙四十三年	六万一千一百五十二两一分	397 间
上营⑥	喀拜	康熙四十三年	五万七千两余	410 间
常山峪⑦	不详	康熙五十九年	不详	不详

由于笔者查阅第一历史档案馆藏内务府奏销档，并未查到有关常山峪行宫兴建的相关信息，但是常山峪行宫为鞍子岭行宫迁建，故其规模应与鞍子岭相近，因此可以参见鞍子岭兴建的相关信息。且由表格可知，康熙年间所建的、两间房、鞍子岭、桦榆沟、喀喇河屯和上营等五处行宫，兴建用银平均五万七千四百三十两，建房平均418间，几处行宫初建规模比较形似，不论是所用银两还是所建房间数，皆与平均值差距均不大。因此可以推断常山峪行宫兴建之时所耗银两、所建房屋数量俱应与平均数量接近。综上所述，由表可知，这六所行宫中，兴建口外行宫的费用，并非避暑山庄最多。而所建设的房间数量，也并非避暑山庄最多，即建设之初，诸行宫规模、重要性并无太大区别，但是由于避暑山庄独特的地理位置，加上当时政治、民族事务的需要，逐渐扩建和完善，发展成为清中叶的第二政治中心。

（二）口外行宫驻兵情况

口外行宫的驻兵情况，根据《八旗通志》载：

① 此数据由第一历史档案馆藏内务府奏销档（原件满文得出）得出。
② 第一历史档案馆藏内务府奏销档（原件满文得出）124。
③ 第一历史档案馆藏内务府奏销档（原件满文得出）24。
④ 第一历史档案馆藏内务府奏销档（原件满文得出）124。
⑤ 第一历史档案馆藏内务府奏销档（原件满文得出）124。
⑥ 第一历史档案馆藏内务府奏销档（原件满文得出）24。上营即热河上营，为避暑山庄前身。
⑦ 笔者查阅第一历史档案馆藏内务府奏销档（原件满文），暂未查到有关常山峪行宫兴建的相关信息。

热河副都统一人，驻扎热河，辖分驻协领二总管，一协领四人，佐领十人，防御十四人，骁骑校十四人，笔帖式二人，满洲、蒙古前锋领催骁骑鸟枪、骁骑炮、骁骑共一千三百四十名，养育兵一百名，弓箭铁匠共四十二名。喀喇河屯协领一人，佐领三人，防御四人，骁骑校四人，满洲前锋领催骁骑共四百名，弓箭铁匠共十二名。化育沟协领一人，佐领一人，防御二人，骁骑校二人，蒙古前锋领催骁骑共二百名，弓箭铁匠共六名。围场总管一人，左右翼长二人，防御八人，骁骑校八人，满洲蒙古领催三十五名，骁骑七百六十五名。①

可知，桦榆沟、喀喇河屯两行宫是有满洲兵驻守的，且从兵力分布来看，占有重要地位。而又据《热河园庭现行则例》载，“雍正二年派来热河驻防之满兵八百名内，热河四百名，喀喇河屯、化育沟（桦榆沟）各二百名。”② 从康熙四十五年至四十七年“先后迁移奉天、黑龙江、吉林、乌喇茅沟等处人户安置热河，分卫行宫”③，由前文可知，乃分卫热河、喀喇河屯两处行宫，可见护卫此两处行宫的官兵为由满族发祥地之亲兵选派，举家迁移于此。这说明康熙对塞外行宫开发的重视。而“热河副都统一人，驻扎热河”，可见在雍正时期，避暑山庄的重要性已经开始凸显。

据《清通志》载：

热河行宫总管二人，苑副四人，掌总理翊卫各处行宫及陈设稽察之禁令；千总十一人；副千总二十二人；喀喇河屯、长山峪、两间房、巴克什营、中关、波洛河屯、济尔哈朗图、阿穆呼朗图、张三营等处行宫，千总各一人，副千总各一人；王家营、钓鱼台黄土坎、十八理汰等处行宫，副千总各一人。溥仁寺普乐寺安远庙、普陀宗乘庙、殊像寺、千总各一人，副千总各一人；普宁寺、须弥福寿庙，千总各一人，副千总各二人；广安寺、罗汉堂，把总各二人，掌典守稽查之事。④

据清制，总管须由上三旗之精兵强将选派，至乾隆朝、同治和光绪朝，皆曾出现乾隆和慈禧皇太后钦定指派的情况。热河总管衙门所属机构钱粮房、示谕处、承发房、户科、清折房、汉折房、仓科等科房的长官为员外郎品级。总管、副总管下属官员依次为苑丞、苑副、千总、副千总。其中，总管、苑丞、苑副为文职，千总、副千

① 《八旗通志》卷35《兵制志四》，清文渊阁四库全书本，第421页。

② 石利锋点校：《热河园庭现行则例》，团结出版社，2012年，第67页。

③ 《钦定热河志》卷84《兵防》，第6页。

④ （清）《清通志》卷66《职官略》，清文渊阁四库全书本，第593页。

总为武职。乾隆三十五年（1770）十月十九日，“着加恩，热河总管赏授四品官职”。[①] 乾隆五十四年（1789）六月初三日所有现在热河总管“赏给郎中职衔”。[②] 乾隆中期千总增至15员，副千总54员。乾隆三年增设副都统分管总管的军事事务。军事上以驻防八旗兵隶属于副都统，以内务府三旗汉军官兵隶属于总管。乾隆五年（1740）始设热河兵备道，乾隆四十三年（1778）设承德府，热河兵备道仍辖承德府并所属一州五县，兼辖武备。

有清一代，热河总管中，兼管热河行政、军事事务的有11任，专管行宫事务的83任，共94任。至嘉庆十五年（1810）副都统升为都统，先后共有33任副都统，到宣统三年（1911）共有都统（包括署任）82任。[③]

五、总　结

笔者选取在塞外北巡御道固定之后，清帝木兰秋狝所需途径的避暑山庄和常山峪行宫这两座行宫，并截取康熙六十年至六十一年，乾隆五十八年至五十九年这两个时间段，从建筑规模、皇帝驻跸时间和次数，以及在这两座行宫的理政活动、行宫运作、兴建及驻兵等方面进行了比较。综上所述，可以看出避暑山庄初建之时规模虽属普通行宫，但自营建之后，由于政治所需，逐渐发展成为清北巡的行宫中心和清中叶的第二政治中心，其地位和作用随着扩建的逐步完成而居于常山峪等行宫之上。在清帝北巡盛行的时期，避暑山庄和常山峪行宫一道兴盛繁荣，其规模和功用得到进一步的发展和完善。但随着北巡力度的减小，避暑山庄无论在财政支持还是人力物力的分配上，都比沿途其他行宫具有至上的优先权，常山峪等行宫无论是职权、功用还是财物，都围绕避暑山庄的运作而为其服务，形成众星拱月的局势。这是当时的政治要求、国力条件在塞外行宫上的反映和映射。

避暑山庄和常山峪行宫的兴起，俱与木兰秋狝活动密不可分，但是避暑山庄在诸多北巡途径的驻跸之所中逐渐发展成为行宫之中心，笔者认为这与其建立原因有着重要联系。对于避暑山庄建立的原因，霍云星认为：“修建时正值吴三桂等藩王的叛乱，蒙古边境动荡时期，康熙为了对少数民族的民众进行安抚，稳固国家整体的政权才修建了这样一座夏宫。”[④] 刘玉文先生从园林角度，以“地理位置重要；清初政治军事形势需要；巡幸理政两便，‘道近神京’；风貌绮丽，兼具南秀北雄；僻荒野，不致扰民，‘无伤田庐之害’；宜于构建清式园林；气候、风水、土物皆佳；古代生存坏境选择理念”[⑤] 等八个方面分析了避暑山庄选址建立的原因。由此

① 石利锋点校：《热河园庭现行则例》，团结出版社，2012年，第24页。

② 石利锋点校：《热河园庭现行则例》，团结出版社，2012年，第24页。

③ 参见石利锋点校：《热河园庭现行则例》，团结出版社，2012年，第254页。

④ 霍云星：《浅谈承德避暑山庄的历史文化及发展》，《安徽文学》（下半月）2015年第1期，第151页。

⑤ 参见刘玉文：《避暑山庄初建时间及相关事宜考》，第24—25页。

看来，避暑山庄建立之起因，无论是当时的政治军事背景，还是园林风景优势，宏大和高远，常山峪行宫都无法与之堪比。

随后，由于国际国内形势的变化，木兰秋狝的军事、政治意义消失，加上内忧外患，财政窘涩，道光四年，鉴于朝臣奏议北巡事，宣宗传谕“北巡与秋狝停议”，同时令“裁撤口外行宫，各处陈设归供避暑山庄”①，“另留张三营、常山峪二行宫，似有适当时机仍可北巡的打算”②。1862 年，随着咸丰的梓宫与伴驾皇室大臣回京，慈禧太后立即下旨，令“所有热河一切未竟工程著即停止”③，从此结束了山庄“塞外政治中心的地位”④，北巡途中避暑山庄、常山峪等行宫一道衰落。

附表一：康熙六十年至六十一年驻跸避暑山庄和常山峪行宫简表⑤

时间	避暑山庄	常山峪行宫	天数
六十年八月	辛卯，上驻跸热河行宫，谕议政大臣等。⑥ 癸巳，兵部议覆、福建浙江总督觉罗满保疏言。⑦ 甲午，谕大学士等；四川陕西总督年羹尧疏报。⑧ 丙申，吏部等衙门议覆；吏科给事中常岱等疏言；奉差山西赈济都察院左都御史朱轼疏言；河南巡抚杨宗义疏言。⑨ 丁酉，谕大学士等。⑩ 戊戌，征西将军祁里德疏言。⑪ 庚子，上谕议政大臣等。⑫ 辛丑，以翰林院侍讲学士吴士玉，为武会试正考官，戚麟祥，为副考官。⑬ 壬寅，谕大学士九卿等。⑭ 癸卯，上自热河回銮，驻跸喀喇和屯。⑮	丙午，上驻跸常山峪。大学士等、以九卿议覆黄河冲决一折面奏。⑯ 戊申，上驻跸两间房。⑰	驻跸避暑山庄 12 天；驻跸常山峪行宫 2 天。

① 《清宫遗档》道光四年八月庚申《宣宗谕旨》，辽宁省档案馆。

② 引自刘玉文、刘玮《雍正中辍北巡与乾隆重祧北巡原因考识—兼议康熙乾隆嘉庆三朝北巡得失》，《沈阳故宫博物院院刊》，2008 年第 1 期，第 696 页。

③ 《穆宗毅皇帝实录》卷 7，咸丰十一年十月，中华书局，2008 年影印本，第 48010 页。

④ 详见邓文静《清代皇家活动与承德城市的兴起》，四川大学历史文化学院 2006 年硕士学位论文，第 77 页。

⑤ 资料来源：《清圣祖实录》卷 294，卷 298，卷 299。

⑥ 《清圣祖实录》卷 294，康熙六十年八月辛卯条。

⑦ 《清圣祖实录》卷 294，康熙六十年八月癸巳条。

⑧ 《清圣祖实录》卷 294，康熙六十年八月甲午条。

⑨ 《清圣祖实录》卷 294，康熙六十年八月丙申条。

⑩ 《清圣祖实录》卷 294，康熙六十年八月丁酉条。

⑪ 《清圣祖实录》卷 294，康熙六十年八月戊戌条。

⑫ 《清圣祖实录》卷 294，康熙六十年八月庚子条。

⑬ 《清圣祖实录》卷 294，康熙六十年八月辛丑条。

⑭ 《清圣祖实录》卷 294，康熙六十年八月壬寅条。

⑮ 《清圣祖实录》卷 294，康熙六十年八月癸卯条。

⑯ 《清圣祖实录》卷 294，康熙六十年八月丙午条。

⑰ 《清圣祖实录》卷 294，康熙六十年八月戊申条。

续表

时间	避暑山庄	常山峪行宫	天数
六十一年四月	辛巳，上至热河行宫、驻跸；遣使进贡；宴赉如例。① 癸未，大学士九卿等议覆；福建浙江总督觉罗满保，疏参福州将军标下，披甲王殿吉等；升镶红旗满洲副都统宗室西伦图……②	丙子，上驻跸常山峪。③ 丁丑，上驻跸王家营。④	避暑山庄驻跸两次，其中第一次96天，行围山庄后继续驻跸14天，共110天；常山峪行宫驻跸两次，各1天，共2天。
六十一年五月	丙戌，工部议覆。⑤ 丁亥，仁孝皇后忌辰，遣官祭陵。⑥ 己丑，议政大臣等，议覆靖逆将军富宁安疏言；升广东香山副将陈良弼为福建南澳总兵官。⑦ 壬辰，以礼部尚书赖都，拣选读祝官，不加详慎，降五级调用。⑧ 癸巳，夏至，祭地于方泽，遣固山贝子允祹行礼；翁牛特多罗杜楞郡王和硕额驸苍津、辅国公鄂齐尔来朝；议政大臣等，议覆靖逆将军富宁安疏言。⑨ 乙未，喀喇沁多罗杜楞郡王和硕额驸伊达扎卜来朝。⑩ 丁酉，遣官祭关圣帝君。⑪ 戊戌，署理河道总督陈鹏年，疏报漕运总督施世纶病故；土默特固山贝子哈穆罕巴雅斯呼朗图来朝。⑫ 庚子，科尔沁台吉诺木桑来朝。⑬ 辛丑，科尔沁和硕卓礼克图亲王巴特麻、固山额驸拉锡来朝；封青海故多罗贝勒罔楚克阿拉卜坦弟达锡策零为固山贝子。⑭		

① 《清圣祖实录》卷297，康熙六十一年四月辛巳条。
② 《清圣祖实录》卷297，康熙六十一年四月癸未条。
③ 《清圣祖实录》卷299，康熙六十一年四月丙子条。
④ 《清圣祖实录》卷299，康熙六十一年四月丁丑条。
⑤ 《清圣祖实录》卷297，康熙六十一年五月丙戌条。
⑥ 《清圣祖实录》卷297，康熙六十一年五月丁亥条。
⑦ 《清圣祖实录》卷297，康熙六十一年五月己丑条。
⑧ 《清圣祖实录》卷297，康熙六十一年五月壬辰条。
⑨ 《清圣祖实录》卷297，康熙六十一年五月癸巳条。
⑩ 《清圣祖实录》卷297，康熙六十一年五月乙未条。
⑪ 《清圣祖实录》卷297，康熙六十一年五月丁酉条。
⑫ 《清圣祖实录》卷297，康熙六十一年五月戊戌条。
⑬ 《清圣祖实录》卷297，康熙六十一年五月庚子条。
⑭ 《清圣祖实录》卷297，康熙六十一年五月辛丑条。

续表

时间	避暑山庄	常山峪行宫	天数
	壬寅，皇三子和硕诚亲王允祉恭请上幸王园进宴。① 甲辰，工部议覆，河南巡抚杨宗义折奏。② 己酉，议政大臣等，议覆四川陕西总督年羹尧疏言。③ 辛亥，升协领觉罗塞什图为宁古塔副都统；喇沁固山贝子和硕额驸僧滚扎卜来朝。④		
六十一年六月	甲寅朔，克西克腾台吉齐巴克扎卜来朝。⑤ 丙辰，谕吏部，前已有旨，著顾尔泰，速往……写折具奏。奈曼多罗达尔汉郡王阿杂拉来朝。⑥ 庚申，靖逆将军富宁安疏言，吐鲁沓等处耕种地亩，收贮米粮，甚属紧要。所有大臣，俱系乘机出征之员。⑦ 己未，谕大学士等，去岁黄河泛溢，流至直隶山东等处。阿霸垓辅国公德木楚克，来朝。⑧ 壬戌，谕大学士等……又谕曰八旗外任丁忧各官……户部议覆，署理河道总督兼署漕运总督陈鹏年疏言……予故福建陆路提督穆廷栻、祭葬，谥清恪。予故福建台湾总兵官陈策，浙江定海总兵官张国，各祭葬如例。⑨ 乙丑。吏部题……⑩ 丙寅，谕大学士等，秦家厂堤工，杨宗议，牛钮，不能堵筑。⑪ 己巳，吴喇忒补国公垂扎木素来朝。⑫ 辛未，浙江巡抚屠沂，以病乞休。允之。命截留漕粮二十万石，分贮于天津霸州等处。⑬		

① 《清圣祖实录》卷297，康熙六十一年五月壬寅条。
② 《清圣祖实录》卷297，康熙六十一年五月甲辰条。
③ 《清圣祖实录》卷297，康熙六十一年五月己酉条。
④ 《清圣祖实录》卷297，康熙六十一年五月辛亥条。
⑤ 《清圣祖实录》卷298，康熙六十一年六月甲寅朔条。
⑥ 《清圣祖实录》卷298，康熙六十一年六月丙辰条。
⑦ 《清圣祖实录》卷298，康熙六十一年六月庚申条。
⑧ 《清圣祖实录》卷298，康熙六十一年六月己未条。
⑨ 《清圣祖实录》卷298，康熙六十一年六月壬戌条。
⑩ 《清圣祖实录》卷298，康熙六十一年六月乙丑条。
⑪ 《清圣祖实录》卷298，康熙六十一年六月丙寅条。
⑫ 《清圣祖实录》卷298，康熙六十一年六月己巳条。
⑬ 《清圣祖实录》卷298，康熙六十一年六月辛未条。

续表

时间	避暑山庄	常山峪行宫	天数
	乙亥，旌表广西烈女、陈学文女……给银建坊如例。① 丙子，谕大学士等、直隶总督赵弘燮病故，地方紧要。② 辛巳，调福建巡抚吕犹龙，为浙江巡抚。③		
六十一年七月	戊子，议政大臣等议覆靖逆将军富宁安疏言。④ 己丑，征西将军祁里德疏言。⑤ 癸巳，孝懿皇后忌辰，遣官祭陵。⑥ 乙未，议政大臣等议覆靖逆将军富宁安疏言。⑦ 丙申，吏部议覆，吴喇忒镇国公希喇布来朝；免陕西固原州，固原卫，本年分旱灾额赋有差。⑧ 丁酉，议政大臣等，议覆征西将军祁里德疏言。⑨ 戊戌，中元节，遣官祭永陵……⑩ 己亥，予故漕运总督施世纶，祭葬如例。⑪ 壬寅，以故奉恩将军扎克达子马察、袭职；议政大臣等，议覆四川陕西总督年羹尧疏言。⑫ 癸卯，皇四子和硕雍亲王胤禛恭请上幸王园，进宴。⑬ 甲辰，谕兵部拨派年满千总，发往各省分营当差。⑭ 乙巳，御书协顺灵川匾额。⑮ 丁未，科尔沁多罗贝勒阿毕达故，遣官致祭。⑯ 戊申，旌表浙江秀水县烈女郭圣嘉女，幼龄烈性，拒奸不辱抱忿自尽，给银建坊如例。⑰		

① 《清圣祖实录》卷298，康熙六十一年六月乙亥条。
② 《清圣祖实录》卷298，康熙六十一年六月丙子条。
③ 《清圣祖实录》卷298，康熙六十一年七月辛巳条。
④ 《清圣祖实录》卷298，康熙六十一年七月戊子条。
⑤ 《清圣祖实录》卷298，康熙六十一年七月己丑条。
⑥ 《清圣祖实录》卷298，康熙六十一年七月癸巳条。
⑦ 《清圣祖实录》卷298，康熙六十一年七月乙未条。
⑧ 《清圣祖实录》卷298，康熙六十一年七月丙申条。
⑨ 《清圣祖实录》卷298，康熙六十一年七月丁酉条。
⑩ 《清圣祖实录》卷298，康熙六十一年七月戊戌条。
⑪ 《清圣祖实录》卷298，康熙六十一年七月己亥条。
⑫ 《清圣祖实录》卷298，康熙六十一年七月壬寅条。
⑬ 《清圣祖实录》卷298，康熙六十一年七月癸卯条。
⑭ 《清圣祖实录》卷298，康熙六十一年七月甲辰条。
⑮ 《清圣祖实录》卷298，康熙六十一年七月乙巳条。
⑯ 《清圣祖实录》卷298，康熙六十一年七月丁未条。
⑰ 《清圣祖实录》卷298，康熙六十一年七月戊申条。

续表

时间	避暑山庄	常山峪行宫	天数
	庚戌，调宁古塔副制都统觉罗塞什图，为杭州副都统；山西大同总兵官马焕，丁母忧；命回籍守；升杀虎口副将马觌伯，为山西大同总兵官，仍驻军前。① 壬子，议政大臣等，议覆靖逆将军富宁安疏言；予故直隶总督赵弘燮，祭葬；谥肃敏。②		
六十一年八月	甲寅朔，乌朱穆秦多罗厄罗德尼贝勒策卜登来朝。③ 丙辰，上行围。命皇三子和硕诚亲王允祉、皇四子和硕雍亲王胤禛、皇五子和硕恒亲王允祺、皇十三子胤祥、皇十五子允禑、皇十六子允禄、皇二十子允祎随驾。是日，自热河启行。驻跸黄土坎。④		
六十一年九月	甲申，上还至热河行宫驻跸。⑤ 乙酉，谕议政大臣等。⑥ 壬辰，乌朱穆秦和硕车臣亲王色登敦多卜来朝，谕扈从大臣等。⑦ 戊戌，上回銮；是日自热河启行，驻跸喀喇和屯。⑧	壬寅，上驻跸常山峪。⑨ 癸卯，上驻跸两间房。⑩	

附表二：乾隆五十八年至五十九年驻跸避暑山庄和常山峪行宫简表⑪

时间	避暑山庄	常山峪行宫	天数
五十八年五月	癸丑，驻跸避暑山庄行宫，至八月己卯皆如之。⑫ 甲寅，孝恭仁皇后忌辰，遣官祭景陵。⑬ 乙卯，谕军机大臣等。⑭ 丙辰，谕军机大臣，旌表守正捐躯江苏青浦县民沈七妻徐氏。⑮		

① 《清圣祖实录》卷298，康熙六十一年七月庚戌条。
② 《清圣祖实录》卷298，康熙六十一年七月壬子条。
③ 《清圣祖实录》卷298，康熙六十一年八月甲寅朔条。
④ 《清圣祖实录》卷298，康熙六十一年八月丙辰条。
⑤ 《清圣祖实录》卷299，康熙六十一年九月甲申条。
⑥ 《清圣祖实录》卷299，康熙六十一年九月乙酉条。
⑦ 《清圣祖实录》卷299，康熙六十一年九月壬辰条。
⑧ 《清圣祖实录》卷299，康熙六十一年九月戊戌条。
⑨ 《清圣祖实录》卷299，康熙六十一年九月壬寅条。
⑩ 《清圣祖实录》卷299，康熙六十一年九月癸卯条。
⑪ 资料来源：《清高宗实录》卷1429—1435、卷1453—1459。
⑫ 《清高宗实录》卷1429，乾隆五十八年五月癸丑条。
⑬ 《清高宗实录》卷1429，乾隆五十八年五月甲寅条。
⑭ 《清高宗实录》卷1429，乾隆五十八年五月乙卯条。
⑮ 《清高宗实录》卷1429，乾隆五十八年五月丙辰条。

续表

时间	避暑山庄	常山峪行宫	天数
	丁巳，谕。① 辛酉，谕。②	辛亥，是日，驻跸常山峪行宫。③ 壬子，以故云南归化县老窝土千总段纪子克勋袭职，旌表……是日驻跸喀喇河屯行宫。④	避暑山庄驻跸87天；常山峪行宫驻跸两次，各1天，共2天。
五十八年六月	甲子，军机大臣等，议覆乌噜木齐都统尚安疏。⑤ 乙丑，谕军机大臣。⑥ 壬申，谕军机大臣。⑦ 戊寅，谕军机大臣。⑧ 甲申，遣官祭火神庙；谕军机大臣等据国山监参奏。⑨ 辛卯，谕军机大臣等据梁肯堂等奏。⑩		
五十八年七月	壬辰朔，享太庙，遣豫亲王裕丰恭代行礼。⑪ 癸巳，谕军机大臣。⑫ 丙申，谕曰：额勒春由巡抚补放侍郎以来，尚属奋勉，著加恩赏戴花翎。⑬ 戊戌，予福建赴台换班出洋遭风淹毙福宁镇外委郑潮，兵丁林叔茂等七名，恤赏如例。⑭ 庚子，命户部左侍郎松筠，充国史馆纂办蒙古王公表传副总裁。⑮		

① 《清高宗实录》卷1429，乾隆五十八年五月丁巳条。
② 《清高宗实录》卷1429，乾隆五十八年五月辛酉条。
③ 《清高宗实录》卷1429，乾隆五十八年五月辛亥条。
④ 《清高宗实录》卷1429，乾隆五十八年五月壬子条。
⑤ 《清高宗实录》卷1429，乾隆五十八年六月甲子条。
⑥ 《清高宗实录》卷1429，乾隆五十八年六月乙丑条。
⑦ 《清高宗实录》卷1429，乾隆五十八年六月壬申条。
⑧ 《清高宗实录》卷1429，乾隆五十八年六月戊寅条。
⑨ 《清高宗实录》卷1429，乾隆五十八年六月甲申条。
⑩ 《清高宗实录》卷1429，乾隆五十八年六月辛卯条。
⑪ 《清高宗实录》卷1429，乾隆五十八年七月壬辰朔条。
⑫ 《清高宗实录》卷1429，乾隆五十八年七月癸巳条。
⑬ 《清高宗实录》卷1429，乾隆五十八年七月丙申条。
⑭ 《清高宗实录》卷1429，乾隆五十八年七月戊戌条。
⑮ 《清高宗实录》卷1429，乾隆五十八年七月庚子条。

续表

时间	避暑山庄	常山峪行宫	天数
	癸卯，谕军机大臣。① 丙午，月食，中元节，上诣永佑寺瞻礼；遣官祭孝贤皇后陵……② 丁未，豁除江苏丹徒县坍江田地，六十三顷三十五亩有奇，安徽潜山县沙压田地，一千三百亩有奇额赋。③ 己酉，以故喀喇沁扎萨克镇国公丹津达尔扎子永库尔忠，降袭辅国公。④ 甲寅，予出师廓尔喀阵亡护军统领都统衔台斐英阿，祭葬如例，谥果肃。⑤ 乙卯，上御卷阿胜境，赐扈从王公大臣及蒙古王贝勒贝子公额驸台吉等食，至己未皆如之。⑥ 戊午，上御卷阿胜境，缅甸国正使密渺莽纳那牙他，副使密渺南达觉苏细于，南达梅济苏等三人入觐，并同扈从王公大臣及蒙古王贝勒贝子公额驸台吉等赐食。⑦ 己未，上御卷阿胜境，青海多罗郡王纳罕达尔济、多罗贝勒德哩巴勒珠尔头等台吉吹忠扎布等三人入觐，并同扈从王公大臣及蒙古王贝勒贝子公额附台吉等赐食。⑧ 庚申，军机大臣等奏。⑨		
五十八年八月	壬戌，谕军机大臣。⑩ 癸亥，遣官祭关商庙。⑪ 甲子，上御卷阿胜境，赐扈从王公大臣、蒙古王贝勒贝子公额驸台吉及青海郡王等食；遣官祭昭忠祠。⑫ 乙丑，上御卷阿胜境，赐扈从王公大臣，蒙古王贝勒贝子公额附台吉及青海郡王、缅甸国使臣等食，至丁卯皆如之。⑬		

① 《清高宗实录》卷 1429，乾隆五十八年七月癸卯条。
② 《清高宗实录》卷 1429，乾隆五十八年七月丙午条。
③ 《清高宗实录》卷 1429，乾隆五十八年七月丁未条。
④ 《清高宗实录》卷 1429，乾隆五十八年七月己酉条。
⑤ 《清高宗实录》卷 1429，乾隆五十八年七月甲寅条。
⑥ 《清高宗实录》卷 1429，乾隆五十八年七月乙卯条。
⑦ 《清高宗实录》卷 1429，乾隆五十八年七月戊午条。
⑧ 《清高宗实录》卷 1429，乾隆五十八年七月己未条。
⑨ 《清高宗实录》卷 1429，乾隆五十八年七月庚申条。
⑩ 《清高宗实录》卷 1429，乾隆五十八年八月壬戌条。
⑪ 《清高宗实录》卷 1429，乾隆五十八年八月癸亥条。
⑫ 《清高宗实录》卷 1429，乾隆五十八年八月甲子条。
⑬ 《清高宗实录》卷 1429，乾隆五十八年八月乙丑条。

续表

时间	避暑山庄	常山峪行宫	天数
	丙寅，命直隶总督梁肯堂在紫禁城内骑马。① 丁卯，祭先师孔子，遣仪郡王永璇行礼。② 戊辰，祭大社、大稷，遣怡亲王永琅恭代行礼。③ 己巳，太宗文皇帝忌辰，遣官祭昭陵。④ 辛未，太祖高皇帝忌辰，遣官祭福陵⑤。 壬申，上御卷阿胜境，都尔伯特镇国公谔勒哲鄂罗什瑚、辅国公博第格呼勒二人入觐，并同扈从王公大臣及蒙古王贝勒贝子公额驸台吉等赐食。⑥ 癸酉，万寿节，遣官祭……上御澹泊敬诚殿；扈从王公大臣官员及蒙古王贝勒贝子公额驸台吉，并缅甸国、英咭唎国使臣等行庆贺礼；御卷阿胜境赐食，至乙亥皆如之。⑦ 戊寅，夕月于西郊，遣裕郡王亮，恭代行礼。⑧ 庚辰，上自避暑山庄回銮。⑨	辛巳，是日，驻跸常山峪行宫。⑩ 壬午，以湖北荆宜施道布颜为云南按察使……是日，驻跸两间房行宫。⑪	
五十九年五月		乙卯，是日，驻跸常山峪行宫；是月，两江总督书麟奏……⑫	避暑山庄驻跸78天；常山峪行宫驻跸两次，各1天，共2天。
五十九年六月	丁巳。上诣热河文庙行礼。是日，驻跸避暑山庄，至八月癸酉，皆如之。⑬ 戊午，谕军机大臣等。⑭ 庚申，以参革广西定罗司土巡检徐能文弟大文袭职。⑮		

① 《清高宗实录》卷1429，乾隆五十八年八月丙寅条。
② 《清高宗实录》卷1429，乾隆五十八年八月丁卯条。
③ 《清高宗实录》卷1429，乾隆五十八年八月戊辰条。
④ 《清高宗实录》卷1429，乾隆五十八年八月己巳条。
⑤ 《清高宗实录》卷1429，乾隆五十八年八月辛未条。
⑥ 《清高宗实录》卷1429，乾隆五十八年八月壬申条。
⑦ 《清高宗实录》卷1429，乾隆五十八年八月癸酉条。
⑧ 《清高宗实录》卷1429，乾隆五十八年八月戊寅条。
⑨ 《清高宗实录》卷1429，乾隆五十八年八月庚辰条。
⑩ 《清高宗实录》卷1429，乾隆五十八年八月辛巳条。
⑪ 《清高宗实录》卷1429，乾隆五十八年八月壬午条。
⑫ 《清高宗实录》卷1429，乾隆五十九年五月乙亥条。
⑬ 《清高宗实录》卷1429，乾隆五十九年六月丁巳条。
⑭ 《清高宗实录》卷1429，乾隆五十九年六月戊午条。
⑮ 《清高宗实录》卷1429，乾隆五十九年六月庚申条。

续表

时间	避暑山庄	常山峪行宫	天数
	庚午，驻藏大臣和琳等奏。① 辛未，谕军机大臣等。② 戊寅，遣官祭火神庙。③ 乙酉，仓场侍郎刘秉恬奏。④	丙辰朔，是日，驻跸喀喇河屯行宫。⑤	
五十九年七月	丙戌朔，享太庙，遣豫亲王裕丰、恭代行礼。⑥ 己丑，旌表守正捐躯奉天承德县民孙恺云媳史氏。⑦ 丁酉，御书龙神庙扁曰福佑畿封。⑧ 庚子，中元节，遣官祭永陵……⑨ 己酉，上御卷阿胜境，赐扈从王公大臣、及蒙古王贝勒贝子公额驸台吉等食。至癸丑皆如之。⑩		
五十九年八月	乙卯，谕。⑪ 丙辰，遣官祭黑龙潭昭灵沛泽龙王之神，玉泉山惠济慈佑龙王之神。⑫ 戊午，祭大社、大稷，遣豫亲王裕丰，恭代行礼；上御卷阿胜境；赐扈从王公大臣及蒙古王、贝勒、贝子、公、额驸、台吉等食，至壬戌皆如之。⑬ 辛酉，御书河神庙扁曰福绥灵佑。⑭ 癸亥，太宗文皇帝忌辰，遣官祭昭陵。⑮ 丙寅，上御卷阿胜境，赐扈从王公大臣及蒙古王、贝勒、贝子、公、额驸、台吉等食，至己巳皆如之。⑯ 丁卯，万寿节。遣官祭……上御澹泊敬诚殿，扈从王公大臣官员及蒙古王、贝勒、贝子、公、额驸、台吉等，行庆贺礼。⑰		

① 《清高宗实录》卷 1429，乾隆五十九年六月庚午条。
② 《清高宗实录》卷 1429，乾隆五十九年六月辛未条。
③ 《清高宗实录》卷 1429，乾隆五十九年六月戊寅条。
④ 《清高宗实录》卷 1429，乾隆五十九年六月乙酉条。
⑤ 《清高宗实录》卷 1429，乾隆五十九年六月丙辰朔条。
⑥ 《清高宗实录》卷 1429，乾隆五十九年七月丙戌朔条。
⑦ 《清高宗实录》卷 1429，乾隆五十九年七月己丑条。
⑧ 《清高宗实录》卷 1429，乾隆五十九年七月丁酉条。
⑨ 《清高宗实录》卷 1429，乾隆五十九年七月庚子条。
⑩ 《清高宗实录》卷 1429，乾隆五十九年七月己酉条。
⑪ 《清高宗实录》卷 1429，乾隆五十九年八月乙卯条。
⑫ 《清高宗实录》卷 1429，乾隆五十九年八月丙辰条。
⑬ 《清高宗实录》卷 1429，乾隆五十九年八月戊午条。
⑭ 《清高宗实录》卷 1429，乾隆五十九年八月辛酉条。
⑮ 《清高宗实录》卷 1429，乾隆五十九年八月癸亥条。
⑯ 《清高宗实录》卷 1429，乾隆五十九年八月丙寅条。
⑰ 《清高宗实录》卷 1429，乾隆五十九年八月丁卯条。

续表

时间	避暑山庄	常山峪行宫	天数
	辛未，遣官祭关帝庙。① 壬申，遣官祭昭忠祠。② 甲戌，上自避暑山庄回銮。③	乙亥，驻跸常山峪行宫。④ 丙子，谕……从之，是日，驻跸两间房行宫。⑤	

（智梅娟，女，1991 年生，中央民族大学历史文化学院硕士研究生。北京：100081）

① 《清高宗实录》卷 1429，乾隆五十九年八月辛未条。
② 《清高宗实录》卷 1429，乾隆五十九年八月壬申条。
③ 《清高宗实录》卷 1429，乾隆五十九年八月甲戌条。
④ 《清高宗实录》卷 1429，乾隆五十九年八月乙亥条。
⑤ 《清高宗实录》卷 1429，乾隆五十九年八月丙子条。

晚清呼伦贝尔八旗俸饷制度变革研究

白慧贤

内容提要：就清代呼伦贝尔八旗俸饷制度而言，自雍正年间呼伦贝尔设戍至咸丰朝以前，处于户部关领时期，大体上均为针对游牧官兵的半分俸饷。而自咸丰三年（1853）开始，呼伦贝尔八旗俸饷支付体系发生了巨大的变迁，由户部关领时期过渡至各省协拨时期。俸饷支放形式亦出现了新的变化，由给付足额的实银变为以折换钱文，减成、减平等手段克减之后再行发放，而且出现了严重的欠支现象。在欠饷压力下，八旗官兵的生计状况急剧恶化，同时也催生出了呼伦贝尔地方一系列自筹俸饷的新渠道。经济基础决定上层建筑，晚清呼伦贝尔八旗俸饷制度的变革，究其原因，是与当时清廷内忧外患的社会背景和财政状况密切相关的。

关键词：晚清；呼伦贝尔八旗；俸饷；变革

自雍正十年（1732）呼伦贝尔八旗组建至咸丰三年（1853），该处八旗俸饷实行黑龙江游牧、打牲部落官兵特有的半分支放体制，有较为具体的拨解流程和支放办法。其俸饷制度由常规俸饷和战时俸饷两部分组成，常规俸饷包括官员的俸禄、养廉和兵丁的钱粮，战时俸饷又称“出征行粮”，是官兵在外出征时，作为军需供给手段而支给的特殊薪酬。清代黑龙江将军辖下各城官兵的常规俸饷支放标准并不相同，齐齐哈尔、黑龙江、墨尔根、呼兰四城官兵发全额俸饷，呼伦贝尔、布特哈所属官兵则一般均领半俸。呼伦贝尔八旗内部，官兵俸饷亦有半俸、全俸之别，“呼伦贝尔副都统，其属有食全俸者，额鲁特总管以下官。有食半俸者，索伦、巴尔虎总管以下官。”[①] 也就是说，除专城主官例支全俸以外，总管以下各官，食全

① 张伯英：《黑龙江志稿》，黑龙江人民出版社，1992 年，第 1175 页。

俸者均系额鲁特旗各员，而索伦、巴尔虎旗官员皆食半俸。[①] 至于全俸、半俸的发放标准，在《呼伦贝尔副都统衙门册报志稿》中有详细的记录。“额鲁特总管每员岁支俸银一百三十两，索伦、巴尔虎总管每员岁支俸银六十五两。额鲁特部无副总管，索伦、巴尔虎副总管每员岁支俸银五十二两五钱。额鲁特佐领每员岁支俸银一百零五两，索伦、巴尔虎佐领每员岁支俸银五十二两五钱。额鲁特骁骑校每员岁支俸银六十两，索伦、巴尔虎骁骑校每员岁支俸银三十两。额鲁特护军校每员岁支俸银六十两。”[②] 兵饷方面，前锋、领催月支饷银二两，岁支饷银二十四两。披甲月支饷银一两，岁支饷银十二两。

在清代前中期，因统治秩序稳固，财政收支状况良好，呼伦贝尔驻防八旗俸饷支放始终处于户部关领时期，实行半分俸饷体制。而清代中晚期，随着国情的剧变，中央朝廷的俸饷支放体系发生了变化，呼伦贝尔地方的俸饷制度亦因之而多有更革，并进而影响到了当地八旗驻军的盛衰存亡。本文旨在探析咸丰以降，呼伦贝尔驻防八旗俸饷支放体系的变革情况，主要的研究论题包括：咸丰三年改协饷的决策始末、具体实施办法，各省协饷严重欠支的原因；咸同以后俸饷支放为什么会出现银钱搭放、银两减成等情况，当时所执行的银钱折支比例是如何确定执行的；欠饷压力下催生出来的呼伦贝尔地方自筹资金的来源渠道；咸丰朝俸饷支付体系变革给晚清呼伦贝尔地方社会所带来的影响等。

前人有关清代八旗俸饷的著述颇丰，但对呼伦贝尔驻防八旗俸饷制度的专题研究为数寥寥。通过查阅档案文献资料，笔者发现了反映清代呼伦贝尔地方俸饷制度变迁，及其与该处八旗驻军盛衰关系的部分一手史料，故拟就该问题做一番分析，期以对学界的既有研究有所补正。

---

① 关于呼伦贝尔八旗半分俸饷体制的成因，以往学者尚无深入研究。日本学者柳泽明将此归因于呼伦贝尔八旗的性质，认为呼伦贝尔八旗是介于正规的驻防八旗和非边民组织的札萨克旗之间的“准八旗组织”，所以其官员享受半俸。后来学者对于这一问题，亦基本上都是采用柳泽明的观点。对该问题稍有突破的是包梅花，其博士学位论文《雍正乾隆时期呼伦贝尔八旗历史研究》亦曾言及呼伦贝尔八旗的俸饷问题，她依据《呼伦贝尔副都统衙门册报志稿》的记载，对于半分俸饷的成因，解释成：“清政府虽分别赏给此项移驻官兵立业牲畜，然若无俸饷，每年置办修理衣物、军械需要费用，而牧养牲畜滋生，年景好坏不一，不能完全依靠。于是清廷规定相应给官员发放半俸。”笔者认为，对这一问题的分析主要还应从呼伦贝尔八旗的组建入手。呼伦贝尔与黑龙江将军衙门下辖的齐齐哈尔、墨尔根等城不同，齐齐哈尔等驻防城镇所属官兵，皆以满洲、汉军诸部编入旗佐之中，编于城郭的官兵以当兵为职业，生计主要仰赖俸饷以资周转，故而发放全饷。而呼伦贝尔八旗各部均属于游牧部落，以畜牧滋生为主要生计来源，又曾享有清廷拨给的大宗牲畜，因而朝廷只发给其半饷。

② 呼伦贝尔副都统衙门编：《呼伦贝尔副都统衙门册报志稿》，边长顺、徐占江译，呼伦贝尔盟历史研究会，1986 年，第 25 页。

一、由户部直接支付向各省筹拨协饷的转变

1. 决策始末

协饷亦称“协济”“协拨”等，是将财力有余省份的钱粮，协拨财力不足省份的一种保证军需供支平衡的手段。[①] 清代各省驻军兵费，原则上是在各省起运中央的财政收入项下支出，如若地方税收有限，经户部奏准，可以由税收盈余的其他省份协济。如前所述，清代呼伦贝尔八旗所属黑龙江地方，其本地财政仅有少量税银收入，一般只能供应本省官署行政费用，至于官兵俸饷等大宗经费，几乎完全仰赖中央户部调拨。在清前期国力强盛、府库充盈的条件下，这一制度得以长久奉行，但到晚清时期，因清廷财政状况的急剧恶化，又渐渐难以为继，改为由内地省份摊派协饷。

咸丰元年（1851），太平天国运动爆发，很快波及长江以南各省。由于军费开支浩大，加之州县被占、官府瓦解、道路阻隔等因素所导致的税赋征解受阻，清廷中央财政迅速陷于入不敷出、濒临破产的境地。在此局面之下，黑龙江及吉林、奉天三省驻防八旗官兵俸饷，旧时完全仰赖中央供给的旧制，不得不有所调整。自咸丰三年（1853）起，清廷正式在东三省实行协饷政策。“咸同以前，黑龙江省官兵俸饷均由户部关领。自内地兵兴，部库支绌，咸丰三年始，经户部奏准，由各省按年协济，每于岁前十月，由部奏请协拨，解至盛京户部，分起关领。”[②] 也就是说，由于财政极度困难，户部已无力再为黑龙江等东北各省驻防八旗官兵筹措专款，拨发其俸饷，只能以协济的名义将难题转嫁与财政相对宽裕的内地省份，由它们设法筹措资金，分摊黑龙江官兵俸饷。自此以后，黑龙江财用专恃协饷为来源，各省分摊俸饷统一转运至齐齐哈尔城将军衙门后，再按官兵员额、全饷半饷规制，搭放给呼伦贝尔等各城官兵。

2. 具体实施办法

根据户部的安排，黑龙江省协饷应由直隶、河南、江苏、福建、山东、安徽、江西等七省协解。[③] 各省协饷银或直接运至黑龙江将军衙门，或先行运给盛京户部，再由该部负责转解。

内地各省解来的协饷均按库平银计算，运至黑龙江以后，于投入使用之前，要先折算为当地的江平银。[④] 由于库平银纯度较江平略高，协饷折兑时要适当升水，所以就有了“升余平”这一收入。升余平的扣算，按协饷的解送方式不同，有两种

① 陈锋：《中国财政通史·清代财政史》，湖南人民出版社，2013 年，第 117 页。

② 全国图书馆文献缩微复制中心编：《清光绪年二十二省财政说明书 吉林黑龙江卷》，全国图书馆文献缩微复制中心，2008 年，第 428 页。

③ 全国图书馆文献缩微复制中心编：《清光绪年二十二省财政说明书 吉林黑龙江卷》，第 429 页。

④ 江平，即黑龙江省铸造的银两。库平与江平两者之比为：1 与 1.032（点以后的单位为钱、分、厘。）

不同方法："凡协饷由各省运解江省者，则江平较库平每两短三分二厘，故每领到库平银一万两应升出平余银三百二十两；凡各省协饷至奉，由奉转至到江者，每库平银一万仍按三二加平，合银一万零三百二十两，内由奉省扣出平余银五十四两零八分，又扣袋，计银五十二两有奇，合沈平银一万零二百一十三两，即系江省实领之数。江省于开放俸饷之时再按每千两扣出盈余银七钱①，又以沈平核江平每千两应升出余平银九两零二分。"② 以转解至盛京户部者为例，同治四年（1865），河南巡抚张之万汇报黑龙江协饷拨解情形的奏折就明确提到，所有二万两协饷，要按三二加平，折算为二万零六百四十两，再由盛京方面扣出平余银一百零八两一钱六分，又扣袋一百零四两有奇，折合沈平银二万零四百二十七两，即为黑龙江应领实数。③ 经过上述折兑手续多出来的升余平银两，需要另行收存他用，并不向官兵发放。

自咸丰朝协饷制度执行伊始，因各分摊省份时常借口财政拮据缓交、少交，黑龙江八旗官兵俸饷便立即出现了严重的欠支现象。"各省岁有蒂欠，不能按照部拨银数筹解……计自咸丰甲寅年至同治己巳年，各省欠解协饷银一百三十六万余两。"④ 这一现象，直至光绪初清廷统治秩序重归稳定，财政状况显有好转以后，仍无甚大改观，直至清朝灭亡，一直是困扰呼伦贝尔等城官兵生计的一大社会问题。下面仅以庚子俄乱之后若干年为例，将各省协饷应解额数与实解数额，分别绘成表格，两相比较，即可想见其问题之严重程度。

光绪二十七年至宣统二年各省应解与实解黑龙江省协饷额数表⑤

（单位：万两）

省份	类别 \ 年份	光绪二十七年	光绪二十八年	光绪二十九年	光绪三十年	光绪三十一年	光绪三十二年	光绪三十三年	光绪三十四年	宣统一年	宣统二年	合计
直隶	应解	5.7	5.7	4.2	4.7	4.7	4.7	4.3	4.3	4.7	4.3	47.3
	实解	0	0	4.1	4.7	4.7	4.7	4.3	4.3	4.7	4.3	35.8
河南	应解	3	3	2		1	1	1	1	1	1	14
	实解	0	0	1		1	1	1	1	0	1	6

① 七钱，发放俸饷时每千两扣银七钱，号为盈余。黑龙江诸城俸饷每岁以春秋两季发放，而每千两出银七钱，存之以入第二年春季俸饷，第二年春季又每千两扣盈余银七钱。

② 全国图书馆文献缩微复制中心编：《清光绪年二十二省财政说明书 吉林黑龙江卷》，第432页。

③ 中国第一历史档案馆：档号03—4938—052，《奏为起解奉拨黑龙江俸饷银两数目事》同治四年四月十五日，《录副奏片》。

④ 全国图书馆文献缩微复制中心编：《清光绪年二十二省财政说明书 吉林黑龙江卷》，第428页。

⑤ 全国图书馆文献缩微复制中心编：《清光绪年二十二省财政说明书 吉林黑龙江卷》，第429—430页。表格中空白处表示当年国家并未摊派给该省筹拨黑龙江省协饷之责。标有0处，表示当年该省分毫未拨给黑龙江省协饷。其中应解数额与实解数额之差为各省欠解黑龙江省协饷数额。

续表

省份＼类别＼年份		光绪二十七年	光绪二十八年	光绪二十九年	光绪三十年	光绪三十一年	光绪三十二年	光绪三十三年	光绪三十四年	宣统一年	宣统二年	合计
江苏	应解	2	2	1.5	2	2	2			2		13.5
	实解	2	0	0	0	0	2			0		4
福建	应解	3	3	2	2	2	1	1		1	1	16
	实解	0	0	0	0	0	1	0		0	0	1
山东	应解	7.6	7.6	6	4	7	6	6	5.6	6	6	61.8
	实解	0	2	2	1	2	2	3	2.6	2	1	17.6
安徽	应解	3.3	3.3	2.3	2.3	2.3	2	2	2	2	2	23.5
	实解	0	3.3	0	0	2.3	1	2	0	0	0	8.6
江西	应解	1.5	1.5	1	1.7							5.7
	实解	1.5	1.5	1	1.7							5.7
总数	应解	26.1	26.1	19	16.7	19	16.7	14.3	12.9	16.7	14.3	181.8
	实解	3.5	6.8	8.1	7.4	10	11.7	10.3	7.9	6.7	6.3	78.7

由上表所给数据来看，仅就庚子乱后的十年而言，各省份欠解黑龙江省协饷的问题就是极其之严重的。在此期间，几乎每一年都有协饷拨解不到位的情况，甚至有些省份出现连年欠发黑龙江省协饷的情况。通过表格内所显示的数据进行计算，直隶省十年内的协饷欠支比例为24%，河南省协饷欠支比例为57%，江苏省协饷欠支比例为70%，福建省协饷欠支比例高达94%，山东省协饷欠支比例为72%，安徽省协饷欠支比例为63%，以及十年间七省总欠支比例为57%。从数据显示分析，除直隶、江西以外，河南、安徽等5省协饷欠支比例均超过50%，尤以福建省欠饷最为严重，足以见得各省欠解黑龙江省协饷之恶劣程度。如此一来，则呼伦贝尔等黑龙江所属诸城八旗官兵的俸饷支放，必然也就会陷入难以为继的困难境地。

3. 严重的欠支现象

咸同军兴以后，中央财权逐渐下移地方，清廷中央政府失去了对地方财政的绝对控制。这一状况就使得协饷制度不能得到强有力的推行，各省封疆大吏如借故推托规避，户部往往对其无可奈何，于是便形成了“岁以蒂欠为常矣”① 的恶性循环。因各省协款不到位成为常态，黑龙江八旗官兵俸饷的欠支现象自然也会愈演愈烈。从咸丰四年（1854）开始，直至宣统二年（1970），协饷拖欠总计达530余万

① （清）徐世昌：《东三省政略》，吉林文史出版社，1989年，第1181页。

两，即便千方百计设法筹拨了部分兵饷，欠发旗饷仍然达150余万两。[①]

在协拨省份协饷银不到位的情况下，为筹解官兵俸饷，受协省份只能设法另辟他径。同治七年（1868），在关内民变大体肃清的情况下，黑龙江将军德英上奏朝廷，指出黑龙江欠饷已达一百六十余万两，官兵生计极度艰难，“黑龙江地处极边，官兵唯赖俸饷以为生计，今连年衣食无资，万分困苦，现遇甲兵缺出，传知至再不愿赴挑，若再陈饷无补放之期，新饷无关领之日，则兵心散漫，后患不堪设想”。以恐劲旅战力沦丧殆尽为由，呼吁清廷设法救济，先行借拨户部库银七八十万两。[②]但清廷仅是设法筹银三十七万余两，暂为黑龙江官兵发放了当年的应支俸饷，至于原来所欠巨款，仍旧是无可奈何。[③]

面对各省严重欠解黑龙江省协饷的情况，历任黑龙江将军无不是开单奏催，朝廷亦会随之降旨严饬批解，但无论如何催促，拖欠问题仍不能得到解决，非但旧欠不能追回，新欠亦累累加增，一催一欠，双方几已习为故事。至于欠解缘由，既有各省大吏顾及个人及本地区利益，不愿配合征解的因素在内，也往往与当地百姓生计困苦，地方财政开支浩大，无力额外负担多税有关。如光绪四年（1878）四月，山东巡抚文格，在奏报所属临清关无款拨解当年黑龙江协饷一事时说：“临清关税源全恃运、卫两河，自黄水穿运以来，运河水涸，舟楫不通，税源已竭，仅赖一线卫河藉资收税，而税银以往来粮石为大宗，上年天时亢旱，卫水弱浅，商贩重船难以通行，即空船亦多阻滞，收税短绌日甚一日或日无所收。”[④]事实上，在晚清特殊的政治经济局势下，兵饷的协济、拨解完欠与否，中央的政令已无法左右，完全取决于国家财政状况的好坏及协拨省份财力的充实与否。在国家及协拨省份财政状况较好的前提下，黑龙江协饷才有可能按时、足额拨解；稍有不便，各省必会设法拖欠，使协饷成为账面上看似诱人，但实际上空空如也的画饼。

有鉴于协饷催讨无望，黑龙江方面曾多次提出要改归俸饷由户部直拨的旧制。光绪九年（1883），将军文绪疏陈协饷形同虚设，“自经改拨各省批解，毋论如何催提，一到另拨下年新饷，则上年已拨未解之款，即归欠项，永无解期”，提出为保障官兵生计，巩固边防重地起见，应从光绪十年（1884）开始，“仍照旧例，由户部专款拨来，即可无虞缺欠”。但这一合理请求，却遭清廷无理拒绝。其后黑龙江将军恭镗，于光绪十三年（1887）重提此议，亦为户部驳回。[⑤]显然，造成黑龙江八旗俸饷欠支严重的罪魁祸首，还应是清廷。在中央财政好转之后，其为求自身宽

① 全国图书馆文献缩微复制中心编：《清光绪年二十二省财政说明书·吉林黑龙江卷》，第432页。

② 中国第一历史档案馆：档号03－4822－015，《奏为遵议黑龙江兵饷事》同治七年九月初十日，《录副奏折》。

③ 《清穆宗实录》卷242，同治七年九月甲申。

④ 中国第一历史档案馆：档号04－01－35－0395－011，《奏请临清关奉拨黑龙江俸饷无款拨解情形等事》光绪四年四月十二日，《宫中朱批奏折》。

⑤ （清）徐宗亮：《黑龙江述略》，黑龙江人民出版社，1985年，第74页。

裕，不愿再由户部重新将黑龙江八旗俸饷承担起来，反而将咸丰朝作为战时权宜之计的协饷体制固定起来，并任其不断恶化，积重难返。此举对于呼伦贝尔等黑龙江诸城官兵而言，固然是彻头彻尾的讹诈、无赖行径，对各分摊省份而言，亦有同嫁祸，强人所难，不过是想将自身原应承担的养兵之费，变相地强加于中原百姓头上而已。

清廷所以对黑龙江八旗俸饷问题持漠视态度，一味推脱回避，从根本上讲，是因其认为黑龙江原有八旗制兵已经失去了利用价值，由原来视若干城的劲旅，变成了食之无味弃之可惜的鸡肋。自雍、乾两朝开始，黑龙江所属各城八旗官兵，特别是来自呼伦贝尔、布特哈两处的索伦、达呼尔游牧打牲官兵，就一直以弓马精熟、勇猛敢战著称于世，成为整个清朝武装力量中最为精锐的一支力量，举凡有大规模战事，即便大小金川、缅甸、廓尔喀万里之遥，也要设法调派征用。及至嘉、道两朝，黑龙江马队官兵更成了清廷眼中的救命稻草，无论民变、外侮，无事不调，无役不征。亲王昭梿就曾盛赞其功绩称："国家挞伐四夷，开辟新疆二万余里，南驱缅夷，西翦金川，唯赖索伦轻健之师，风飙电击，耐苦习劳，难撄其锐。"① 因而此时，对于黑龙江八旗官兵生计问题，清廷是极为重视的，非但俸饷欠支绝无其事，还相继设有借银、牛具银、买马银等多种无息贷款，红白事恩赏银、糊口银等多种福利措施，千方百计地予以照顾扶持。咸同年间，黑龙江官兵倾全力入关作战，为太平天国、捻军、西北回民起义之镇压，阿古柏侵略势力之扫除立下殊勋，但与此同时，也在长期的战争中耗尽精锐。洋务运动以来西方火器技术的引进，也使得黑龙江马队传统的骑射战术失去意义。为能继续发挥当地官兵的战斗力，清廷遂按内地做法，于黑龙江各城八旗原有制兵内抽调精锐兵丁，另组成配备西式枪炮的练军、防军武装，调赴城镇及战略要地长期屯驻训练，另筹专款为其按时加倍发给薪饷，倚之为临敌御侮的新宠。至于各城挑剩下的旧式制兵，则仅是作为地方官署征派劳役的对象，或是挑补防练官兵的后备兵源。正是因为其已经基本上失去了军事利用价值，所以在对待黑龙江诸城旧有官兵协饷的催缴问题上，清廷才会表现得如此消极。

甲午战争、庚子之乱期间，黑龙江防练武装一败涂地，令清廷大失所望，清末新政开始之后，清廷筹建近代式的常备新军，防练武装也遭冷遇，各城旧制兵仅剩的兵源供应职能因之完全丧失，裁撤已经是其必然命运。在此情况之下，各协拨省份更可以财政困难为由任意地拖欠协饷，而不必担心招致朝廷的责让惩处。何况当时各省普遍负有偿还清廷对外赔款、筹集新政经费的巨额财政负担，无力筹措协饷也确属实在情形。以福建省为例，光绪二十六年（1900），闽浙总督许应骙报称当年黑龙江协饷无从筹解的奏折就写道："闽省本属瘠区，盐课岁征银二十八万两，耗厘并计，即使照额全完，为数无几，以之开支本省用款及京饷、洋款，出入乘

① 昭梿：《啸亭杂录》卷9，中华书局，1980年，第281页。

除，仅足相抵，断难于正课之外，别有盈余，所有历年盐课指拨黑龙江俸饷，既经凑解洋款，实属无从挹注。近年用款逐渐加增，而奉拨洋款数钜，期迫百计腾挪，尤觉筋疲力尽，前项戊戌年指拨地丁均属无款可解。”① 光绪（1905）三十三年（1907），闽浙总督松寿在解释黑龙江协饷光绪二十七年（1901）至光绪三十一年（1905）的拖欠缘由时也说：“闽省各年地丁皆为兵饷，洋款及海防勇饷等费，动用无存，历年册报有案，前奉拨黑龙江协饷实在无可腾挪，近年闽库空虚较前更甚，加以本省添练新军，举行新政，用款倍增，出入相抵不敷颇钜，他省协饷实难兼顾。”② 显然，在清末中央及内地各省财政均极度紧张的情况下，黑龙江协饷也已经近乎名存实亡。

在八旗制度行将崩溃，协饷普遍拖欠的情况下，黑龙江善后总局曾经拟定出一条变通办法，“请饬各省各就欠解额数，按照四成补解，专筹旗民生计，补解以后，所有协饷一律停止”，即以放弃以后长远的协饷收益权为条件，希望能收回一部分旧年积欠的巨额欠饷。然而，这一几近于挥泪甩卖的解决方案，并未能博得清廷及各省督抚的一丝怜悯。清廷的反应，仅仅是度支部“各省财政同一窘绌，饬解四成旧欠，恐致有名无实”的数语咨覆而已。③ 在他们看来，与其忍痛筹款买断，远不如继续给行将就木的黑龙江八旗驻防画饼充饥简便易行。

改行协饷体制所导致的俸饷长年拖欠，给包括呼伦贝尔在内的黑龙江诸城均带来了严重的社会问题。该处官兵虽均自事耕牧畋渔诸业，但因负有坐卡、巡边等繁重军役，仍需俸饷收入以为补充。正因如此，“拨饷少解一分，兵丁即少食一分”④，其给广大官兵所带来的生计艰难，以及由此间接导致的士气衰败、风俗浇漓，乃至于边防隐患，均是极为严重的。诚如《东三省政略》所言：“夫协饷原为江省命脉，自各省蒂欠频仍，全省官兵殊形苦累，若不亟图振励，毕至贫寡之余，流为羸弱，何以作士气而固边疆。”⑤ 即就呼伦贝尔一城而言，这一问题也是相当严重的。光绪末，副都统苏那穆策麟在向户部汇报当地社会状况的公文中，就明确写道：“查本属地方所辖额设官兵及鄂伦春两佐，前锋四十二名、领催二百一十二名、制兵二千五百八十三名，共二千八百三十七名。前锋、领催每名每年半饷，银二十四两；制兵每名每年半饷，银十二两。除向来库扣外，每两实银七钱五分二厘，现已蒂欠五年俸饷未经发放。”⑥ 一连五年全无任何俸饷收入，则当时呼伦贝

① 中国第一历史档案馆：档号04-01-35-1052-005，《奏报闽省奉拨黑龙江俸饷无从筹解缘由事》光绪二十六年正月二十日，《录副奏片》。

② 中国第一历史档案馆：档号04-01-35-1052-005，《奏报闽省奉拨黑龙江俸饷无从筹解缘由事》光绪二十六年正月二十日，《录副奏片》。

③（清）徐宗亮：《黑龙江述略》，黑龙江人民出版社，1985年，第74页。

④（清）徐宗亮：《黑龙江述略》，黑龙江人民出版社，1985年，第74页。

⑤（清）徐世昌：《东三省政略》，黑龙江人民出版社，1985年，第1181页。

⑥ 呼伦贝尔盟历史研究会编：《苏都护呼伦贝尔调查八旗风俗各事务咨部报告书》，第12页。

尔八旗官兵生计之困苦不问自知。

二、掠夺式的蓄意克减

在国家整体财政状况恶化，各省应缴协饷连年拖欠，本地财政收入又十分有限的情况下，中央及地方官府为敷衍塞责，又发明出了许多蓄意克减黑龙江八旗官兵俸饷的方法。其给呼伦贝尔等各城官兵带来的收入损失、生活苦痛，与协饷欠拨相比，有过之而无不及。

1. 搭放钱文

咸丰、同治年间，因民变外患迭起不休，财政状况困窘不堪，清朝中央政府对既往俸饷的货币支付形式亦进行了调整。由以往单纯支给银两，转变为银两与钱文并重，敕令各省广开钱局，大量鼓铸铜铁制钱，与银两搭放使用。咸丰三年（1853）八月，户部尚书祁寯藻“因库款至形支绌，俸饷恐致停支”，首建搭放钱文之议，提出应将官员、兵丁俸饷的一大部分“暂为变通，以钱折给”。[①] 早在嘉道时期，八旗俸饷就已开始搭放少许钱文。如《黑龙江外记》所载黑龙江诸城官兵俸饷，就是“通计全省共二十六万一千五百九十八两，而制钱一千六百余串附，亦由盛京领来诸城搭放”[②]。搭放之时，按每一两饷银折制钱一串的官定换算比例付给。此时钱文搭放的数额极为有限，尚不及发放实银的零头，尚不至于造成官兵实际收入的明显缩水。而咸丰朝的搭放政策，则是要将八旗俸饷的主干部分改为折钱支放。时因鸦片大量输入所带来的白银外流，加之清廷为摆脱财政困境而大量鼓铸，制钱贬值极为严重，实际的银钱比价已经远远超过了一串换一两的官价。考虑到官兵生计艰难，“以一串折银一两，不足以示体恤”，新定折钱支放的八旗俸饷，“均按制钱两串折银一两放给”[③]。自中央政令下达后，自咸丰四年（1854）春季开始，银、钱搭放之法，遂在全国推行开来，包括黑龙江八旗驻防官兵俸饷的相当一部分亦改为折钱支放。由于通货膨胀愈演愈烈，银钱比价继续攀升，但两串一两的官定折换比，后来在略增至二串五百文之后，直至清亡却并未有任何调整。显然，清廷此举无非是利用通货膨胀，来蓄意地减缩官兵俸饷，借以转嫁自身的财政危机。

2. 银两减成减平

咸同年间，除搭放钱文以外，对于仍以银两支放的俸饷，清廷也实行了减成减平之法，借以进一步克减官兵收入，缓解自身财政压力。

所谓俸饷“减成减平”，是清中央政府在发放官兵俸饷的过程中，对应发的款

---

① 《祁寯藻等奏变通俸饷放款并推广用钱以资周转折》咸丰三年八月二十四日，故宫博物院明清档案部编：《清代档案史料丛编》第1辑，中华书局，1978年，第16页。

② （清）西清：《黑龙江外记》，黑龙江人民出版社，1984年，第38页。

③ 《祁寯藻等奏变通俸饷放款并推广用钱以资周转折》咸丰三年八月二十四日，故宫博物院明清档案部编：《清代档案史料丛编》第1辑，中华书局，1978年，第18页。

项予以缩减、克扣的政策。并且分两次克扣，一为减成，一为减平，这对驻防八旗官兵来说是对其应得俸饷的一种掠夺，但对清中央政府来说实为新增加了一部分财政收入。减平之法始于道光二十三年（1843），“文武廉俸及杂支等项一律减平支放，每年约省银七十四万七千余两。”且以“每两银子统按六分核扣”[①]，即每一两银子，扣掉平银六分，又称“六分减平”。减成之法始于咸丰三年（1853），最先对养廉银进行减成，规定“武职自三品以上停给二成，文职自一品至七品暂给养廉银六成，八品以下免其停扣”[②]。

自中央政令下达后，官兵俸饷减成减平措施在全国各省逐渐展开。黑龙江地方亦不例外，《黑龙江述略》所描绘的光绪中叶诸城俸饷就是“俸饷以银计者，每两折实库银七钱四分，以钱计者，每两折实京钱二串五百，著为定制”[③]。也就是说，除按官定低价折钱支付者除外，其余仍以实银支放的俸饷，均要按全省统一标准减发 26%。时呼伦贝尔地方八旗官兵俸饷，适用的就是减成减平的克扣办法。《呼伦贝尔副都统衙门册报志稿》就明确称该处的官兵俸饷，是“按每两扣回二钱六分核发兵饷”[④]，每两银克扣二钱六分，与《述略》所云以实银支付的俸饷每两折给七钱四分的说法，是完全一致的。这一俸饷核减方法，在《呼伦贝尔志略》中又被表述为“每两按八折六扣核发”[⑤]。也就是说，这 26% 的折扣比例，其实包括两个部分，一为八折、一为六扣。八折又称八成，意思是按俸饷原额的 80% 折扣，此即所谓“减成”；六扣是在八成打折以后，再按俸饷原额的 6% 折扣一次，此即所谓“减平”。《黑龙江志稿》称：“按本省旗饷定章原额八折，复扣六分，再按例价每银一两折江钱二串五百文发放。”[⑥] 据其描述，似乎晚清黑龙江八旗俸饷不论何城何地，均要统一受减成减平与折钱的双重盘剥。从前引《黑龙江述略》中的描述来看，俸饷的减成减平与折钱应是彼此相对的，既经减成减平之后，就当以实银支放，无须再折作钱文。而《呼伦贝尔副都统衙门册报志稿》《呼伦贝尔志略》诸书，亦仅提到该处官兵俸饷需要减成支放，并无再折钱文的记载。如此看来，《黑龙江志稿》中双重克减的说法，应是不准确的。事实上，晚清黑龙江各地按减成减平方式支付的俸饷，如遇库存实银不足，也可以折作钱文支放，但其折算比必须遵循市价，不可仍按二串五百文的搭放低价。

3. 官兵正项俸饷收入的缩水程度

改折钱文也好，减成发放也罢，均会造成俸饷收入的严重缩水，使得在常年拖欠的情况下本已苦不堪言的黑龙江八旗驻防官兵，陷入更严重的生存困境之中。就

---

① （清）刘锦藻：《清朝续文献通考》卷 71《国用考九・会计》，商务印书馆，1955 年，第 8273 页。
② （清）刘锦藻：《清朝续文献通考》卷 73《国用考十一・俸饷》，商务印书稿，1955 年，第 8304 页。
③ （清）徐宗亮：《黑龙江述略》，黑龙江人民出版社，1985 年，第 68 页。
④ 呼伦贝尔副都统衙门编：《呼伦贝尔副都统衙门册报志稿》，边长顺、徐占江译，第 26 页。
⑤ 程廷恒，张家璠：《呼伦贝尔志略》，内蒙古文化出版社，2003 年，第 109 页。
⑥ 张伯英：《黑龙江志稿》，黑龙江人民出版社，1992 年，第 1178 页。

实行减成之法的呼伦贝尔八旗而言，其官兵俸饷的缩水程度就是相当骇人的。以单个兵丁为例，呼伦贝尔八旗甲兵钱粮本身即为微薄的半饷，前锋、领催每月 2 两、披甲每月 1 两，减成以后，前锋、领催全年饷银仅为 17.76 两，披甲更是只有 8.88 两。且不论其常遭拖欠，即便间或发放一次，副都统衙门及各旗、各牛录又均要截留相当一部分用作办公费用，真正能落到兵丁手中的少之又少。由于其根本无法抵偿兵丁因承应军役而带来的经济损失，甲兵的生计普遍困苦不堪，难以养赡家口，旗下壮丁甚至视披甲为畏途。诚如《黑龙江志稿》所云："就使饷无蒂欠，悉依原额，已难卒岁有余，而况积欠之多，加以折扣，领全饷者，岁不过十余金，领半饷者，岁不过八九金，该管官私削公摊且在其外……积贫成弱，几有不能整饬之势。"① 与协饷的施行相同，减成、折钱如作为战时财政困难之际的权宜之举，尚且情有可原，而清廷在"同光中兴"，统治局势重新稳定之后，仍然继续沿用这些手段，则其性质就自然已转变成了对贫苦官兵赤裸裸的敲诈勒索。

仅就单个官兵而言，清廷克减的俸饷似乎还并不甚多，但如果是以黑龙江全省或整城整旗来计算，其数量就是相当可观的。那么通过减成手段，清廷总计可以从呼伦贝尔八旗官兵手中搜刮到多少不义之财呢？下面本文拟以史志文献中所记光绪年间呼伦贝尔八旗官兵的员额配置、支放标准为据，估算该处常年俸饷收入的总体数额，并进而计算其因减成而缩水的具体数额。

光绪二十三年呼伦贝尔八旗官兵俸饷表

<table>
<tr><td rowspan="14">官俸</td><td colspan="2">官职</td><td>官员数额</td><td>俸饷数额（两/员）</td><td>备注</td><td>养廉银/盐菜银</td></tr>
<tr><td colspan="2">副都统</td><td>1 员</td><td>155 两</td><td>全俸</td><td>700 两</td></tr>
<tr><td rowspan="2">总管</td><td>索伦、新巴尔虎部</td><td>4 员</td><td>65 两</td><td>半俸</td><td></td></tr>
<tr><td>额鲁特部</td><td>1 员</td><td>130 两</td><td>全俸</td><td></td></tr>
<tr><td rowspan="2">副总管</td><td>索伦、新巴尔虎部</td><td>8 员</td><td>52.5 两</td><td>半俸</td><td></td></tr>
<tr><td>额鲁特部</td><td>无</td><td></td><td></td><td></td></tr>
<tr><td rowspan="2">佐领</td><td>索伦、新巴尔虎、鄂伦春部</td><td>50 员</td><td>52.5 两</td><td>半俸</td><td></td></tr>
<tr><td>额鲁特部</td><td>2 员</td><td>105 两</td><td>全俸</td><td></td></tr>
<tr><td rowspan="2">骁骑校</td><td>索伦、新巴尔虎、鄂伦春部</td><td>52 员</td><td>30 两</td><td>半俸</td><td></td></tr>
<tr><td>额鲁特部</td><td>2 员</td><td>60 两</td><td>全俸</td><td></td></tr>
<tr><td>护军校</td><td>额鲁特部</td><td>2 员</td><td>60 两</td><td>全俸</td><td></td></tr>
<tr><td colspan="2">官学堂教官</td><td>1 员</td><td>24 两</td><td>全俸</td><td></td></tr>
</table>

① 张伯英：《黑龙江志稿》，黑龙江人民出版社，1992 年，第 1176 页。

续表

	官职	官员数额	俸饷数额（两/员）	备注	养廉银/盐菜银
官俸	满蒙文翻译笔帖式（从领催、披甲中各选任2员）	4员	24两		各领12两盐菜银
			12		
	办事笔帖式并管台笔帖式	17员	24两		
			12		
	见习笔帖式	12员	食原饷		
兵饷	领催	21员	24两	半饷	
	前锋	42员	24两	半饷	
	披甲	2583员	12两	半饷	
有军功世袭官非实职	未成年之世袭骑都尉兼云骑尉	1员	32.75两	半俸之半	
	世袭骑都尉	1员	55两	半俸	
	世袭云骑尉	60员	42.5两	半俸	
	未成年之云骑尉	6员	21.25两	半俸之半	
	六品荫生	3员	30两	半俸	
	世袭恩骑尉	18员	22.5两	半俸	
	未成年恩骑尉	4员	11.25两	半俸之半	
	八品监生	61员	20两	半俸	

资料来源：《呼伦贝尔副都统衙门册报志稿》，1986年，第26页。

上表所记食全俸官员，有副都统等官9员，食半俸者有总管等官114员、世袭官143员，另外还有食半俸之半俸世袭官① 11员。兵丁方面，有食半饷领催212名，食半饷前锋42名，食半饷披甲2583名。据以上所给员额、俸饷标准计算，呼伦贝尔八旗官兵一年共应领俸饷银四万八千二百六十三两二钱五分，俸饷按“每两扣回二钱六分核发”，经折扣后，共扣回俸饷银一万二千五百四十八两四钱四分五厘，实际所领俸饷银三万五千七百一十四两八钱五厘。显然，每年因减成缩水而流失掉的呼伦贝尔八旗俸饷，其总数是相当巨大的。其从宏观层面，给当地各族官兵生计带来的负面影响，并不亚于协饷的长年拖欠。

① 清代东三省八旗世职官员，“照京城八旗例，年幼未当差者，给与半俸，十八岁以上当差者，给与全俸”。因呼伦贝尔八旗官兵大多本身即发给半俸，故而其十八岁以下世职官员的俸禄是半俸之半俸。（据《清高宗实录》卷674，乾隆二十七年十一月丙寅。）文中所统计的世袭官人数及食半俸之半俸世袭官人数均为光绪二十三年的数字。

三、欠饷压力下催生出的地方自筹俸饷的渠道

太平天国事起以后，为便于筹措军需，清廷放手让地方官府自行筹饷，财权因之不断向地方自筹自用的方向发展。在俸饷划拨与中央部库脱钩，转归内地省份协济，而又频遭拖欠，长期难以按时支放的情况下，黑龙江地方官署亦不得不设法自行扩充本地税收，借以满足自身办公开支，并筹款发放部分官兵俸饷。

咸丰年间，在改归协饷之策奏定伊始，清廷实际上就已经预料到了各协拨省份的欠缴问题，因此曾“议定将东三省应征各款尽数抵充支放”。光绪元年（1875），户部在致黑龙江将军衙门的咨文中，亦强调“现时部库及各省度支均非充裕，筹拨维艰，应令将各城应征租课等项，力求整顿，毋恃岁增协拨以为长策”①。在朝廷的倡导及欠饷压力的催迫之下，黑龙江地方官府也相应加增了针对工商业的课税征收门类，并适当放垦辖境内闲荒土地，除获得大量押荒卖地收入之外，亦可如内地省份一般，有了稳定可靠的农业租赋收入。这些举措使得黑龙江地方官府的财政收入，打破了以往简单依赖四畜交易税及摊扣官兵俸饷的旧貌，在收入来源、收入规模方面，都获得了飞跃性的提升，除满足办公经费之外，渐渐可以自行筹集发放部分官兵俸饷。自咸丰四年（1854）开始，黑龙江省官兵俸饷即是由各省协拨和地方自筹两部分组成，最初仍以协拨为主，但地方自筹的比例亦在不断攀升，大概在光绪十年（1884）左右，已能达到与协拨约略相当的程度。如据《黑龙江述略》记载，光绪十三年（1887）黑龙江属地民垦土地的租赋收入已达十八万两有余，“几减司农度支之半”②，差不多已可抵充掉一半的八旗旧支俸饷。自咸丰四年（1854）起至宣统二年（1910），协饷拖欠总计达五百三十余万两，而黑龙江全省欠发旗饷则仅为一百五十余万两。③ 若非本地财政收入的跨越式增长，则旗饷欠发情况要较此更加严重。黑龙江境土辽阔，物产丰饶，大兴安岭、松黑二江，沃野千里，森林茂密，珍禽、异兽、木植、羊草、鱼盐、皮张等自然资源极为丰富，如若加以合理开发利用，财赋用之不竭，足供官兵俸饷之需。但受传统的封禁政策制约，加之当地军府式的行政管理体制在治理内地汉族移民方面有诸多不便，更兼恐因土地问题激化民旗矛盾，晚清黑龙江地方的经济开发进展，与其所面临的紧迫社会危机相比，仍还是较为缓慢的，赋税收入增长亦未尽如人意，长期摆脱不了对协饷的依赖。正如《黑龙江志稿》所批评的那样，“若早行殖民之政策，变行省之规模，则经济之收入当取不尽而用不竭，又何至仰鼻息于外省，日以请协、请饷之事嗷嗷于

① 《户部为查明东三省俸饷等事之奏稿、清单、附片》光绪八年十月初十日，中国第一历史档案馆满文部，黑龙江省社会科学院历史研究所编：《清代黑龙江历史档案选编：光绪八年—十五年》，黑龙江人民出版社，1986年，第41页。

② （清）徐宗亮：《黑龙江述略》，黑龙江人民出版社，1992年，第57页。

③ 全国图书馆文献缩微复制中心编：《清光绪年二十二省财政说明书 吉林黑龙江卷》，第432页。

政府哉！”①

与黑龙江全省情况相类似，晚清时期呼伦贝尔地方官署也相继采取过一系列的税赋增收举措，其俸饷的供给渠道亦因之走向多元，既有省府拨给部分，亦有地方自筹部分。其地方筹饷渠道，主要是在庚子乱后清末新政期间开辟的。在此之前，本地虽亦有少量课税收入，但一般仅能供应副都统衙署各司办公经费，并不足以筹饷。即如《东三省政略》所载：“至各司办公之费例俸不敷应用，则由左司派员设税课司征收牲畜、皮毛各税，除额解省城外，所余作三司司员津贴。”② 光绪三十三年（1907），宋小濂护理呼伦贝尔副都统，在当地启办“新政”，呼伦贝尔地方渐由旗官体制过渡至民官体制，捐税收入亦相应迅速增长，在满足办公经费之余，渐亦具备了抵充部分官兵俸饷的能力。这样自光绪三十四年（1908）开始，呼伦贝尔八旗官兵的俸饷遂由自筹和省拨两部分组成。“其入款由省拨者六，副都统以下官兵俸饷、鄂伦春官兵俸饷、十七台站补买牛马及草豆银两、巡防营薪饷、吉拉林设治经费、边务经费。除以上部分靠省拨外，其余则靠自筹收入。呼伦贝尔地方自筹收入有四项，税课司经征牲畜税，税务局经征木植、羊草、鱼、盐税，沿边卡伦经征木植、羊草、牲畜、皮张各税，官兵俸饷扣存六分减平银两。”③ 本地自筹俸饷的大宗即扩征税捐，其税额按月解省，并入协饷项下，以支抵官兵俸饷。当时呼伦贝尔财政收入，除雍正朝即已出现的牲畜税外，又有木植、渔、盐、山货、皮张等名目繁多的税收随之出现。

四、余　论

综上所述，在清代前中期，呼伦贝尔驻防八旗俸饷支放始终处于户部关领时期，实行半分俸饷体制。至咸丰年间，呼伦贝尔八旗俸饷制度发生了变革，俸饷支放由户部关领时期过渡至各省协拨及地方自筹时期，而且又出现了“减成减平”的特殊支放形式。自俸饷制度变革后，官兵俸饷再不能足额发放，经常蒂欠，从而引发了日益严重的八旗生计问题。减成减平等政策，实际上是克扣官兵俸饷，是对其俸饷的一种掠夺，同样致使八旗军户日趋穷困。生计的败落必然导致军队战斗力的衰退，而战斗力的衰退又促成了清廷对呼伦贝尔等黑龙江各城八旗驻防军制的调整变革，练军、齐字营练军、镇边军由旧八旗中脱胎而出。尽管确曾博得清廷巨额的练饷投入，但新编练军不合时宜的服役方式，却反倒进一步加剧了八旗生计及战斗力状况的恶化，最终失去了任何军事价值，为清廷彻底裁去。俸饷克扣、拖欠，在带来生计困境的同时，也促使八旗军户们改弦易辙，自谋新的生计渠道。八旗旧军

① 张伯英：《黑龙江志稿》，黑龙江人民出版社，1992 年，第 756 页。
② （清）徐世昌：《东三省政略》，吉林文史出版社，1989 年，第 338 页。
③ （清）徐世昌：《东三省政略》，吉林文史出版社，1989 年，第 340 页。

的完全裁撤，虽使开缺官兵彻底失去了倚赖已久的俸饷收入，但同时也使其免除了旗人身份、繁重军役的束缚，得到了谋生择业的充分自由，为各族旗户摆脱晚清以来长久的生存困境提供了宝贵的机遇。

通过对晚清呼伦贝尔八旗俸饷制度变革的探究，可发现俸饷制度的变革是由新的社会形势所直接促成的。内忧外患的国情及日益严重的财政困难，逼迫着晚清统治者对其旧有的俸饷制度进行更革，以筹措应对危机的资本。如前所述，晚清呼伦贝尔及黑龙江各城俸饷制度的变迁，其实只是整个清朝俸给制度变革的一个缩影，是由咸同之际清朝政府严重的财政危机所直接导致的。当时的清廷可谓内忧外患纷至沓来、此起彼伏，对内要镇压以太平天国、捻军为代表的农民起义，对外要偿还欧美日列强赔款，同时又要办理洋务，编练新军等。种种开销使得清廷库款日渐消耗，在开源艰难的情况下，只能靠节流来维持一时财政之所需。因此，其各项财政支出只能以缩减、折扣为策略，而这一策略在俸饷上的表现即为减扣官兵俸饷。

总之，呼伦贝尔八旗俸饷制度的变革不是孤立发生的，而是与当时的社会背景及国家的财政状况密切相关的，是历史发展到一定阶段的必然产物。任何事物都有其内在发展的规律性及关联性。研究历史时，要善于探究事物内在的规律性，把握事物之间的关联性，环环相扣，方能得出真知，还原历史的本来面目。

参考文献

［1］中国第一历史档案馆馆藏《宫中朱批奏折》。

［2］中国第一历史档案馆馆藏《内阁题本》。

［3］边长顺、徐占江译：《呼伦贝尔副都统衙门册报志稿》，呼伦贝尔盟历史研究会，1986年。

［4］《清穆宗实录》卷242，中华书局影印《清实录》本，1985年。

［5］《钦定大清会典事例》，影印文渊阁四库全书，商务印书馆，2002年。

［6］程廷恒：《呼伦贝尔志略》，内蒙古文化出版社，2003年。

［7］张伯英：《黑龙江志稿》，黑龙江人民出版社，1992年。

［8］（日）柳泽明、陶玉坤：《清代黑龙江地区八旗制的施行和民族的再编》，《蒙古学信息》1999年第1期。

［9］包梅花：《雍正乾隆时期呼伦贝尔八旗历史研究》，内蒙古大学博士学位论文，2012年。

（白慧贤，女，1991年生，中央民族大学历史文化学院博士研究生。北京：100081）

研究综述

丝路沿线出土佉卢文书相关研究综述

韩树伟　马托弟

内容提要：丝绸之路沿线出土的佉卢文书是研究古代佉卢文使用国家及其周边地区历史、法律社会、经济的重要史料。近年来，随着国内外专家和学者对有关佉卢文的出土资料及传世文献的整理与研究，尤其是契约文书的发表、出版逐渐增多，故有必要对这些研究成果进行系统的梳理，可为深入研究佉卢文使用国家及其周边地区的历史、法律社会、经济等提供重要的文献资料。

关键词：丝绸之路；佉卢文；契约文书

佉卢文，是梵语 Kharoṣṭhī 的汉语音译。这个词是 1890 年由法国学者罗古贝里（Terrien de Lacouperie）首先提出来的，他先是在梵语文献《神通游戏》（旧译《普曜经》第十卷二十九品中找到了 Kharoṣṭhī，接着在唐道世《法苑珠林》中找出了相应的汉译——“佉卢”。[①] 1896 年，德国印度古文字学权威布勒（G. Bühler）肯定了这一考证[②]。之后，佉卢文（Kharoṣṭhī）这一命名便在学术界得到普遍认可。据英国学者泰勒研究，佉卢文从文字体系看是源于古波斯阿契美尼德王朝时期的阿拉美文，并在印度孔雀王朝阿育王碑铭中得到进一步发展。[③] 阿拉美文属于腓尼基文，而腓尼基文是人类发明的最早的拼音文字之一，起源于地中海东岸。阿拉美文得名于使用这种文字的民族的名称，曾是亚述帝国的通用语文以及后来入主两河流域的波斯人的官方文字。世界五大宗教祆教、佛教、基督教、摩尼教、伊斯兰教经典都是用阿拉美文的各种变体书写的。[④] 简而言之，佉卢文是由腓尼基文的东方支系阿拉美文演变而来。如果说婆罗谜文是印度河流域与地中海东岸商业往来的结果，那么，佉卢文则是古波斯人统治犍陀罗及毗邻地区的产物。

佉卢文，是从右往左书写，曾流行于古代印度北方边陲及西域地区，又名驴唇

① ［唐］道世《法苑珠林》卷 9，《大藏经》第 53 册，新文丰出版公司，1983 年，第 351 页。

② ［德］G. Buhler，*Indian Palaeography*，New Delhi，reprinted，1980.

③ ［英］I. Taylor，*The Alphabet*，London，1891.

④ 林梅村：《沙海古卷——中国所出佉卢文书》（初集），文物出版社，1988 年，第 6 页。

文[①]，音译佉楼字[②]、佉卢文[③]、佉卢虱吒字[④]。佉卢文不同于梵，梵即梵文（Brāhmī），或叫婆罗谜文，就目前所知各种用来书写印度雅利安语或其他雅利安语的印度文字，绝大多数是从婆罗谜文演变而来，而婆罗谜文也是阿拉美文在印度的另一种变体。在新疆发现的于阗塞语和龟兹—焉耆语文献就是用婆罗谜文的某种变体来书写的，这种文字及其变体几乎通行于古代印度全境。而佉卢文只是一种古印度地方性文字，仅限于古代印度西北地区，它的出现较婆罗谜文晚，而且在公元4世纪、5世纪以后，任何国家或地区再没有使用它，其本身也未演变成其他文字。正是这个原因，佉卢文后来逐渐成为死文字。直到18世纪末，考古工作者才终于在中亚希腊化王国巴克特里亚统治者铸造的钱币上重新见到这种文字，以后又在印度河流域的摩崖法敕和碑铭、器铭上陆续发现。[⑤]

那么，佉卢文在今天能被人们了解，不得不归功于欧洲语言学家的释读，如马松（Ch. Masson）、普林谢普（J. Prinsep）、拉森（Ch. Lassen）、诺里斯（E. Noris）和孔宁汉（A. Cunigham）等人。还有英国的拉普逊（E. J. Rapson）[⑥]、布腊夫（J. Brough）[⑦] 托马斯（F. W. Thomas）[⑧]、贝罗（T. Burrow）[⑨]，俄国的奥登堡（S. G. Ol'denburg）[⑩]、德国的布勒（G. Bühler）、法国的波叶尔（A. M. Boyer）[⑪]、塞纳（E. Senart）[⑫]、挪威的柯若（S. Konow）[⑬]、美国的邵瑞琪（R. Salomom）[⑭] 等语

① （唐）段成式等撰，曹中孚等校点：《酉阳杂俎》卷11，上海古籍出版社，2012年，第62页。

② （梁）僧佑撰，苏晋仁校注：《出三藏记集》卷1《胡汉译经音义同异记》，中华书局，1992年。

③ （唐）道世：《法苑珠林》卷9，《大藏经》第53册，新文丰出版公司，1983年，第351页。

④ （隋）阇那堀多译：《佛本行集经》，1983年。

⑤ 林梅村：《沙海古卷——中国所出佉卢文书》（初集），文物出版社，1988年，第3页。

⑥ 拉普逊解读的佉卢文书，收入德国汉学家孔好古所著《斯文赫定在楼兰发现的汉文文书及零星文物》，即：A. Conrady, *Die Chinesischen Handschriften und sontigen kleine Funde Sven Hedin in Lou – lan*, Stockholm, 1920.

⑦ ［英］J. Brough. *The Gandhan Dharmapuda*, London Oriental Series, Vol. 7, Oxford University Press, 1962.

⑧ ［英］F. W. Thomas, *Two Terms Employed in Kharosthi Documents from Chinese Turkestan*, Bulletin of the School of Oriental Studies, University of London, Vol. 6, No. 2, A Volume of Indian Studies Presented by His Friends and Pupils to Edward James Rapson, Professor of Sanscrit in the University of Cambridge, on His Seventieth Birthday, 12th May, 1931 (1931), pp. 519 –528.

⑨ ［英］T. Burrow, *Further Kharosthi Documents from Niya*, BSDAS, Vol, IX, 1937.

⑩ ［俄］S. F. Ol'denburg, *Predvaritelnaya zametka o buddijakoj rukopese napisanoj pismenosti Kharosthi*, Sankt-peterburg, 1897. New Indian Anti – quary, 1946.

⑪ ［法］A. M. Boyer, E. J. Rapson, E. Senart and E. S. Noble, *Kharossthi Inscription Discovered by Sir Aurel Stein in Chinese Turkestan*, Oxford, the Clarendon Press, 1920 – 1929.

⑫ ［法］E. Senart, *Le manuscript kharosthi du Dhammapada*; Les fragments Dutreuil de Rhins, JA. XII, Sept. - Oct, 1898.

⑬ ［挪威］S. Konow, *Note on the Inscription on the Silk – strip No*: 34: 65, *Archaeological Researchers in Sinkiang Especially the Lol – Nor Region by F. Bergman Stockholm*, 1939.

⑭ ［美］邵瑞琪作，黄盛璋译：《尼雅新出的一件佉卢文文书》，《新疆社会科学》1986年第3期。

言学家。其中，普林谢普在1837年成功地解读出一篇阿育王法敕，从而奠定了阿育王碑铭语言研究的基础。1858年，普林谢普的遗著《印度考古论文集》发表[①]。在第一批文书出土后，英国语言学家拉普逊等人对文书中的大约764件进行了转写、释读、发表，发表了《佉卢文题铭》[②]。贝罗把佉卢文书释译成英文，于1939年出版《尼雅佉卢文书别集》[③]，发表了《佉卢文题铭》一书编号以外的18件文书（765—782号）的释读、译文，并于1940年在《新疆出土佉卢文残卷译文集》一书中发表了489件文书的译文及注释，[④] 其中含有法律方面的文书。20世纪70年代后期，中国学者才开始致力于研究出土于塔里木盆地的佉卢文字。著名的马雍先生在1980年、1984年先后发表了《新疆所出佉卢文书的断代问题——兼论楼兰遗址和魏晋时期的鄯善郡》[⑤]《古代鄯善、于阗地区佉卢文字资料综考》[⑥] 二文，这两篇文章对佉卢文书及其研究史作了全面的调查、归类和分析，被视作我国佉卢文字的滥觞；[⑦] 其《佉卢文》一文为我们了解佉卢文提供了重要的信息。[⑧] 1991—1995年，“中日共同尼雅遗址学术考察队”新获了一批简牍，由日本佉卢文学者莲池利隆[⑨]和中国学者林梅村[⑩]二位先生释读、发表。林梅村先生在佉卢文字的释读和研究方面，以《沙海古卷——中国所出佉卢文书》（初集）一书蜚声学坛，这本书主要有导论、释文、拉丁文转写三个部分，并附录有地名、行政区划、职官及爵号译名表。导论部分，介绍了汉文古籍的有关记载、佉卢文的解读、佉卢文的命名、佉卢文的文字系统、佉卢文的语言系统、佉卢文在中亚的传播、中国所出佉卢文资料的发现与研究；释文部分是此书的主要内容，有例言、释文及解说，而释文及解说包

---

① ［英］J. Prinsep, *Essays on Indian Antiquities of the Late James Prinsep*, Edited By E. Thomas, London, 1858.

② *Kharosthi Inscriptions*, *Discovered by Sir Aurel Stein in Chinese Turkestan*, Part I - III, Transcribed and Edited by A. M. Boyer, E. J. Rapson, E. Senart and P. S. Noble, Oxford at the Clarendon Press, 1920, 1927, 1929.

③ ［英］T. Burrow, *Further Kharosthi Documents from Niya*, Bulletin of the School of Oriental Studies, University ofLondon, Vol. 9, No. 1 (1937), pp. 111 - 123.

④ ［英］T. Borrow, *A Translation of the Kharosthi Document from Chinese Turkestan*, The Royal Asiatic Society, London, 1940. 王广智译：《新疆出土佉卢文残卷译文集》，韩翔主编：《尼雅考古资料》，1988年，第183—267页。

⑤ 马雍：《新疆所出佉卢文书的断代问题——兼论楼兰遗址和魏晋时期的鄯善郡》，《文史》1980年第7辑。

⑥ 马雍：《古代鄯善、于阗地区佉卢文字资料综考》，中国民族古文字研究会编：《中国民族古文字研究》，中国社会科学出版社，1984年。

⑦ 刘文锁：《沙海古卷释稿·序》，中华书局，2007年。

⑧ 马雍：《佉卢文》，中国民族古文字会议：《中国民族古文字》，1982年。

⑨ ［日］莲池利隆：《ニヤ遺迹出土のカローツユイー文字资料の研究》（1），《中日共同尼雅遗址学术调查报告书》第1卷，281—337页；莲池利隆：《カローツユイー木简——ニヤ遺迹出土のカローツユイー文字资料の研究》（2），《中日共同尼雅遗址学术调查报告书》第2卷，161—176页。

⑩ 林梅村：《新疆文物考古研究所藏佉卢文书译文》，《中日共同尼雅遗址学术调查报告书》第2卷，第227—224页。

括国王敕谕、籍账、信函、碑铭与题记。[①] 这本书凝结了林先生多年研究佉卢文的心血，是他重要的代表作，这本书的主要价值在于它打破了国外学者对佉卢文释读的垄断。林先生之后，有考古学家孟凡人先生，他结合佉卢文书出土地层和同时出土、年代可稽的汉文书，发挥其考古学家的优势，对尼雅佉卢文书的绝对年代做出了很大贡献，这体现在其《楼兰鄯善简牍年代学研究》[②] 一书中。中山大学的刘文锁教授，在其著作《沙海古卷释稿》[③] 中，对佉卢文文书的概况、书写体系做了详细的阐述，从历史地理汇考、古代动植物志、绿洲城邦体制、赋役与土地制度、法律体制、鄯善的宗教、契约、籍账、度量衡制、纪年与历法、十二属星占文等方面做了深入、细致的研究。

本文所说的佉卢文文书主要是指英国考古学家、探险家斯坦因（M. A. Stein）从 1901 年至 1931 年间四次在塔里木盆地南缘的尼雅、楼兰遗址考察、挖掘所得的一千余件的文书[④]。因为从那以后，陆续发现的文书，不论是从数量上还是保存状况上都与斯坦因四次考察所获的文书无法比拟。从这些文书出土的地点来看，大多是尼雅遗址，少部分是出自楼兰地区的几座古城以及安迪尔河流域，另有一件出自敦煌的烽燧（T. XⅡ）[⑤]，也就是说，这些出土的佉卢文大多集中在古代鄯善王国的境内。而佉卢文在古鄯善国的使用，也是它最后的消亡地，因为佉卢文起源于古代犍陀罗，大概是公元前 5 世纪古波斯阿契美尼德王朝大流士统治犍陀罗时期，后来流行于中亚广大地区，废弃于公元 5 世纪中叶鄯善王国末代君主真达亡国之际。[⑥] 所以说，佉卢文文书不仅在中国的塔里木盆地被发现，而且在 19 世纪末期发现于巴基斯坦白沙瓦（Peshwar，古代犍陀罗地区，发现佉卢文碑铭）、和田（书写在桦树皮上的《法句经》残片和汉—佉二体钱）、米兰遗址（M. Ⅲ，佛寺墙壁上的题记）、洛阳（井栏）等地，可见此文字的使用具有更广泛的范围。现存的佉卢文资料主要有阿育王碑铭、贵霜碑铭、鄯善国文书。如果对各地发现的佉卢文文书从数

① 林梅村：《沙海古卷——中国所出佉卢文书》（初集），文物出版社，1988 年。

② 孟凡人：《楼兰鄯善简牍年代学研究》，新疆人民出版社，1995 年。

③ 刘文锁：《沙海古卷释稿》，中华书局，2007 年。

④ M. A. Stein, *Ancient Khotan*, *Detailed Report of Archaeological Explorations in Chinese Turkestan*, Oxford at the Clarendon Press, 1907, Vol. II, pp. 316 – 416; *Serindia* , *Detailed Report of Explorations in Central Asia and Westernmost China*, Oxford at the Clarendon Press, 1921, Vol. I, pp. 211 – 269; *Innermost Asia*, *Detailed Report of Explorations in Central Asia*, *Kan – su and Eastern Iran*, Oxford at the Clarendon Press, 1928, Vol. I, pp. 140 – 155。第四次考察的文书参王冀青：《斯坦因第四次中亚考察所获汉文文书》，季羡林等主编：《敦煌吐鲁番研究》第三卷，北京大学出版社，1998 年，第 259—290 页。

⑤ 刘文锁：《沙海古卷释稿》，中华书局，2007 年，第 2 页。

⑥ 林梅村：《沙海古卷——中国所出佉卢文书》（初集），文物出版社，1988 年，第 1 页。

量上进行比较的话，那么尼雅遗址等地的出土文书是最多的了，[①] 而且它在塔里木盆地出土的古代各种文字的文献遗物中，是目前考古发现数量最多的一种非汉文文献。根据语言学的研究，这种主要用来表达犍陀罗语（Gāndhārī[②]）的文字，在塔里木盆地被用来表达吐火罗语和于阗塞语等语言。[③]

针对目前在我国发现的佉卢文文书，按其发现区域，大致分为四类[④]：

> 第一类，古代于阗国文书：（1）和田绿洲及附近地区出土的汉—佉二体钱；（2）和田某古代遗址发现的佉卢文《法句经》残卷；（3）安迪尔河流域安迪尔遗址发现的于阗佉卢文书。
>
> 第二类，古代鄯善国文书：（1）尼雅河流域尼雅遗址出土的佉卢文木牍、残纸和帛书；（2）安迪尔河流域安迪尔遗址出土鄯善佉卢文书；（3）米兰塔庙古代遗址出土写有佉卢文的织物；（4）米兰寺院遗址发现的佉卢文题记；（5）罗布泊西岸楼兰遗址和墓葬出土的佉卢文木牍、残纸、帛书及写有佉卢文的汉锦。
>
> 第三类，古代龟兹国文书：库车苏巴什佛教遗址发现的佉卢文碑铭、纸文书和木牍文书。
>
> 第四类，其他：（1）洛阳某寺院遗址发现的佉卢文碑铭；（2）敦煌汉代长城烽燧遗址出土佉卢文帛书；（3）巴楚脱库孜沙来古城附近发现的佉卢文木牍。[⑤]

在这些文书当中，法律类的文书，大多为书面契约和判决书。这两种文书在形制上大致相同，根据内容分类，可以将二者统称为法律文书，而书面契约又具有社会经济方面的内容。除此之外，我们还可以通过散见于国王敕令、信函、政府档案、籍账等文书来系统分析。有关“法令”的用语，据刘文锁先生统计，有诸如

---

① H. W. Bailey, *The Khotan Dharmapada*, Bulletin of the School of Oriental and African Studies, University of London, Vol. 11, No. 3 (1945), pp. 488 –512; Salomon, Richard, *A Preliminary Survey of Some Early Buddhist Manuscripts Recently Acquired by the British Library*, Journal of the American Oriental Society, Vol. 117, No. 2 (Apr., 1997), pp. 353 –358；林梅村：《中国所出佉卢文的流散与收藏》，《考古》1992 年第 1 期；刘文锁《佉卢文遗物在新疆的考古发现》，《新疆文物》1993 年第 4 期。

② 佉卢文表达的语言旧称“中古印度西北方言”，后在英国学者贝利（H. W. Bailey）的建议下重新命名。详见林梅村《沙海古卷》，第 10 页。

③ T. Burrow, *The Dialectical Position of the Niya Prakrit*, Bulletin of the School of Oriental Studies, University of London, Vol. 8, No. 2/3, 1936, pp. 419 –435; T. Burrow, M. A., *The Language of the Kharosthi Documents from Chinese Turkestan*, Cambridge at the University Press, 1937；林梅村：《西域文明——考古、民族、语言和宗教新论》，东方出版社，1995 年，第 133—155 页。

④ 林梅村：《沙海古卷——中国所出佉卢文书》（初集），文物出版社，1988 年，第 21 页。

⑤ 林梅村：《新疆巴楚县脱库孜沙来古城发现古代木简、带文字纸片等文物》，《文物》1959 年第 7 期。

“依法做出判决”“根据法律”“按法令”“不可违抗法律”“依照皇廷上判案之法”“根据国法”“国法”“依国法”“依国法作出判决”“依据原有国法”“依据原有法律”“依照以前制定之国法”“根据以往的国法”“原有法律规定”“这条规定并非原有法律”“无论是国法还是家规”“根据相应之法律”“据传统法律”“遵从从本皇廷得到的指令”“依指令”“本廷曾制定过一条法令”“依照汝州以前制定的法律”“按犯罪法”“领地法”“依放牧法规”“不得违法承担国家义务”“任何人不得以非法手段办理国家事务”“国法无此规定”“根据世俗法律”等法律用语。[①] 这些文书涉及刑法、民法、行政制度、赋税制度、契约法、宗教法规、诉讼法等方面。这为研究古鄯善国以及与周边地区的关系都有重要的价值。

除了以上论著外，还有一些文章是从其他方面进行论述，如黄盛璋先生利用出土的于阗文《使河西记》对一些古城进行了历史、地理方面的研究[②]。林梅村先生利用佉卢文书及汉—佉二体钱对“王中之王”的于阗大王进行了详加考证。[③] 刘文锁先生从新近调查得到的一件佉卢文离婚契约的格式、内容等，可知公元3—4世纪精绝及鄯善所实行的婚姻法及离婚问题，作者指出，财产关系处置和女方在离婚中所具有主动地位是这种问题的明显特征，他认为这一点与敦煌文书中的“放妻书”所反映的婚姻文化有很大差异，但又与中亚粟特地区有某种相似性。[④] 张婧对佉卢文文书中的人口买卖及相关问题进行了系统整理和研究，进一步探讨了公元3—5世纪新疆南部地区的奴隶问题和社会状况。[⑤] 李天石也对公元3—5世纪的鄯善王国奴隶制的相关问题进行了论述，并与中原奴婢制、罗马奴隶制进行了比较研究。[⑥] 卫斯亦从经济史角度出发，通过对尼雅遗址出土的佉卢文简牍中相关农业经济方面文书的研究，揭示出农奴社会制度下的精绝国土地所有制的主要形式，作者指出，作为私有财产，无论是买卖，还是抵押葡萄园土地，双方均有契约或协议书。可知，葡萄园种植是精绝国的一项经济支柱产业；精绝国大面积种植葡萄园，促进了葡萄酿酒业的发展；当时政府对酒业的管理十分严格，设有专门征收酒税的酒局，以村或百户为单位向酒局上缴税酒；国家将税酒商运到周边国家与地区，酒税自然成了精绝国的一项主要财税来源。葡萄种植户若拖欠税酒则是要支付利息的。[⑦] 李博利用新疆地区出土的佉卢文文书，为我们了解公元3—5世纪鄯善国僧人的世俗生活提供了丰富的资源，指出僧人娶妻、收养行为是其世俗生活最为明显的

① 刘文锁：《沙海古卷释稿》，中华书局，2007年，第175页。

② 黄盛璋：《于阗文〈使河西记〉的历史地理研究》，《敦煌学辑刊》1986年第2期。

③ 林梅村：《佉卢文书及汉—佉二体钱所述于阗大王考》，《文物》1987年第2期。

④ 刘文锁：《说一件佉卢文离婚契》，《西域研究》2005年第3期。

⑤ 张婧：《新疆出土佉卢文人口买卖文书及相关问题研究》，陕西师范大学博士论文2012年。

⑥ 李天石：《试论3—5世纪的鄯善王国奴隶制的几个问题——兼与中原奴婢制、罗马奴隶制比较》，《山西大学学报》（哲学社会科学版）2014年第2期。

⑦ 卫斯：《从佉卢文简牍看精绝国的葡萄种植业——兼论精绝国葡萄园土地所有制与酒业管理之形式》，《新疆大学学报》（哲学·人文社会科学版）2006年第6期。

表现方式之一，而这一行为的产生受该地区自然地理环境、国家发展需要及文化习俗等多方面原因的影响，对以后中国佛教的世俗化发展产生了极为重要的作用。[①] 关迪对新疆和田博物馆新征集的一件佉卢文木牍的写作年代与地点进行了考证，对木牍内容进行了拉丁文字母转写与翻译，并判定这件佉卢文木牍为一件长达八年的跨国买卖纠纷的判决书。[②]

另有一些文章从当时的背景，对于阗、鄯善与周边地区的关系进行了论述。如敦煌研究院的杨富学先生从经济史的角度出发，对出土的佉卢文鄯善货币进行了阐述，并探讨了佉卢文鄯善货币与回鹘货币的关系。[③] 杨富学、徐烨、文俊红撰写的《佉卢文资料与鄯善国史研究：国内著述目录》，从鄯善出土的佉卢文对古代鄯善国的历史进行了论述，且对学界的研究成果进行了介绍。[④] 陈明从一件新发现的佉卢文药方进行考释，并对照梵文、于阗文、回鹘文的相似处方，据其剂量的变化，探究彼此间的关系，以此来说明西域医药文化交流的特点，认为处方中的绝大多数药物系唐宋本草中的常用药物，得出佉卢文药方受过中原医学的影响。[⑤] 崔静等人依据吴汝康人体测量法对新疆和田民乐县尼雅遗址墓葬出土的颅骨进行观察、测量，认为其特征具有欧罗巴人种的大部分特征，也有蒙古人种的特征，这为种族的判断以及历史文化、人类学等方面的研究提供了一些参考资料。[⑥] 刘洁在对比研究汉、藏文献以及尼雅考古资料的基础上，指出民间商业的发展与佛教的东传是佉卢文在汉晋时期流布于新疆塔里木盆地诸城郭的主要推动力，认为月氏（贵霜）、象雄（苏毗）羌人的族源与古代藏族有密切关系，古代象雄苏毗部落的入侵是精绝国衰亡的主要原因。尼雅考古与汉藏文献所揭示的精绝、中原王朝、贵霜、象雄等文化在同一历史时期、同一地域的真实交会，为我们生动诠释出古代象雄文明多元化的过程。[⑦] 针对一些国外学者提出的公元2世纪后半期（175年以后）至3世纪前半期贵霜王朝被萨珊王朝灭亡为止，鄯善王国在贵霜王国统治之下、佉卢文亦随之传入鄯善的说法，孟凡人先生根据《史记》《汉书》《后汉书》《三国志》等传世典籍和《尼雅遗址和东汉合葬墓》简报、鄯善境内发现的出土文书等文献，论证指出贵

① 李博：《古代鄯善国僧人娶妻与收养行为探究》，《中华文史论坛》2013年第9期。另参阅杨富学：《论鄯善国出家人的居家生活》（南华大学敦煌学研究中心编《敦煌学》第27辑，禾学书局有限公司，2008年）；《鄯善国佛教戒律问题研究》）（《吐鲁番学研究》2009年第1期）；［印］阿格华尔著，杨富学、许娜译：《佉卢文书所见鄯善国佛教僧侣的生活》（《甘肃民族研究》2006年第4期）。

② 关迪：《和田博物馆藏佉卢文判决书考释》，《西域研究》2014年第4期。

③ 杨富学：《佉卢文书所见鄯善国之货币——兼论与回鹘货币之关系》，《敦煌学辑刊》1995年第2期。

④ 杨富学、徐烨、文俊红：《佉卢文资料与鄯善国史研究：国内著述目录》，赦春文主编：《2013敦煌学国际联络委员会通讯》，上海古籍出版社，2013年》第236—263页。

⑤ 陈明：《一件新发现的佉卢文药方考释》，《西域研究》2000年第1期。

⑥ 崔静等：《新疆和田民乐县尼雅遗址墓葬出土颅骨种族人类学研究》，《解剖学杂志》2000年第1期。

⑦ 刘洁：《汉晋时期西域精绝国与贵霜、苏毗关系考略》，《山东社会科学》2015年第4期。

霜统治鄯善之说纯属虚构。①

从以上论著看，佉卢文是起源于古代犍陀罗，后来流行于中亚广大地区的一种古文字。就目前所知，这种文字最早见于印度孔雀王朝阿育王统治犍陀罗时颁布的摩崖法敕，最晚见于我国新疆塔里木盆地东南部鄯善王国君主元孟（Vasmana）时期的木牍文书。其流行年代约在公元 3 世纪中叶至公元 4 世纪、5 世纪。不过，佉卢文的字体及其流行地区的历史发展进程表明，这种文字的创立应始于公元前 5 世纪古波斯阿契美尼德王朝大流士统治犍陀罗时，废弃于公元 5 世纪中叶鄯善王国末代君主真达亡国之际。在我国，佉卢文主要通行于鄯善、于阗和龟兹等古代王国。作为丝绸之路上的通商语文和佛教语文，它还在敦煌和当时中国的首都——洛阳流行。② 19 世纪末至 20 世纪初，西方列强争相派考古队到我国西部地区劫掠古物，致使我国文物严重流失海外，现在被收藏在伦敦、巴黎、柏林、斯德哥尔摩、彼得格勒、新德里和京都等地。20 世纪 70 年代后期，我国才开始着手整理和研究出土的佉卢文文书，新发现的文书藏于和田、乌鲁木齐、北京、西安等地。③ 近年出版的《中国国家图书馆藏西域文书：梵文、佉卢文卷》④ 一书，详细地将国图所藏的相关佉卢文书展现在学者面前。这些出土的文书中有关法律实务的文书所表达的法律体制，涉及国王谕令、借贷、领养、继承、租赁、买卖、交换、雇佣、转让、委托、婚姻纠纷、赔偿、牲畜伤害、抵押、合伙、赋税、宗教法规、诉讼、斗殴、掳掠等。这些法律文书最能体现当时鄯善国及周边国家地区的社会生活状况，一些习惯法能让我们了解到，古代生活在塔里木盆地的人们所遵循的社会习俗和交换买卖所遵循的不成文规定等问题，这些文书无疑具有重要的价值。

参考文献

[1]（梁）僧佑撰，苏晋仁校注：《出三藏记集》，中华书局，1992 年。

[2]（隋）阇那堀多译：《佛本行集经》，1983 年。

[3]（唐）道世：《法苑珠林》卷 9，《大藏经》第 53 册，新文丰出版公司，1983 年。

[4]（唐）段成式等撰，曹中孚等校点：《酉阳杂俎》，上海古籍出版社，2012 年。

[5] 林梅村：《新疆巴楚县脱库孜沙来古城发现古代木简、带文字纸片等文物》，《文物》1959 年第 7 期。

[6] 马雍：《新疆所出佉卢文书的断代问题——兼论楼兰遗址和魏晋时期的鄯善郡》，《文史》1980 年第 7 辑。

[7] 马雍：《佉卢文》，中国民族古文字会议：《中国民族古文字》，1982 年。

[8] 马雍：《古代鄯善、于阗地区佉卢文字资料综考》，中国民族古文字研究会编：《中国民

① 孟凡人：《贵霜统治鄯善之说纯属虚构》，《西域研究》1991 年第 2 期。

② 林梅村：《中国所出佉卢文研究综述》，《新疆社会科学》1988 年第 2 期。

③ 林梅村：《中国所出佉卢文的流散与收藏》，《考古》1992 年第 1 期。

④ 段晴、张志清主编：《中国国家图书馆藏西域文书：梵文、佉卢文卷》，中西书局，2013 年。

族古文字研究》，中国社会科学出版社，1984 年。

［9］黄盛璋：《于阗文〈使河西记〉的历史地理研究》，《敦煌学辑刊》1986 年第 2 期。

［10］林梅村：《佉卢文书及汉—佉二体钱所述于阗大王考》，《文物》1987 年第 2 期。

［11］林梅村：《沙海古卷——中国所出佉卢文书》（初集），文物出版社，1988 年。

［12］林梅村：《中国所出佉卢文研究综述》，《新疆社会科学》1988 年第 2 期。

［13］孟凡人：《贵霜统治鄯善之说纯属虚构》，《西域研究》1991 年第 2 期。

［14］林梅村：《中国所出佉卢文的流散与收藏》，《考古》1992 年第 1 期。

［15］刘文锁：《佉卢文遗物在新疆的考古发现》，《新疆文物》1993 年第 4 期。

［16］林梅村：《西域文明——考古、民族、语言和宗教新论》，东方出版社，1995 年。

［17］林梅村：《新疆文物考古研究所藏佉卢文书译文》，《中日共同尼雅遗址学术调查报告书》第 2 卷，1995 年。

［18］孟凡人：《楼兰鄯善简牍年代学研究》，新疆人民出版社，1995 年。

［19］杨富学：《佉卢文书所见鄯善国之货币——兼论与回鹘货币之关系》，《敦煌学辑刊》1995 年第 2 期。

［20］王冀青：《斯坦因第四次中亚考察所获汉文文书》，季羡林等主编：《敦煌吐鲁番研究》第 3 卷，北京大学出版社，1998 年。

［21］崔静等：《新疆和田民乐县尼雅遗址墓葬出土颅骨种族人类学研究》，《解剖学杂志》2000 年第 1 期。

［22］陈明：《一件新发现的佉卢文药方考释》，《西域研究》2000 年第 1 期。

［23］刘文锁：《说一件佉卢文离婚契》，《西域研究》2005 年第 3 期。

［24］卫斯：《从佉卢文简牍看精绝国的葡萄种植业——兼论精绝国葡萄园土地所有制与酒业管理之形式》，《新疆大学学报》（社会科学版）2006 年第 6 期。

［25］刘文锁：《沙海古卷释稿》，中华书局，2007 年，第 175 页。

［26］张婧：《新疆出土佉卢文人口买卖文书及相关问题研究》，陕西师范大学博士论文 2012 年。

［27］李博：《古代鄯善国僧人娶妻与收养行为探究》，《中华文史论坛》2013 年第 9 期。

［28］杨富学、徐烨、文俊江：《佉卢文资料与鄯善国史研究：国内著述目录》，郝春文主编《2013 敦煌学国际联络委员会通讯》，上海古籍出版社，2013 年。

［29］李天石：《试论 3—5 世纪的鄯善王国奴隶制的几个问题——兼与中原奴婢制、罗马奴隶制比较》，《山西大学学报》（哲学社会科学版）2014 年第 2 期。

［30］关迪：《和田博物馆藏佉卢文判决书考释》，《西域研究》2014 年第 4 期。

［31］刘洁：《汉晋时期西域精绝国与贵霜、苏毗关系考略》，《山东社会科学》2015 年第 4 期。

［32］（英）I. Taylor，*The Alphabet*，London，1891.

［33］（法）E. Senart，*Le manuscript kharosthi du Dhammapada*；*Les fragments Dutreuil de Rhins*，JA. XII，Sept. – Oct，1898.

［34］（英）A. Conrady，*Die Chinesischen Handschriften und sontigen kleine Funde Sven Hedin in Lou – lan*，Stockholm，1920.

［35］（法）A. M. Boyer，E. J. Rapson，E. Senart and E. S. Noble，*Kharossthi Inscription Discovered by Sir Aurel Stein in Chinese Turkestan*, Oxford, the Clarendon Press, 1920 – 1929.

［36］（英）T. Burrow, *Further Kharosthī Documents from Niya*, BSDAS, Vol, IX, 1937.

［37］（英）T. Burrow, *Further Kharosthi Documents from Niya*, Bulletin of the School of Oriental Studies, University ofLondon, Vol. 9, No. 1, 1937.

［38］（英）T. Borrow, *A Translation of the Kharosthī Document from Chinese Turkestan*, The Royal Asiatic Society, London, 1940. 王广智译:《新疆出土佉卢文残卷译文集》, 韩翔主编《尼雅考古资料》, 1988 年, 第 183—267 页。

［39］（俄）S. F. Ol'denburg, *Predvaritelnaya zametka o buddijakoj rukopese napisanoj pismenosti Kharosthi*, Sanktpeterburg, 1897. New Indian Anti – quary, 1946.

［40］（英）J. Prinsep, *Essays on Indian Antiquities of the Late James Prinsep*, Edited By E. Thomas, London, 1858.

［41］（德）G. Buhler, *Indian Palaeography*, New Delhi, reprinted, 1980.

［42］（美）邵瑞琪作，黄盛璋译:《尼雅新出的一件佉卢文文书》,《新疆社会科学》1986 年第 3 期。

［43］（日）莲池利隆:《ニヤ遺跡出土のカローツユイー文字资料の研究》(1),《中日共同尼雅遗址学术调查报告书》第 1 卷, 1991 年;《カローツユイー木简——ニヤ遺跡出土のカローツユイー文字资料の研究》(2),《中日共同尼雅遗址学术调查报告书》第 2 卷, 1995 年。

［44］段晴等主编:《中国国家图书馆藏西域文书：梵文佉卢文卷》, 中西书局, 2013 年。

（韩树伟，男，1989 年生，兰州大学敦煌学研究所博士生。兰州：730020；马托弟，女，1992 年生，陕西师范大学历史文化学院硕士生。西安：710119）

国外论著译文

1691 年卫拉特蒙古的三份外交文书

［美］John. R. 克鲁格著　达力扎布译

N. P. 莎斯金娜（Nina P. Shastina）小姐于 1958 年发表的著作——《十七世纪俄蒙关系研究》（Russko－mongol'skie posol'skie otnošeniya XVII veka（Moscow，P：182）中揭示了俄国与喀尔喀、俄国与卫拉特之间的外交关系。书中附列了许多外交文书和档案，其中有三件是用卫拉特蒙古文书写的。由于此书中没有翻译这些影印件和作必要的注解，因此在这里对其进行拉丁字母转写和翻译。①

转写和翻译基于正确的识读，有时不同的断句就会导致译文的差别，而对当时背景的分析又是另一个方面。一旦对相关事件加以阐释，又会对译文产生影响。

我特别感谢 N. 鲍培（N. poppe）教授和神父亨瑞·赛瑞斯（Henry Serruys，C. I. C. M.），对论文中词语读音、单词及句子提出的意见，虽然他们对我的结论不负有责任。还要感谢格拉德·柯劳逊（Gerard Clauson）先生提供了富有助益的信和参考资料。

文书一

首先要说明第一份公文非常重要，但它不是官方文件，因为它不像其他两件一样盖有印章或戳。它一定是被噶尔丹博硕克图的使者于 1691 年转交给俄国沙皇（Czar）的，因为它被收藏于俄国国家档案馆。从其结束语气可以得到证实，如文中使用了第二人称未来式，dutaxu“will lack”（将缺乏）和 bayixu“will be”（将是），加上了命令式 xayirala“bestow!”（给予）。

bošoqtu qa：n arban kümün od geji ilgeqsen
biciq tamɣatai arban kümün irelei bi. yabun zabsar－
3 tu dörbön nökör mini ükübe. zurɣa：n kümün tobul－

① 写毕此文后，见到了 David M. Farquhar 的著作《元代的官印和画押》（The Official Seals and Ciphers of the Yuan Period，in Monumenta Serica 25（1966），362－393），研究了中国的八思巴字官印。法夸尔教授同我一样，都对其噶尔丹印章第二行字的识读不满意，请见文末。

du irelei bi. tobuliyin almoud dörbön kümün
od getele, namai arban kümün od geqsen biciq
6 zarligi. ta bügüde – dü medöülsü geji xoyor
nökörö:n abji irelei bi. tendeki almoudiyin
biciq – tü ese orobocigi, ende yeke caγa:n
9 xan yeke bayar zöbiyini medemze geji xoyor
nökörö:n abji irelei bi. mini xoyor kümün – dü
künesü oguqsö: r yeke caγa:n xani šang dutaxu
12 ügei. nere – dü sayin ülü bayixu. xoyor
nököriyin mini künesü yeke bayar xayirala.

（克鲁格英译文）

Ten men including myself[1] arrived with a letter under seal
Sent by Boshogtu Khan and saying for ten men to go. On the way
Four of my comrades died. Six men including myself came to Tobolsk.
When the Voevoda [2] of Tobolsk said [only] four men
Could go [on to Moscow], I went and took the letter – order
Which said for ten men including me to go, and
Said to my two [unlisted] men, 'You will inform everyone'
[i, e., as to why you went to Moscow when the Voevoda said not to].
Although they were not enrolled [3] on the letter of the local Voevoda.
I came and brought my two comrades, saying that
The Great White Khan here, his Royal Highness,[4] will decide justly.
By giving provender to my two men, the Great White Khan's treasury will not
Lack.
Will it not be good for [your] renown?
Kindly grant provender, Royal Highness, to my two men!

① Literally, 'I came ten men', 'I came six men', etc.

② almoud < Turkic alpaγud, cf. Central Asiatic Journal, Vol. 7, page 24, note 6.

③ orobocigi 'although not entering', colloquial concessive, a typical Oirat form.

④ Literally, 'Grand Grace' (yeke bayar).

（汉译）

包括我在内的十个人带盖印的信来了，是博硕克图汗派遣来的，令我们十人同来。在路途中有四个伙伴死了，六个人其中包括我来到托波尔斯克。托波尔斯克的长官说只允许四个人去［莫斯科］。我向那两个亦被列入［托波尔斯克长官］信内名单的伙伴说：你们告诉所有人［你们为什么去莫斯科和托波尔斯克的长官不让你去］。［博硕克图汗］命令信让我们十人一同去，因此，他们虽然没有被列入托波尔斯克长官给的信中，我仍带上了这两个伙伴。有伟大的察罕汗，其仁慈将会公正决定，给我的两个伙伴粮草，伟大的察罕汗的财库不会［因此］匮乏，［否则］此事或将不利于您的名声，请以［您的］仁慈爽快地给我的两个伙伴提供粮草。

文书二

这是 1691 年卫拉特使者阿钦哈什哈给俄国沙皇的信，信中报告了前述官方信使遇到的困难，请求以后注意信件中的要求。

yeke caγa:n xan, mesküü yeke nutuqta: n mendü amur
beyize. Dalai blamayin adistide:r, bide mendü
3 amur. urdu ali bese kereq üyileyigi, zokistu xašaq –
tai, gergüüri kiboro xoyoro:r ayiladxa:d, nutugiyin
zaxadu kürküyin mani urda, arban nutuq nüülgeji
6 odboci, zabsarta:n ebderelde:d, danjin wangbu
ireqsen, ene sayin zanggi ayiladxan, ta, mani üyile
nigen tölö:, doroi de:tür yamar kereq üyile,
9 bolxula, zaxa zaxayin turadu, nurγun üyiledü
tustai bolxu zak'a: gi ta ayilad. ene uciriyin
niqte delgeren…　　　…olcira amandu, beleqtei
12 sayin ödör…

(CACHET)

（克鲁格英译文）

Great White Khan, (I trst) you in your great homeland, Moscow, are surely Healthy and well.

By the blessing of the Dalai Lama, we are bealthy and well
Previously, you advised (us) of whatever deeds and needs
Via the two persons Gregory Kibirev and his trusted Cossack.
[This time, however]
Before arriving at the border of our homeland,
Although made to go ten stages removed,①
They quarreled amongst themselves.
Danjin Wangbu came and reported this fine news.
As your and our affairs are one, in event of any matter or necessity, high or low, in any border town,②
Advise (=send) me a letter which will be useful for the general welfare.③
…this circumstance carefully and in detall …orally.④
On a fine and propitious day…

(CACHET)

(汉译)

伟大的察罕汗，(我相信）你在你广大的领土莫斯科身体健康和安好！由于达赖喇嘛的祝福我们健康安好。以前，你劝告我们做什么和需要什么要通过两个人——哥利高利·科比诺夫及其信任的哥萨克。[此次］在回到我们边界之前，虽然移营十次，他们内部仍在争吵。丹津旺布来告知了你的好消息，真为你高兴因为你和我们的事是一样的。其中一切事情和需要的，无论大小，在任何边境城镇，给我来信，这将有益于一切事务。……此事情要谨慎、详细……当面讲。

写于吉日。（印章）

文书三

此公文是卫拉特噶尔丹汗1691年给俄国沙皇的信，请求俄国沙皇给他派兵和给予其他各种物资，以便防御噶尔丹的攻击，证明人是冒犯过他的哲布尊丹巴呼图

① Nüülgeji odboci ‘although they were caused to nomadize and go’.

② Literally, ‘in a town of the border and border’. Such a repetition conveys the idea of ‘each’, hence, ‘in any town of the border’.

③ nurγun üyile ‘the general matter’, cf. res publica?

④ The leaders (…) indicate words obscured by the cachet.

克图和瓦齐赉汗。

yeke caγa:n xan mesküü yeke nutuqta:n mendü bayize. dalai
blamayin, adistide:r
bida mendü amur. urda ali bese uciri keleji ilgeqsen elci ireküyin urda,
3 zebzün damba xutuqtu, ociroi xa:ni negeji basa mordo:d, zabsariyin
mongγoli dam dam ire:d, zebzün damba xutuqtu, ociroi xa:n bayinai
geqci γazar, boqdo xa:ni nutaqdu šidar bolboci, ertene:se inaq sayin
6 tölö:, negeji bürtele, genete boqdo xa:ni ceriq, xoyor dam bayiri
boluqsan, ali aliyini, tani ene kümün üzeqsen, ama:r ayiladxaxu,
qoyor dam teyimi bayiri bolboci, dalai blama, šajin tötöyin tustu,
ilgeqsen
9 elci odo boluqsan – du, ken ken, dalai blamayin, elicyin jarliγa:sa
dabaji ülü bolqu tölö:, dalai blamayin elciyin ömönö, xalxayigi
mandu γarγa:d zebzün damba xutuqtu, ociroi xa:ni beyeyini, xarγuyin
mörö:r buruuša:
12 xa:r šiyidüqsendü, zebzün damba xutuqtu, ociroi xan xoyor, yeke
buruutai kümün
mön tölö:, beyeden gem ireküyigi mede:d, xa:ru bese zangxabaci,
bida cerige:r erke
biši abqu kereqtei tölö:, tantai bida ertene: se xa:ru nige üyiletei, axa
döü bolji
15 batu inaq amaraq yabuqsan bolo:d, mongolci gi tantai, bidandu dayin
lab mön tölö:
ene kereqtü, cereq dari xorγolji, yeke üker buu ekilen, dayindu ali
kereqteyigi
ken keni kereq bütüküyin tölö:, ali sayin bolxu:r zarliq bolxugi
ayiladxaba.

beleqtei [ödör?] CACHET

(克鲁格英译文)

Great White Khan, (I trust)
You are indeed well in your great homeland, Moscow.
By the blessing of the Dalai Lama, we are healthy and well.
Prior [to all this] (your) emissary came who had been sent to discuss

various former matters.
The jebtsun Damba khutukhtu[①] joined Ochiroi Khan and then set out, and
Came via the stages (zabsar) of Mongolia successively.
Inasmuch as the land in which they say that the Jebtsun Damba KhutuKhtu and
Ochiroi Khan live is close to the homeland of the Bogdo Khan (=the Chinese – Manchu ruler), and because of (their) long – time good relations, they (all) arrived in unison.[②]
Suddenly the Bogdo Khan's army gave battle twice. That man of yours,
[kibirev] [③]saw (everything) whatsoever and he will report orally.
Inasmuch as there had been two such battles, there now appeared an
emissary Sent by the Dalai Lama for the sake of the Faith and the Realm;
Accordingly no one is permitted to transgress the commands of the Dalai
Lama's messenger. (Therefor)
By the offices of (ömönö) the Dalai Lama's emissary, protection [④]was produced for us,
And when the persons of the Jebtsun Damba khutukhtu and ochiroi khan
Were condemned and judged by legal procedures, because those two,
The Jebtsun Damba Khutukhtu and Ochiroi khan are very wicked people,
They know harm will come to their persons and they threaten outrageously.
Because it will be necessary in any event to take up arms, we, being fully
Allied with you from of old, have become brothers, and have acted as
Firm and close friends. Because the Mongols are indeed enemies
To us and to you, I have requested (ὰyiladxaba) that you issue an order
[to send us] To the extent possible for this affiair,
In addition to troops, powder and shot, and artillery, whatsoever and whomsoever
May be needed against the enemy.
(written on) a propitious (day) . CACHET

---

① negeji = negedji 'united'.

② Literally, arrived united (negeji again).

③ Probably Kibirev (cf. Document Two), who, according to Zlatkin, Istoriya Džungarskogo Khanstva (Moscow, 1964), P. 284, was preset at an Oirat – Manchu clash. (My thanks to Father Serruys for the reference.)

④ Xalxa 'shiold, protection' can also mean 'Khalkha', though not here.

（汉译）

伟大的察罕汗，（我相信）
在你广大的领土莫斯科安康！
由于达赖喇嘛的祝福我们健康安好。
最初陛下的使者来讨论以前的
各种事情。
哲布尊丹巴呼图克图与瓦齐赉汗会合出发了，
顺利经过了蒙古边界。
据说哲布尊丹巴呼图克图与瓦齐赉汗住的地方离博格达汗（中国满洲统治者）的领地很近，由于他们长期的友好关系，他们联合了起来。
博格达汗的军队突然动了两次攻击。你的人［科比诺夫］看到了这一切，他会口奏。
因此这里发生了两次战斗，这里出现了达赖喇嘛为政教而派来的
使者。
没有人会违反达赖喇嘛的信使（因此）。
达赖喇嘛的使者官员（ömönö）为保护我们，
当依合法程序处死哲布尊丹巴呼图克图与瓦齐赉汗，因为哲布尊丹巴呼图克图与瓦齐赉汗是非常邪恶的人。
他们知道害处将向他们降临，他们是恐怖和凶残的。
因为无论如何需要使用武力，我们从古以来完全与你们结盟，成为兄弟，我们像坚定和亲密的朋友。因为蒙古是我们和你的真正敌人。我请求（ayiladxaba）你为此事发布命令尽量多派兵。除军队外，还需火药、铅弹和大炮，提供战争所需的物资和人力，以对抗敌人。
（写于）吉（日）　　　　　　　　　　　　（印章）

博硕克图汗的大印

噶尔丹博硕克图汗的官印印文在文书二、三中都可以见到，仍习惯地使用着古老、华丽的八思巴字，八思巴字改制自标准的藏文，而藏文源自梵文。这种字在 N. Poppe（J. Krueger 编）《八思巴字碑铭》（Wiesbaden，1957）被讨论过，尤其在第16—18 页的章节。这种变化多样的八思巴字还用于近代达赖喇嘛的官印（1909 年，作为策本沙格巴 Tsepon Shakabpa《西藏：政治史》的插图，New Haven，

1967.）。据记载，有些居住在蒙古的人还将此字用于私章。①

在早期著名的官方文件的措辞和印章中，人们期望有以统治者名义说的话，加上一个“我们的命令”（biden-ü jarliγ），或者“我们皇帝的话”（manu üge）。甚至发现大量使用的“长生天的气力里”（möngke tengri-yin küčün-dür），也是很正常的事。

对用于印文中的诸多说法不必太惊奇，虽然无法证实最初就很容易发现这些熟悉的字眼。印文有三行字，首先须说明的是，经常是三行中中间的一行是开头（这部分经常是荣誉头衔，见蒙哥汗碑铭，N. Poppe，Central Asiatic Jaurnal，6，14－18）。现在的这方印文也可以按此方式阅读。

很不幸，我们得到的是印章的一个复印件，很难保证识读绝对准确。这是因为莎斯金娜书中的影印件是有些模糊的黑白照片，当我们将其翻拍和放大来使用时，笔划变成了模糊的点。以后，如有可能会亲自去看原件或重新翻拍，以便清楚地识读。现在我暂时识读如下：

dgah-ldan	“Galdan”
bidan ḥγin	“our word”（reading uncertain）
bošogt'u qan	“Boshogtu Khan”

我们必须做以下解释，第一个字母是 birga 符号，即用于开头的卷曲形符号，以便开始写字。其次，“噶尔丹”是用藏文形式拼写的，这与预期的名字有些变化。中间一行以 b 开头，接着是额外插入的 i；然后是 dan，似乎与第一行的形状相同。缺少的属格字母-ü 值得注意。开头的 a-chun 字母，接着（明确知道 üge 开始于这个停顿，见 Poppe-Krueger，词汇表第 133 页）是希腊字母的伽马或 γ，字母 i 和 n。（末尾的-n 只是通常的白话表达“话” ụ̈gen）。第三行写得很清楚，最容易辨认。明显是 bošogt'u qan（博硕克图汗）。必须提到卫拉特人和西方著作中比较熟悉的印章使用的这种拼法，它代替了 bušuγtu，神甫 H. Serruys 曾指出这可能是转写自中国史籍（Genealogical Tables，Central Asiatic Studies 3. 59）。

译自 John R. Krueger：Three Oirat-Mongolian Deplomatic Documents of

① It should, however, be pointed out that the seal character may not be a direct development of the ḥp'ags－pa script, but as Sir Gerard Clauson and others have put it, a collateral descendant of it. This view is set forth in Sir Gerard's article following up N. poppe's 1957 book, viz., “The ḥp'ags－pa Alphabet”, Bulletin of the School of Oriental and African Studies, vol. 22, pages 300－323, particularly pp. 304－5, where Sir Gerard also makes reference to some early articles in Journal of the Royal Asiatic Society（1906-1929）.

1691. 载 Central Asiatic Journal, Vol: XII (1968－69).

(达力扎布，男，1955年生，历史学博士，中央民族大学历史文化学院教授。北京：100081)

清朝统一准噶尔及其管辖制度的设计

［日］小沼孝博著　吴阿木古冷译

内容提要：本文从清朝对准噶尔管辖制度之设计的视角，论述了清军第一次远征准噶尔的历史。1755年，清朝派西征军之前就开始考虑统一准噶尔之后如何统治卫拉特人，酝酿着善后计划。最初计划依照“四卫拉特”的归属，将其分割为辉特、杜尔伯特、绰罗斯、和硕特四部，分封各部台吉，推行清朝的盟旗制度。但是，随着统一的进程，清朝逐渐认识到构成准噶尔部本体之鄂托克，因而产生将这些鄂托克编成“内属厄鲁特八旗”的新构想。运用两种管理体系加以管辖的构想是针对准噶尔游牧国家原有社会组织而形成的。

关键词：准噶尔；卫拉特；鄂托克；厄鲁特八旗；管辖制度

雍正十二年（1734）议和之后，清朝与准噶尔①保持着良好的关系，即使乾隆十年（1745）准噶尔发生了内讧之后，清朝也保持了静观的态度。但是，乾隆十八年（1753）初发生了达瓦齐篡夺政权与在同年杜尔伯特的三车凌、乾隆十九年（1754）辉特部阿睦尔撒纳等有实力的台吉率领多数属民归顺清朝的事情。此时，乾隆帝（1736—1795）决定发动军事远征。乾隆二十年（1755）向准噶尔进发的清军没有遇到大的抵抗，六月平定伊犁，七月抓获了逃亡到回疆的达瓦齐（第一次远征）。强盛一时的准噶尔政权轻易地瓦解了。

推翻准噶尔政权之后，清朝依照“四卫拉特”之名，指定了四个汗，试图分割统治卫拉特。但是，企图成为卫拉特唯一可汗的阿睦尔撒纳得知其意愿无法被乾隆帝所接纳，故而擒拿达瓦齐之后反叛了清朝（阿睦尔撒纳之乱）。清朝为了讨伐阿睦尔撒纳等反清势力再度兴兵（第二次远征），但未能抓获阿睦尔撒纳，使之逃向西方。

由于阿睦尔撒纳的逃跑，事件波及哈萨克及俄罗斯之故，之前的研究主要关注于阿睦尔撒纳在哈萨克的活动与围绕阿睦尔撒纳的中俄交涉。清军追击逃到哈萨克

---

① 本文将占据天山山脉北部草原，由卫拉特诸部联合而成的游牧国家称为“准噶尔”，居其核心而掌握政权的集团称为“准噶尔部”。

中玉兹阿布赉之处的阿睦尔撒纳，与阿睦尔撒纳和阿布赉的联军交了战。从乾隆二十一年（1756）秋开始，阿布赉与阿睦尔撒纳不和睦，此时俄罗斯当局接近阿睦尔撒纳，试图保护阿睦尔撒纳。但是乾隆二十二年（1757），阿睦尔撒纳在奔向俄罗斯的途中死于痘疫。清朝要求引渡阿睦尔撒纳遗体，但俄罗斯给予拒绝，两国关系因而恶化。①

另一方面，此时清朝在北疆展开的政策，一直被理解为是对阿睦尔撒纳叛乱的报复而采取，扫灭卫拉特。但事实上，从阿睦尔撒纳发动叛乱的1755年夏到清军展开扫灭战争（第三次远征）的1757年年初为止，约有一年半的时间。这个事实意味着，需要重新考虑将扫灭卫拉特的原因简单地与阿睦尔撒纳的叛乱结合起来的看法。如上述，第一次远征时清军与卫拉特没有经过大的战斗，可以说，游牧的准噶尔国家解体，在其统治下的卫拉特诸部依然保持着实力，清朝将长期敌对的卫拉特原模原样地接纳过来。清朝准备如何将新归附的卫拉特置于自己的体制之下呢？

本文从如何制定管辖方式的视角论述清军的第一次远征准噶尔。尤其考察准噶尔建设的游牧国家之结构如何被清朝政权所认识，其对清朝制定出管辖方式形成了什么样的影响，从而全面勾画出清朝欲在卫拉特推行的管辖体制的构想。

一、清朝的准噶尔征服与“平定准噶尔善后事宜”

1754年6月5日，乾隆帝在承德避暑山庄会见杜尔伯特车凌等诸台吉，接受了他们的归顺。此时举行的“大蒙古包宴”是蒙古帝国时期大汗举行的仪式，在清朝时期举行于1636年皇太极即位“大清皇帝”与多伦淖尔会盟等场合。② 同年12月，乾隆皇帝同样在避暑山庄举行赐宴，接受了阿睦尔撒纳等的归顺③。此时乾隆帝亲切地与阿睦尔撒纳竞技骑射，据说用蒙古语直接询问了准噶尔内情④。虽然没有亲征，但可看到以统治蒙古的君王而自居的乾隆帝对准噶尔事务积极努力的姿态。

据1754年7月军机大臣的奏折，清朝的远征军由北路30000人与西路20000人构成的大军，其中八旗兵13000人，蒙古、通古斯系部族兵26000人，汉人绿营兵

---

① И. Я. Златкин, *История Джунгарского ханства* （1635—1758），Москва：Академиянаук СССР，1964，cc. 425—463；川上晴：《阿布赉势力的扩大——关于十八世纪哈萨克斯坦的考察》，《待兼山论丛》第14号，1980年，第27—49页；森川哲雄：《围绕阿睦尔撒纳的俄清交涉始末》，《历史学·地理学年报》第7号，1983年，第75—105页。

② 岩井茂树：《乾隆朝的〈大蒙古包宴〉——亚洲政治文化的一个场面》，河内良弘编：《清朝治下的民族问题与国际关系》（平成二年科学研究费补助金综合研究（A）研究成果报告书），1991年，第22—29页。

③ 矢择利彦编译：《耶稣会士中国书简集3·乾隆编》，平凡社，1973年，第245—246页。

④ 《啸亭杂录》卷3，西域用兵始末条。

11000 人。① 之后加上请求从军的瓜州扎萨克额敏和卓穆斯林兵 200 人，又阿睦尔撒纳部众约 20000 人投降清朝之际令派出 2300 名兵，从喀尔喀兵 6000 人中减去 2500 人。② 1755 年 3 月，在以下指挥系统之下，北路军从乌里雅苏台，西路军从巴里坤启程进发。

北路军

定北将军班第（蒙古镶黄旗）

副将军阿睦尔撒纳（旧辉特部台吉，亲王）

参赞色布腾巴尔珠儿（科尔沁部，亲王）

成衮扎布（赛音诺颜部，郡王）

玛木特（旧扎哈沁鄂托克宰桑，1754 年归顺，内大臣）

西路军

定西将军永常（满洲正白旗）

副将军萨喇尔（旧达什达瓦麾下宰桑，1745 年归顺，蒙古正黄旗）

参赞班珠尔（旧和硕特部台吉，郡王）③

扎拉封阿（喀喇沁部，贝勒）

鄂容安（满洲镶蓝旗，内大臣）

两路都由旗人出身的将军率领，内外蒙古和新归附的卫拉特王公们充当了副将军与参赞大臣。实际行军之时，两路副将军各自率领前锋 3000 人先行，将军与参赞在其后。④ 前赴北疆的战斗部队的主力是擅长草原战斗的蒙古、通古斯系兵丁，八旗兵与绿营兵的多数承担了运送军粮、补给等后方支援。远征军开始进军之时的 1755 年 2 月 17 日，军机大臣做成了由八条构成的“平定准噶尔善后事宜”草案，提交给乾隆帝。各条之概要，如下所列：

第 1 条　北疆卫拉特的管辖方式

第 2 条　南疆（回部）管辖方式

第 3 条　乌梁海管辖方式

第 4 条　扎哈沁管辖方式

第 5 条　哈密——伊犁间的驿站设置

第 6 条　乌鲁木齐、鲁克沁的驻兵与屯田

第 7 条　喀尔喀与卫拉特的边境设定与喀尔喀部境内的驻防八旗设置

第 8 条　卫拉特的赋役

“平定准噶尔善后事宜”不仅以北疆为对象，还要面向回部、科布多、阿尔泰

---

① 《平定准噶尔方略》（以下简称为《准略》）正编卷 2：31a－b，乾隆十九年五月己亥（二十一日）［1754/7/10］。

② 庄吉发：《清高宗十全武功研究》，台北故宫博物院，1982 年，第 34—35 页。

③ 如同后述，班珠尔在实际行军当中在于北路。

④ 《皇朝藩部要略》卷 12，厄鲁特要略四，乾隆二十年二月条。

地方，甚至以喀尔喀为对象，表明了清朝征服准噶尔之后的内陆亚洲经营方针。但是，先前的研究并没有正式探讨过“平定准噶尔善后事宜”的内容①。

此“平定准噶尔善后事宜”的草案（以下简称为事宜Ⅰ）被提出以后，清朝中央（以乾隆帝、军机大臣等为中心的清廷）与派往当地的将军（班第等）之间对各条进行了修正与增补，不断完善内容。如下所示，其过程有四个阶段。本文中依顺序将其称为事宜Ⅰ—Ⅳ，“事宜Ⅰ第一条”记为事宜Ⅰ-1。又，事宜Ⅰ—Ⅳ原文用满文起草，本文的考察亦依据其文②。

事宜Ⅰ：乾隆二十年一月七日［1755/2/17］：军机大臣提交于乾隆帝③

事宜Ⅱ：乾隆二十年六月十七日［1755/7/25］：班第等提交于乾隆帝④

事宜Ⅲ：乾隆二十年七月八日［1755/8/15］：军机大臣提交于乾隆帝⑤

事宜Ⅳ：乾隆二十年八月三日［1755/9/8］：班第等提交于乾隆帝⑥

在此确认“平定准噶尔善后事宜”第一条，即北疆卫拉特管辖方式的内容。先将事宜Ⅰ-1的全译文示出：

> 平定准噶尔之地后，查明四卫拉特诸台吉〔领有〕家口数量，如何在台吉当中给予诰册，〔立谁〕为扎萨克，任〔谁〕为盟长，〔如何将属民〕编旗设佐，〔如何对旗·牛录〕任命官员等问题，今依据圣旨〔命于〕阿睦尔撒纳、班第、萨喇尔、鄂容安、玛木特，〔伊等〕完成事务（征服准噶尔）之时，令其提出。当前〔伊等〕清楚调查相商，等待奏请旨意。此外，理应指定四个地方令四卫拉特众台吉率各自属民居住。但询问萨喇尔、玛木特之时，伊等四卫拉特全体分散而居，同族之人原来就不住一处。令同族居住一处，乍一看井然有序，但使新归附者如从前般混合居

① 关于第2条与第4条，请参考另文中的考察，请参阅小沼孝博：《征服前，清朝对喀什喀尔利亚政策的推移》，载《史峰》第9号，2003年，第40—51页；小沼孝博：《伯克制度的创设——依据清朝公文书的回疆史研究序说》，载《内陆亚洲史研究》第22号，2007年，第39—59页；Onuma Takahiro，“Promoting Power：The Rise of Emin Khwaja on the Eve of the Qing Conquest of Kashgaria”，载《游牧世界与农耕世界的接触点——亚洲史研究新史料与视点》（《学习院大学东洋文化研究所调查研究报告书》57号），学习院大学东洋文化研究所，2012年，第31—60页。

② 只有事宜Ⅰ与事宜Ⅲ，汉译文概要收于《准略》。前者（仅第1条至第4条）在于《准略》正编卷：5：5a-7b，乾隆二十年一月辛巳（七日）［1755/2/17］条，后者在于《准略》正编卷十五：20a-27a，乾隆二十年七月庚辰（八日）［1755/8/15］条。

③ 中国第一历史档案馆所藏《满文议覆档》军务833（1），乾隆二十年正月七日［1755/2/17］条。

④ 中国边疆史地研究中心、中国第一历史档案馆合编：《清代新疆满文档案汇编》（以下简称《新疆汇编》第11册，广西师范大学出版社，2012年），第331—346页，乾隆二十年六月十七日［1755/7/25］，班第等奏折。

⑤ 《满文议覆档》军务833（1），乾隆二十年七月八日［1755/8/15］条。

⑥ 《新疆汇编》第12册，广西师范大学出版社，2012年，第262—271页，乾隆二十年八月三日［1755/9/8］，班第等奏折。

住，想必情况会更好。因此停止同族之人居住一处，使各自居住于原住地近处。①

事宜Ⅰ－1以“四卫拉特”诸台吉的封爵、盟旗制度的推行（旗份牛录的编成，盟长、扎萨克等各级官员的任命）和游牧地的指定为核心。但是上述内容没有具体的条文，如文中所提，将具体事务委托给了率领远征军前赴北疆的将领们。又有依照“四卫拉特”分割为四分之语，但没有明确记载分封四汗。此即暗示军机大臣提出事宜Ⅰ的时候，分封四汗的计划还没有完全成熟。

清军没有受到卫拉特人的大抵抗，6月14日到达伊犁，翌月抓获达瓦齐。进驻伊犁的班第与阿睦尔撒纳等根据当地情形协商善后事宜，7月25日上奏了将事宜Ⅰ具体化或者修正了的事宜Ⅱ。事宜Ⅱ－1的内容沿袭了事宜Ⅰ－1所示的诸台吉的封爵（A）、推行盟旗制度（B）、指定游牧地（C）的框架，下面看一下各自的内容：

［事宜Ⅱ－1A］：根据谕旨于四卫拉特分封四汗之故，将盟长兼任于四汗。因台吉等归顺时带领的户口不一，关于〔如何〕于伊等授予诰册，〔以谁〕为扎萨克台吉②等，尚书玉保已将台吉等名称与地位、〔所属〕户口之数全部清查带往〔朝廷〕之故，台吉等到达避暑山庄觐见皇上、圣上降恩分封之后，应授予之敕书、诰册、印玺，命令相关部门（六部与理藩院等）仿照旧例授予。③

此处虽为关于分封诸台吉之第一部分，然一眼就会清楚事宜Ⅰ－1中未涉及的分封四汗之事出现于开头，并且提议将封为汗者任用为盟长。至于史料中所说呈交给清廷的卫拉特名册、户口册，仍无法确认是否存在。

之后的第二部分，内容上出现了很大的变化：

［事宜Ⅱ－1B］：编旗设佐之时，①从各部汗处获取四部之汗、王、

① 《满文议覆档》军务833（1），乾隆二十年七月八日条。因该史料还未出版，将满洲语拉丁字母转写记录如下。Jun gar i babe toktobuha manggi，duin oirat i taijisa boigon anggala i ton be getukeleme baicafi，taijisai dorgi adarame fungnehen bahabure，jasak obure，culgan i da sa be sindara，gusa inu banjibure，hafan sindara babe te hesei amursana，bandi，saral，oyonggo，mamut be baita icihiyara de tucibuhebi. Te getukeleme baicafi，gisurefi，hese be baime wesimbure ci tulgiyen，duin oirat i taijisa be giyan i duin ba jorifi，meni meni harangga urse be gaifi tebuci acacibe，damu saral，mamut de fonjici，ceni duin oirat gemu son son i tehebi. Daci umai emu harangga urse be emu bade tebuci，tuwara de teksin sain gojime，ice dahabuha urse be kemuni da songkoi hiyahanjame tebuci，baita de tusa be dahame，emu halai urse be emu bade tebure be nakafi，kemuni meni meni da tehe ba i hanci šrdeme tebubuki.

② 这里所说的“扎萨克台吉”是指在清朝推行的盟旗制度下被任命为扎萨克的领旗“王公台吉”。

③ 《新疆汇编》第11册，广西师范大学出版社，2012年，第333页。

台吉的属民户口数，之后编成牛录。②根据伊犁收藏的记录，将公中鄂托克宰桑的属民户口编成〔牛录〕。或许在此期间〔户口〕增减数字与记录不同，则令任事宰桑清楚报闻之后，〔我等〕清楚调查修正，根据此时实数编成牛录。办理军营事务或监视牧地而留下的台吉、宰桑，又未经归顺之台吉、宰桑前来归顺则清楚查询伊等名称与地位、〔属下〕户口数量，〔如何〕授予诰册，立谁为扎萨克，另行协议请旨。[①]

与事宜Ⅰ-1中①四汗部盟旗制的推行不同，新增加了②「公中各鄂托克宰桑」(Ma. siden de obure geren otok i jaisang) 之属众编为牛录。此“公中”者，犹如从“公中扎萨克”与“公中佐领”可知，由清朝选定官缺补任者，而非世袭。接着，关于①四汗部台吉所属的牧民与②鄂托克宰桑所属的牧民，前者写为harangga albatu（上述史料中译为“属民”），后者写为harangga urse（译为“属众”）以作区别[②]。特别指出，albatu在词义上是蒙古语“负担alba的人”[③]，表示额真(Mo. ejen，具有“主子”的意思）的属民。我们可以看到，台吉和宰桑与属下牧民的关系存在差异——至少清朝方面这样理解。

如前章所示，卫拉特诸部有实力台吉所领之“二十一昂吉”围绕于准噶尔部长麾下宰桑率领之“二十四鄂托克”（准噶尔部本体）之外[④]，认为这种体制噶尔丹策凌之时就已形成。虽然很难说这种体制经过内乱到清朝征服为止仍然保持原样，但在事宜Ⅱ的第三部分如下叙述四卫拉特游牧地的位置：

[事宜Ⅱ-1C]：不将四卫拉特游牧地从各自原有之地迁移，将臣阿睦尔撒纳等之属众仍照前游牧于塔尔巴哈台周边地区。将杜尔伯特车凌与讷默库等之属众游牧于额尔齐斯周边。将绰罗斯台吉噶尔藏多尔济等之属众游牧于乌鲁木齐周边。和硕特台吉沙克杜尔曼济与杜尔伯特台吉伯什阿噶什等之牧地，亦均不从现有之地迁移。其他台吉与各鄂托克宰桑等，亦令其混合居住于各自原有之地。[⑤]

如此，“四卫拉特”（辉特、杜尔伯特、绰罗斯、和硕特四部）有实力台吉之游牧地，位于塔尔巴哈台、额尔齐斯、乌鲁木齐等伊犁盆地的外侧。直到清朝征服

① 《新疆汇编》第11册，广西师范大学出版社，2012年，第333—334页。

② 本文中harangga albatu用“属民”的译文，harangga urse用“属众”的译文，是通过译文区分两者之便宜方法。

③ “alba”意味着向额真担负兵役、贡赋等各种义务。

④ 关于更详细的内容，请参阅小沼孝博《清与中亚草原——从游牧民的世界到帝国的边境》，东京大学出版会，2014年，第31—40页。

⑤ 《新疆汇编》第11册，广西师范大学出版社，2012年，第334页。

的前夕由复数鄂托克构成的准噶尔部本体仍占据伊犁盆地，其周边分布各部台吉游牧地之基本结构仍未崩溃。根据以上内容重新审阅事宜Ⅱ－1B 就会清楚，①“四部汗、王、台吉之属民”处于“四卫拉特”有力台吉之领地上，②“公中鄂托克宰桑之属众”处于准噶尔部领地。由此可知事宜Ⅱ－1 中为了适应游牧国家准噶尔的管辖体制，清朝的管理方式在发生变化。

通过以上考察可以指出以下几点。第一，先行研究主要关注被视为阿睦尔撒纳叛乱主要原因之分封四汗，而清朝的卫拉特管辖方式亦包含推行旗制与指定游牧地等内容；第二，关于分封四汗，当初清朝没有明确主张分封四汗；第三，统一准噶尔之前的构想仅以“四卫拉特”为对象，但征服之后发现并关注到构成准噶尔部领地之鄂托克，开始讨论向鄂托克推行旗制。下面立足于此三点，重新确认第一次远征时期进行的讨论，清楚地揭示清朝的卫拉特统治构想的全面。

二、四汗部构想的实态

如前章中所确认，于辉特、杜尔伯特、绰罗斯、和硕特各部设立汗，是与盟旗制的推行、游牧地的指定共同组成的以四部台吉领地为对象的统治构想之一部分。下面，将此构想称为“汗部构想”，相关对诸台吉的封爵（四汗分封）、盟旗制的推行、游牧地的指定等主要内容整理，以阐明“四汗部构想”之目的。

（一）授封诸台吉（四汗分封）

事宜Ⅰ－1 里，虽有征服北疆之后将卫拉特分割为四部，但没有明确说分封四汗。在事宜Ⅱ－1 里提出分封四汗为止经过了什么样的过程呢？

首先需要指出的是，授予汗爵其本身就是例外。1636 年建国以来，清朝的外藩爵制①中最高的是亲王。但 17 世纪末喀尔喀部归附清朝之际，因有车臣、土谢图、扎萨克图三汗，于是新设立了汗爵。此汗是清朝皇帝授予臣下的爵位，与内陆亚洲君主所用的传统汗号并非一样②。之后，包括 1725 年新设立的赛音诺颜部，汗爵成为仅仅在喀尔喀四部的特殊爵位。

在卫拉特，原先并非“四卫拉特”每部都有汗，因而清朝起初没有特殊对待，1754 年授予杜尔伯特部长车凌、辉特部长阿睦尔撒纳亲王爵，授予其他台吉郡王以

① 清初，漠南蒙古诸部爵位有和硕亲王、多罗郡王、多罗贝勒、固山贝子、镇国公、辅国公六个等级。

② 授予汗爵的蒙古与哈萨克首长层（特别是第一代），关于是否当时就理解汗爵与传统汗号之间的差别，需另撰文解释。即使是稍许，清朝也努力使理解汗号与汗爵之间的差别。获得清朝爵位的意义在各地域社会被重新解释，起到了提高其地位的作用。Yohan Elverskog, *Our Great Qing: The Mongols, Buddhism and the State in Late Imperial China*, Honolulu: University of Hawai'i Press, 2006, pp. 63—70；野田仁：《俄、清帝国与哈萨克汗国》，东京大学出版社，2011 年，第 149—179 页；小沼孝博：《清与中亚草原——从游牧民的世界到帝国的边境》，第 182—183 页。

下爵位[①]。受封者得到外藩王公待遇，每年获得俸禄[②]，因而这是将卫拉特收入体制内部的一项怀柔政策[③]。受到封赏又以领有属民为前提，于是通过清朝的爵位授予受封者（王公台吉）对属民（Mo. albatu）的主人（Mo. ejen）地位得到承认，同时与清朝皇帝缔结主从关系[④]。

关于正式提出设立卫拉特汗，是提出事宜Ⅰ约10日之后，从北路军营向清朝中央呈递的由和硕特郡王班珠尔[⑤]与公纳噶察奏请，统一准噶尔之后“封阿睦尔撒纳为汗”为开端[⑥]。对此乾隆帝提出如下反对意见：

准噶尔平定之后，朕意将四卫拉特封为四汗，俾各管其属。封车凌为杜尔伯特汗，阿睦尔撒纳为辉特汗，班珠尔为和硕特汗。朕曾面谕车凌、阿睦尔撒纳二人，第班珠尔尚未知悉，可即谕伊知之。[⑦]

乾隆帝虽已有分封四汗的想法，但仅仅口头传达于车凌与阿睦尔撒纳，还未正式公开[⑧]。如同A. 霍加耶夫指出，四分分割卫拉特将会损害他们的利益，因而远征初可能没有公开。同日，乾隆帝对班第与萨喇尔下达上谕，说明了忧虑：如果将北疆的统治权交给阿睦尔撒纳一人，则会产生像达瓦齐一样的专制。但也有可能让阿睦尔撒纳失望，遂指示将分封四汗的方针要义阐明给阿睦尔撒纳等众首领，消除伊等妄念。[⑨]

以上上谕当中，乾隆帝未举出应当成为绰罗斯汗之人。此系第一次远征之前还未能从归顺台吉当中找出应当之人。在此状况之下，被称为“准噶尔大台吉”的绰罗斯部噶尔藏多尔济在行军过程中前来归附清军。一接到奏报，乾隆帝就立即决定封噶尔藏多尔济为绰罗斯汗，而且决定召集阿睦尔撒纳、车凌、班珠尔三人，一起

---

① 《准略》正编卷2：29a－30a，乾隆十九年五月庚寅（十二日）［1754/7/11］条；《准略》正编卷4：19b－20b，乾隆十九年十一月戊子（十三日）［1754/12/26］条。

② 每年支给的俸禄数额如下。和硕亲王2000两，俸缎25匹；多罗郡王俸银1200两，俸缎25匹；多罗贝勒俸银800两，俸缎13匹；固山贝子俸银500两，俸缎10匹；镇国公俸银300两，俸缎9匹；辅国公俸银200两，俸缎7匹；扎萨克台吉、塔布囊俸银100两，俸缎4匹。蔡家艺：《清代新疆社会经济史纲》，人民出版社，2006年，第120—120页。

③ 清朝对1754年到达承德的卫拉特归顺者，以车凌（5000两）为首到117名从者（各10两），赏赐每一个人（《高宗实录》卷464：16a－b，乾隆十九年五月辛卯（十三日）［1754/7/2］条）。根据耶稣会士的记录，阿睦尔撒纳等归顺之时亦赏给了大量银两。矢泽利彦编译：《耶稣会士中国书简集3·乾隆编》，平凡社，1973年，第236页。

④ 岡洋树：《关于清代蒙古社会·行政统治构造理解之试论》，载吉田顺一监修，早稻田大学蒙古研究所编：《蒙古史研究——现在与展望》，明石书店，2011年，第268页。

⑤ 班珠尔被认为是阿睦尔撒纳的异父同母弟。

⑥ 《准略》正编卷5：26a－27a，乾隆二十年正月辛卯（十七日）［1755/2/27］条。班珠尔与那噶查的此奏请，意图获得阿睦尔撒纳称汗的许可，但清朝理解为授予汗爵。

⑦ 《准略》正编卷5：27a－b。

⑧ A. Ходжаев, *Цинская империя и Восточный Туркестан в XIII в: из истории международных отношений в Центральной Азии*, Ташкент: Издательство “Фан” Узбекской ССР, 1991, c. 46.

⑨ 《准略》正编卷5：28b－29a。

在承德举行授封仪式。①

如此，卫拉特的四分割与分封四汗，高度反映出乾隆帝防范一有力人物再次把卫拉特统合起来的想法。又应该注意，如同在事宜Ⅱ－1A 中所描述，授予何种爵位要考虑之前的地位与属民数量来决定，但其爵位高低只反映于外藩王公的序列与其相应的待遇之上，而与盟旗制度下承担统治实务之职位高低与当地游牧社会的权力大小加以区别。确认此点之后，下面看一下关于推行盟旗制。

（二）推行盟旗制度

清朝统治蒙古游牧民的时候，从授予爵位的王公台吉（大半是博尔济吉特氏族）中选任了扎萨克。② 扎萨克统率的旗称为“扎萨克旗”③。旗在蒙古语里被称为“qosiγu”，牛录为“sumu”（苏木），规定一个苏木由牧民男丁中抽选出来的 150 个箭丁（Mo. quyaγ）构成。箭丁负担清朝中央的兵役等义务（Mo. alba），被视为是清朝皇帝的属民（Mo. albatu）。另一方面，与箭丁不同，随丁（Mo. qamjilg－a）隶属于王公台吉，他们处于王公台吉阿勒巴图的位置④。设立由多数的旗组成的盟（Mo. Čiγulγan）作为旗的上一级组织，由盟内王公台吉选任盟长、副盟长之故，扎萨克旗制又被称为“盟旗制度”。

对于卫拉特，在第一次远征开始之前就推行部分盟旗制。1754 年 6 月当杜尔伯特部归顺之际，乾隆帝在授予爵位之先，决定了将实行于内外蒙古之盟旗制度适用于率属众前来归顺的杜尔伯特部。之后任命车凌为盟长，车凌乌巴什为副盟长，赐予此杜尔伯特盟“赛音济雅哈图”（Mo. Sayin jayaγatu）之称。⑤ 继而归顺的阿睦尔撒纳率领之辉特部盟命名为“额尔德尼诺颜”（Mo. Erdeni noyan），班珠尔所率和

① 《准略》正编卷 9：20b－21a，乾隆二十年三月壬寅（二十九日）［1755/5/9］条。

② 根据岡洋树的意见，扎萨克在自己旗内负责执行清朝规定的军律与皇帝的命令，而不是旗内其他王公台吉（包含没有被任命为扎萨克旗官员的闲散王公）的首长。岡洋树：《关于清代蒙古社会、行政统治构造理解之试论》，第 269 页。

③ 会典、则例等清朝法制典籍中很少用“扎萨克旗/jasak gūsa”。限于拙见，《理藩院则例》满文本（嘉庆二十二年刻本），卷 1《旗分》条中，第一次出现 jasak gūsa。

④ 根据 1649 年（顺治六年）清朝的规定，王公所能拥有的随丁数量，亲王 60 名，郡王 50 名，贝勒 40 名，贝子 35 名，公 30 名，固伦额驸 40 名，和硕额驸 30 名，多罗额驸 20 名。但扎萨克旗制之此种规定，在实际蒙古游牧社会中（尤其在喀尔喀部）有名无实，清朝当局亦不特将此种状况视为问题（二木博史：《旗内平民的贡租、赋役负担——以清代喀尔喀蒙古为例》，载《内陆亚洲史研究》第 1 号，1984 年，第 25—40 页；中村笃志：《关于清朝治下蒙古社会之苏木——以喀尔喀土谢图汗部左翼后期为例》，载《东洋学报》第 93 卷第 3 号，2011 年，第 1—25 页）。岡洋树以喀尔喀部为例说明了服属清朝之前的传统社会组织鄂托克（与准噶尔部构成要素之鄂托克不同）和每台吉血统分支中所形成的“巴固”（Mo. baγ）在清朝统治下仍然在维持，相对于有名无实的苏木，作为旗内实质性社会组织之基层而发挥作用（岡洋树：《清代蒙古盟旗制度研究》，东方书店，2007 年，第 109—223 页）。

⑤ 《准略》正编卷 2：22b－23a，乾隆十九年闰四月甲子（十五日）［1754/6/5］条。

硕特盟为“清伊扎固尔图”（Mo. Čing ijaγurtu）。[①] 但无法确定在辉特与和硕特两盟里是否任命了盟长以下的官职。又 1754 年末授封阿睦尔撒纳与班珠尔之时，乾隆帝重新指示部院，令诸台吉作为扎萨克各自管理自己的属民，[②] 但杜尔伯特部三盟任何一盟都没有编成旗佐。结果，阿睦尔撒纳开始叛清的 1755 年 9 月之际，发布上谕称“如今已无编旗之必要”，决定暂不办理编旗工作。[③]

爵位的授予与推行盟旗制度，确实是清朝对“四卫拉特”的基本方针。但是，虽为赘述，一定要注意外藩制度之汗以下的爵位与盟旗制度之盟长以下的行政官职的本质差别。如同事宜Ⅰ－1 与事宜Ⅱ－1 明确记载，以上方针不仅适用于第一次远征以前归顺的台吉，也适用于远征当中前来归顺的台吉。1755 年 7 月乾隆帝下达的上谕里，更明确地记述了爵位授予与推行盟旗制的关系：

> 将其地（北疆）台吉封为汗、王、贝勒、贝子、公，区别分封之事，特为考虑伊等功绩、属民多寡、血源，加以区别之故。汗、王之品级虽高于其他，〔在于牧地〕仅能办理本旗实务。不能掌管所部其他扎萨克之事务。喀尔喀与内扎萨克（内蒙古诸部）皆如此。我怜爱准噶尔诸台吉者即与喀尔喀、内扎萨克相同，因而一切需与喀尔喀、内扎萨克一同办理。因此，〔卫拉特〕四部与喀尔喀相同，每部设立盟长与副将军[④]使之办理实务则宜。[⑤]

选定授予何种爵位之时考虑台吉的血源与属民多寡，依此决定品级高低。但不论是何种台吉，在游牧社会行使权力的范围局限于各自旗内的属民，不能介入其他扎萨克的旗务。

接到事宜Ⅱ的乾隆帝命军机大臣审议。8 月 14 日军机大臣重新提交由 8 条构成的“平定准噶尔善后事宜”（事宜Ⅲ），15 日获得乾隆帝的批准。仅看第 1 条内容，事宜Ⅱ－1 与事宜Ⅲ－1 之间虽无大的变更，但军机大臣唯一视为问题的是事宜Ⅱ－1开头之“四卫拉特”四个盟长职位由四个汗兼任的提案：

> 盟长者，特承接办理一盟事务、管理属众之职。汗与王等乃世爵，绝非办理实务之职位。其中若可得命为盟长者，更好。但若不得，从诸卫拉

① 《高宗实录》卷 473：1b，乾隆十九年九月壬辰（十六日）［1754/10/31］条。

② 《准略》正编卷 4：19a－20b，乾隆十九年十一月戊子（十三日）［1754/12/26］条。

③ 《准略》正编卷 16：39a，乾隆二十年八月辛酉（二十日）［1755/9/25］条。

④ 喀尔喀副将军（与乌里雅苏台定边左副将军不同）是设立于喀尔喀各盟，负责军备管理与兵丁训练等军务之职。请参阅冈洋树：《清代蒙古盟旗制度研究》，东方书店，2007 年，第 91—102 页。

⑤ 《新疆汇编》第 11 册，广西师范大学出版社，2012 年，第 394—395 页，乾隆二十年六月二十五日［1755/8/2］，班第等奏折中所引用之乾隆二十年五月二十九日上谕。

> 特有力者当中，选取聪慧、通晓事务、能管理属众者任命为盟长，则裨益诸事。因此，勿须令卫拉特四汗兼任为盟长。命令班第，从四卫拉特汗与王等有力者中选出〔候补者〕，排列姓名与地位，〔向乾隆帝〕请旨等待给予任命。①

军机大臣虽不禁止以汗兼任盟长，但指出需要区别四汗部汗爵以下的爵位序列与盟旗制的官制序列。对于清廷，卫拉特的分封（=设置汗部）与盟旗制度的推行，是着眼于不同目的之施策。

（三）游牧地的指定

最后思考一下指定游牧地。无需赘述，游牧民追赶家畜逐水草而生活，时常移动。游牧民以夺取人口、牲畜以及与其相伴的游牧地的扩张作为衡量自己势力扩大的方法。清朝任命蒙古系游牧民的领主层为扎萨克，是承认、保证他们对其属民的统治权，同时也包含将台吉的权力限制于其个人旗内的意图，此直接导致游牧社会的固定化。清朝推行旗地的目的可以说是将游牧社会分割在每个旗里，指定游牧地限制其移动，断绝新的纷争，以至新的对抗势力的抬头。此策亦贯彻于卫拉特，事宜Ⅰ-1、事宜Ⅱ-1、事宜Ⅲ-1当中都包含着关于指定游牧地的文字。这里所说的指定游牧地，并不是立即划定盟界、旗界，而是指没有清朝的允许禁止随意移动，扩张游牧地。田山茂将清朝实行的伴随划定旗界的牧地分割视为："占据清朝对蒙古政策的最重要部分之为树立封建秩序而着眼于分散势力与社会固定化的有效措施"，被视为盟旗制成立的条件之一。② 事实上，任命扎萨克、编组旗、牛录之时并未划定旗界，划定旗界花费了很长时间。③ 但是，即使没有明确的旗界，清朝指定的游牧地是要大力限制游牧民的移动性是无须争辩的。随意推行旗界划定，则领主层定会抗拒吧。

在此需要注意的是，当初的"四汗部构想"主要面向的是躲避准噶尔内乱而离开故地归附清朝的集团。只需看乾隆帝想要封为汗的四人中，车凌、阿睦尔撒纳、班珠尔三人是归附者，绰罗斯部的噶尔藏多尔济一人是第一次远征中在北疆归顺的

---

① 《满文议覆档》军务833（1），乾隆二十年7月8日［1755/8/15］条。Culgani da serengge, cohome emu culgan i baita be alifi icihiyara, fejergi niyalma be jafatame ladalara tušan. Han wang ni jergi oci, sirara hergen, umai baita icihiyara tušan waka. Esei dorgide, culgan i da sindaci acara niyalma bahaci, ele sain. Aika baharakūoci, uthai meni meni oirat i ambakan urse i dorgi, niyalma getuken, baita de ojoro, fejergi urse be kadalame muterengge be tuwame donjofi culgan i da sindaci, teni baita de tusa ojoro be dahame, culgan i da be uthai duin oirat i han de kamcibure baiburakū. Bandi sede afabufi duin oirat i han wang ni jergi ambakan ursei dorgici sonjofi gebu jergi be faidame arafi hesei sindara be aliyakini.

② 田山茂：《清代蒙古社会制度》，文京书院，1955年，第207页。

③ 岡洋树：《清朝盟旗制统治在喀尔喀蒙古成立的过程——以牧地问题中心》，载《史学杂志》第97卷第2号，1988年，第1—32页。

台吉便可知。所以，包含在“四汗部构想”中的指定游牧地是着重于统一结束后，将逃难到清朝的台吉与属民归还北疆原地，保证其如从前般生活[①]。如此，我们可以说，事宜Ⅱ-1中所述“不迁移第一次远征中归顺者之游牧地”，包含欲将阿睦尔撒纳等归附者顺利迁回原地之意。另一方面，或分封归附清朝之台吉，换言之，授封不依靠清朝政权就无法确保权力基础之游牧地的领主层，或任命为盟长、副盟长，即便是部分地纳入清朝体制而迁回北疆，对清朝也非常有利。令伊等了解清朝方针后迁回原地，就不需要在北疆从根本起构筑统治体制，能快速地实现安定统治。

如上述，从“四汗部构想”可以看出，清朝优遇归附的卫拉特台吉，以他们为分封的主要对象，同时推行盟旗制度，通过指定牧地防止各势力的扩大，又通过他们顺利统治卫拉特之意图。可是，清朝的这个计划快速落空，“四汗部构想”被迫做出大的修改。

（四）“四汗部构想”的修正

推翻准噶尔政权之后，乾隆帝召集指定的四汗：车凌、阿睦尔撒纳、班珠尔、噶尔藏多尔济为首的卫拉特诸部台吉于避暑山庄，准备举行授封仪式。但那时传来的是阿睦尔撒纳与班珠尔等的叛离。根据兹拉特金的说法，悄悄躲开清朝耳目而逃走的阿睦尔撒纳，于1755—1756年间滞留于博尔塔拉、伊犁，集结卫拉特与哈萨克的支持者，据说被推举为卫拉特的汗。[②]

另一方面，虽然焦急，但清朝立即设立其他汗，按计划于1755年10月举行了授封仪式。乾隆帝召见第一次远征中归顺的诸台吉，封绰罗斯部噶尔藏多尔济、和硕特部沙克杜尔曼济、辉特部巴雅尔为各部之汗，授予其他台吉亲王以下的爵位。[③]加上杜尔伯特部的车凌，诞生了卫拉特四汗。

然而，此次授封的车凌以外的三汗及大多台吉不是归附者（不是第一次远征之前就来归附的人——译者），是单身前往承德的在北疆拥有游牧地与属民的人物（表1）。1756年6月，辉特汗巴雅尔仿效杜尔伯特部请求将属民编成旗佐之时，乾隆谕“所有编成旗佐之事，不必急于办理”如此反对。[④] 虽然清朝正处于征讨阿睦尔撒纳势力的作战当中，无暇在北疆实施编旗设佐之烦琐事情，但以归附者为主要对象而打造出来的“四汗部构想”，立即施行于在北疆有权力基础的台吉当中本属困难。当初的“四卫拉特构想”与现行的“四卫拉特构想”之间的矛盾，成为后

---

① 研究杜尔伯特部牧地形成经过的奥齐尔乌云济日噶喇（Ochir Oyunjargal）指出，远征之后将前来投降者归还原牧地是乾隆帝的基本方针。奥齐尔乌云济日噶喇：《关于乾隆朝中叶的杜尔伯特牧地问题》，载《日本蒙古学会纪要》第36号，2006年，第7页。

② И. Я. Златкин, *История Джунгарского ханства*（1635—1758），c. 449. 但是，兹拉特金所依据的俄文史料中只记载阿睦尔撒纳“在准噶尔代替达瓦齐成为统治者”，并无被推戴为汗的记载。

③ 《准略》正编卷18：4a-5b，乾隆二十年九月癸未（十二日）[1755/10/17]条。

④ 《准略》正编卷28：34b，乾隆二十一年五月己丑（二十二日）[1756/6/19]条。

来清朝卫拉特统治出现破绽的一个原因。①

表1　授爵台吉一览

类群	序号	人名	部名	爵位	家系	现状
A群	1	噶尔藏多尔济	绰罗斯	汗		②
	2	沙尔杜尔曼济	和硕特	汗		①
	3	巴雅尔	辉特	汗		④
	4	和通额默根	塔尔巴沁	公		⑥
	5	达瓦	和硕特	公		⑥
	6	塞卜腾	和硕特	公	拉藏汗孙	③［Ch］
	7	巴桑	伊克明安	公		③
	8	布鲁尔	伊克明安	公		⑥
	9	巴泰	辉特	扎萨克		④
	10	曼集	辉特	扎萨克		(?)
	11	鄂勒椿	土尔扈特	扎萨克		(?)
	12	达克巴	布鲁古特	扎萨克→公		⑥
	13	三济特	和硕特	扎萨克		⑧
	14	洪郭尔	呼鲁漫	扎萨克		⑥
	15	巴颜察罕	绰罗斯	虚衔扎萨克		⑧
	16	特默齐	和硕特	虚衔扎萨克		③［Ch］
	17	巴勒吉	和硕特	扎萨克→公		③［Ch］
	18	罗布藏	辉特	虚衔扎萨克		⑥
	19	吹扎卜	辉特	虚衔扎萨克		④
	20	索诺木多尔济	多罗特	虚衔扎萨克		⑦
	21	诺尔布	土尔扈特	虚衔扎萨克		②
	22	鄂诺什（onosi）	布鲁古特	虚衔扎萨克		①
	23	本塔什	布鲁古特	虚衔扎萨克		①
	24	和通鄂勤	伊克明安	闲散台吉→扎萨克	67之子	⑦
	25	策凌乌巴什	呼鲁瞒	闲散台吉	45之子	⑦
	26	珲齐	布鲁古特	闲散台吉→扎萨克	47之弟	③

① 详细内容请参阅小沼孝博《清与中亚草原——从游牧民的世界到帝国的边境》，第106—109页。

续表

类群	序号	人名	部名	爵位	家系	现状
	27	衮布	辉特	闲散台吉	18 之子	⑩［T］
	28	鄂齐尔	和硕特	闲散台吉	36 之弟	⑦
B群	29	扎纳噶尔布	绰罗斯	贝勒		②
	30	敦多布	绰罗斯	＊公		⑪
	31	罗布藏那木扎尔	绰罗斯	＊公		⑧
	32	车凌班珠尔	伊克明安	＊贝子		⑦
	33	德吉特	伊克明安	＊贝子		⑩［R］
	34	伊希丹津	辉特	＊公	阿睦尔撒纳兄长	⑦
	35	蒙特克	辉特	＊扎萨克		②
	36	图克斤	和硕特	＊公		⑥
	37	策伯克	和硕特			⑪
	38	诺尔布	库本诺雅特	公		⑥
	39	贝克	库本诺雅特	扎萨克		⑥
	40	沙齐	库本诺雅特	＊扎萨克		⑪
C群	41	诺尔布仁沁	绰罗斯	郡王	1 之子	⑦
	42	伯什阿噶什	杜尔伯特	亲王		⑦
	43	喀扎巴哈	杜尔伯特	＊虚衔扎萨克	42 之弟	⑦
	44	乌巴什	杜尔伯特	贝子		⑥
	45	纳木齐	呼尔瞒	＊贝子		⑦
	46	阿尔布斯	呼尔瞒			⑧
	47	诺海奇齐克	布鲁古特	公		⑥
	48	巴图	布鲁古特			(?)
	49	伊斑	布鲁古特			③［BK］
	50	萨喇尔	呼鲁漫	扎萨克		④
	51	白音	呼鲁漫			⑪

续表

类群	序号	人名	部名	爵位	家系	现状
	52	锡喇和通	呼鲁漫			⑪
	53	祃木特	土尔扈特			⑧
	54	达尔扎乌巴什	土尔扈特			⑧
	55	巴图尔乌巴什	土尔扈特			⑥
	56	巴雅尔	土尔扈特			⑧
	57	三丕勒诺尔布	绰罗斯			⑥
	58	昂吉岱	绰罗斯			②
	59	图克齐扎布	绰罗斯			⑧
	60	明噶特	和硕特		2 之弟	⑧
	61	吐门	和硕特	贝勒	2 之子	⑥
	62	纳木扎布	和硕特			⑪
	63	喇藏	和硕特		2 之叔父	③［BK］
	64	诺尔布敦多克	和硕特	公		⑧
	65	诺尔布丹津	辉特		辉特部巴德玛策凌之弟	⑧
	66	察衮	伊克明安	＊扎萨克		⑧
	67	巴图尔额默根	伊克明安	＊贝子		⑦
	68	艾拉齐	伊克明安			④
	69	色布腾	多罗特			⑧
	70	唐古特	塔尔巴哈沁			②
	71	格勒克	塔尔巴哈沁			⑧
	72	亚喇木丕勒	塔尔巴哈沁			（？）
	73	根楚克扎布	塔尔巴哈沁			⑪
	74	察克都尔	塔尔巴哈沁			⑪
	75	额林沁	塔尔巴哈沁	＊贝勒		⑦
	76	策伯克扎布	塔尔巴哈沁		75 之孙	⑧

【依据】《新疆汇编》第 27 册，广西师范大学出版社，2012 年，第 317—319 页，乾隆二十年。本史料系 1755 年清朝授予爵位的卫拉特台吉名单上，添加经过第三次远征之后各台吉之状况（1757—1758 年时候）而成。

【符号】A 群 = 参加授封仪式者；B 群 = 未参加授封仪式者（准备参加）；C 群 = 留在当地者

(未准备参加)。爵位：* = 准备授予该爵位者。现状：①清军杀害；②卫拉特杀害；③送到清朝领内居住［BJ = 北京；Ch = 察哈尔；BK = 巴里坤］；④清朝处正法；⑤穆斯林杀害；⑥出痘死亡；⑦病死；⑧死亡（原因不明）；⑨与阿睦尔撒纳同行；⑩逃亡［A = 阿尔泰；T = 土尔扈特；R = 俄罗斯］；⑪搜索中、行踪不明；(?) 不能判断。

三、鄂托克的发现与“卫拉特八旗”编成构想

(一)“卫拉特八旗”编成构想

征服准噶尔之前，军机大臣提出的事宜Ⅰ-1 仅以“四卫拉特”范畴为对象，征服之后从前线提出的事宜Ⅱ-1 中，准噶尔部领地（鄂托克）以不同于“四卫拉特”的形态进入了清朝的视野。本章中澄清第一次远征过程中如何认知鄂托克、如何拟定统治鄂托克的构想。

1755 年 3 月，清军开始向北疆进击。途中将军等数次接触与“四卫拉特台吉”不同性质之率领鄂托克的宰桑们。宰桑等来到军前归顺之时即根据其属民之数将散秩大臣（Ma. sula amban）、副都统（Ma. meiren i janggin）、总管（Ma. uheri da）、副总管（Ma. ilhi da）、侍卫（Ma. hiya）等职衔如同授予爵位般授予他们。鉴于此种情况，同年 5 月，乾隆帝如下命令般给进军中的班第等：

> 大军进发之后，准噶尔人中率领鄂托克陆续归顺者甚多。朕施予伊等率领来归人数相符之恩，已有成为散秩大臣，亦有副都统与总管者。据准噶尔惯例，统率此鄂托克之宰桑者皆为世袭，绝不任命他人之故，伊等皆理解世袭之惯例。〔去年朕将〕玛木特立为散秩大臣，使之率领扎哈沁人等。走向伊犁之时，想必来归者更多。今将世袭之惯例先令伊等理解，解除疑心①。

史料中之玛木特为 1754 年率先归顺之扎哈沁鄂托克宰桑，以参赞随同北路军。清朝将扎哈沁编成旗佐，任命玛木特为总管。② 清廷根据宰桑地位原为世袭传承，将职位授予来归之宰桑使世袭继承。

但这是暂时的措施。乾隆帝对班第等将军指示，平定伊犁后需要提出的善后策（事宜Ⅱ）当中要包含鄂托克及宰桑相关的事项，甚至在别的上谕中下达如下命令：

---

① 《新疆汇编》第 11 册，广西师范大学出版社，2012 年，第 404—405 页，乾隆二十年六月二十七日［1755/8/4］，班第等奏折中引用之乾隆二十年四月五日［1755/5/15］上谕。

② 小沼孝博：《清朝乾隆时期扎哈沁的动向——清朝统治蒙古诸部的一个侧面》，载《史境》第 48 号，2004 年，第 80—83 页。

阿睦尔撒纳奏闻额林哈毕尔噶〔地〕宰桑阿巴噶斯、乌勒木济、哈丹等归顺。阿巴噶斯等皆达瓦齐的宰桑。将此作为另外一群，需与祃木特同样处理。……陆续前来归顺者中与此相同者皆照此办理。①

鄂托克是构成准噶尔部本体的集团，因而率领鄂托克的宰桑是达瓦齐直属臣下。将鄂托克不包含于四部汗之内，作为“另外一群”制定处理方针。

接到此上谕的班第等，自提出事宜Ⅱ之10日后，于1755年8月4日提出了更加具体的卫拉特统治构想。其中依据事宜Ⅱ-1之内容确定了向“四卫拉特”推行盟旗制度，设立四汗部，令台吉等继续统率属民，故无须再讨论“四卫拉特”。但关于鄂托克提出了以下方针。②

①不让诸台吉管理达瓦齐属下各鄂托克之属众（Ma. harangga urse），使之成为清朝中央之「公属」（Ma. siden i harangga）。

②使统辖鄂托克的宰桑、得木齐、收楞额③成为「公中」官缺。

③将宰桑、得木齐、收楞额以其旧有之名称任命为总管、副总管、佐领。只给办事能力高、善于统治属民者以世袭权。

④根据鄂托克规模决定副总管之数（1000户——1员，2000—3000户——2员）

⑤100户编为一个牛录，各牛录任命佐领一员。

⑥赏赐二品至四品品级于宰桑，使世袭。

⑦从成为清朝皇帝属民（Ma. harangga albatu）之鄂托克征收赋役。

⑧喇嘛所属之沙毕那儿鄂托克（集赛，Mo. jisiy-a）使保持原样④。

需要注意的第一点是，将宰桑等鄂托克首长层的地位公职化，没有无条件地认可其世袭，对宰桑的权限进行了一定的限制。事宜Ⅱ-1B中未将鄂托克之人记为宰桑之harangga albatu，而是记为harangga urse之原因在于此。事宜Ⅱ-1B中将四汗部范畴内的一般牧民记为台吉之harangga albatu，如前所述，表明清朝承认早于清朝征服前存在的台吉与牧民之间的统属关系。另一方面，可认为清朝认识当中存在着这样前提：鄂托克牧民本来是作为台吉的准噶尔部长之阿勒巴图，宰桑虽为世袭但并非台吉，其身份只不过是管理牧民的担当者。因此在达瓦齐已被排除的情况下，鄂托克成为清朝之公属，其牧民被定位为清朝皇帝的阿勒巴图。这样的体制当中，宰桑不过是由清朝中央任命的管理皇帝所属鄂托克之官员，不能与皇帝的阿勒

① 《新疆汇编》第11册，广西师范大学出版社，2012年，第405页。

② 《新疆汇编》第11册，广西师范大学出版社，2012年，第406—408页。

③ 得木齐（Mo. demči）在鄂托克内管理100—200户属众，有下达命令、征收租税、保护民生等广泛监督之责。收楞额（Mo. šülengge）在鄂托克内主要负责征税，同时协助得木齐。田山茂：《十七、十八世纪卫拉特族的社会机构》，载《史学研究》第50号，1953年，第110页；杜荣坤、白翠琴：《西蒙古史研究》，广西师范大学出版社，2008年（新疆人民出版社，1986年初版），第272—273页。

④ 《新疆汇编》第11册，广西师范大学出版社，2012年，第406—408页。

巴图之间存有统属关系，因而避免使用 harangga albatu。

第二点是，对规定为清朝公属之鄂托克的统治方式。如同⑤中所述，清朝计划将鄂托克所属之卫拉特人 100 户编成一个牛录。其完整的构想清楚地呈现于 1754 年 9 月下达的上谕当中：

> 其归公管辖之宰桑等，无人统辖。此项鄂托克等应照察哈尔等拟定八旗名目。著班第等将归公管辖之二十一昂吉，仍存其旧日名号，分立八旗定议具奏。①

如前章中所述，将诸台吉之所领编成扎萨克旗，但与此不同，清朝如察哈尔八旗将鄂托克整编为八旗，试图编成所谓的内属②旗③。内属旗由单数或复数的部族集团组成，在皇帝直属之名分下，由各地驻防将军、大臣管辖，依照正规满洲牛录之规定来编成牛录。各旗不设扎萨克，设置总管等非世袭的官缺，其权力比扎萨克更受限制④。以上史料提到关于鄂托克宰桑"无人管理者"，则是指本来统辖各鄂托克的达瓦齐被清军除去后的状态。清朝或许认为，绰罗斯、杜尔伯特、和硕特、辉特四部是自发归顺的集团，准噶尔部是被征服的集团，其差异亦在鄂托克统治方向性上产生了影响。

如同上述，在第一次远征过程中认识到鄂托克存在的清朝，决定与四卫拉特诸台吉之所领区别对待，制定了将鄂托克编成直属清朝皇帝之内属旗的统治构想。下

---

① 《准略》正编卷 16：满文版 70b－71a/汉文版 39a－b，乾隆二十年八月辛丑（二十日）［1755/9/25］条。Siden de obufi kadalabure jaisang sa oci, umai kadalara niyalma akū. Ere jergi otok be cahar i adali jakūn gūsai boco be toktobuci acambi. Erebe bandi sede afabufi, siden de obufi kadalabure orin emu anggi i fe gebu be an i bibufi, jakūn gūsai dendeme ilibure babe toktobume gisurefi wesimbukini.

② 此处的"内属"是不在外藩管辖之下，名义上直属清朝中央的集团或地域。根据张永江的研究，漠南蒙古察哈尔八旗与归化城土默特四旗，蒙古东北部黑龙江地域布特哈八旗与巴尔虎八旗，科布多卫拉特扎哈沁、明噶特各一旗与乌梁海九旗（阿尔泰乌梁海七旗与阿尔泰诺尔乌梁海二旗），塔尔巴哈台地方哈萨克牛录之九个"内属部落"及"内属回部八城"都是内属。（张永江：《清代藩部研究——以政治变迁为中心》，黑龙江教育出版社，2001 年，第 131 页）。但柳泽明指出，虽然其论述只局限于蒙古统治，清朝对内属的干预是多方面的，因而不与外藩、八旗同列，而视为外藩与八旗两大类的中间形态（柳泽明：《清朝八旗制度与蒙古》，载吉田顺一监修，早稻田大学蒙古研究所编《蒙古史研究——现状与展望》，明石书店，2011 年，第 289—290 页）。柳泽明的论点虽然妥当，但语义模糊的内属从出现（嘉庆《大清会典》）之时起，理应有前提要素。观察上述内属集团·地域，多数在乾隆朝新进入统治之下。或许，增加了不包含于当初外藩类别的非外藩诸集团、地域，需要表述他们的类别，因而在嘉庆《大清会典》中出现了内属之词吧。总之，内属之词最初并非根据内属集团、地域的性质，而是相对于外藩而新创的分类用语，因而清朝对内属之干涉并非一致。

③ 田山茂根据此上谕判断鄂托克被编入八旗（田山茂：《清代蒙古社会制度》，文京书院，1955 年，第 185 页），但此时还处于实施以前的计划阶段。

④ 事实上在内属旗中，伴随着时间的经过，首长层随意从属民反复掠夺等事情趋于禁止。柳泽明：《关于新巴尔虎八旗的设立——围绕清朝民族政策与八旗制度的一考察》，载《史学杂志》第 102 卷第 3 号，1993 年，第 64—65 页。

文中，以此鄂托克为母体而编成的内属旗，模仿察哈尔八旗称为“卫拉特八旗”。

可是，作为“公中管理之二十一昂吉仍存其旧日名号，分立八旗”一文，稍微有点问题。准噶尔覆亡后清朝所编，先行研究所依据的《御制准噶尔全部纪略》①与《准噶尔部旧官制》② 说明，“二十一昂吉”是卫拉特各部21位有力台吉所领，其21人中包括达瓦齐、阿睦尔撒纳、班珠尔和被封为四汗的噶尔藏多尔济、车凌、沙克杜尔曼济、巴雅尔等人。即“二十一昂吉”是清朝统治下，包含在四汗部组织内必当推行盟旗制的对象。如此，将“二十一昂吉”编成“卫拉特八旗”的文字蕴含着矛盾。

在此需要注意，1763年（乾隆二十八年）公布的《御制准噶尔全部纪略》中，列出领有“二十一昂吉”之21名台吉之后看到的乾隆帝如下话语：

> 向于西师诗称二十一昂吉为其汗公属者，盖考之而未详，兹始详询缕细如右。

乾隆帝所咏《西师》当中确实有“噶尔丹策凌之时，设立的二十一昂吉是部落之称，为其汗之公属”③。即清朝当初将“二十一昂吉”解释为“汗之公属”，但《御制准噶尔全部纪略》公布之时，将其修正为各部台吉所领之21个集团。然则，当时清朝史料中出现的“二十一昂吉”与准噶尔部所领之鄂托克大致同义，将其记述为编成“卫拉特八旗”亦是无矛盾的。

那么，清朝当初设想的“二十一昂吉”是什么样的呢？清朝史料当中关于“二十一昂吉”最初的消息出现于1755年末乾隆帝与定边右副将军兆惠的互通当中。据此，乾隆帝命令“二十一莫殷之人在何鄂托克，今有哪些人，兆惠到达〔伊犁〕之后，将之清楚调查上奏”④。“莫殷”（Ma. meyen）是表示“部”“队”的满洲语，对应蒙古语anggi，因而此“二十一莫殷”是指“二十一昂吉”。接受乾隆命令的兆惠到达伊犁后，要求鄂托克首长层提供关于“二十一昂吉”的信息，将之核对之后答复如下：

> 台吉等率领分到得沁⑤之人居于牧地，属人当各自台吉之赋役。又分左翼鄂托克八、右翼鄂托克八，左翼昂吉三、右翼昂吉二，总称“二十一

① 《高宗实录》卷695，乾隆二十八年九月壬午［二十八日］条。

② 《钦定皇与西域图志》卷29，官制一。

③ 《钦定皇与西域图志》卷首2，天章二。

④ 《新疆汇编》第21册，广西师范大学出版社，2012年，第180—181页，乾隆二十一年十月十一日［1756/12/2］，定边右副将军兆惠等奏折中引用的乾隆二十一年闰九月十五日［1756/11/7］的上谕。

⑤ 蒙古语 dōčin 本来有“四十”之意，但在卫拉特社会当中指鄂托克下面的组织。见田山茂《清代蒙古社会制度》，文京书院，1955年，第189页。

> 昂吉”。每鄂托克、昂吉设立宰桑、得木齐、收楞额，管理得沁户口，居处原鄂托克〔之地〕，轮番〔担负被〕平均〔分配的〕赋役。〔另外，〕在伊犁为管理贡物与家畜，任命宰桑、得木齐、收楞额编成分队来担负准噶尔首领之赋役，建庙祀佛，读经等事项。①

虽然时期不明确，但说明二十一昂吉由左翼八鄂托克与三昂吉，右翼八鄂托克与二昂吉构成。管理“二十一昂吉”之宰桑、得木齐、收楞额，担负各自游牧地属下牧民的管理与征收贡赋。另外从鄂托克与昂吉供派人员组成“分队”，其“分队”似乎充当伊犁准噶尔部长之御用。即兆惠总称之“二十一昂吉”，不仅在各自的游牧地担负赋役，还组成“分队”派往伊犁，充当准噶尔部长之御用，的确持有“汗之公属”性质。所以，虽然以上不同的两个“二十一昂吉”之间的关系还未明确，但至少不得不将 1763 年公布《御制准噶尔全部纪略》以前清朝史料当中的“二十一昂吉”理解为准噶尔部长直接所领的鄂托克。

（二）鄂托克的统辖者

如同上述，清朝打出将鄂托克所属（准噶尔部民）区别于四汗部所属而编成内属“卫拉特八旗”的构想。那么，清朝准备将鄂托克全体交何人统辖呢？因与四汗部体制相异，鄂托克不设盟旗制官职（盟的盟长，旗的扎萨克等），最先需要注意的是，《旧官制》中的记载：

> 乾隆二十年，达瓦齐执归京师，准夷全部内属。皇上以取乱侮亡之义，行兴灭继绝之仁。四卫拉特各封一汗，官则仍其旧制。易以新衔。授四图什墨尔为内大臣，授六扎尔扈齐为散秩大臣，以管理鄂托克、昂吉之事。

图什墨尔（Mo. tüsimel）与扎尔扈齐（Mo. jarγuči）是从有力宰桑中选任，在准噶尔君主之下组成咨询会议而参与国事的要职。清朝对支撑准噶尔政权的图什墨尔授予内大臣职衔，对扎尔扈齐授予散秩大臣职衔，试图在清朝统治之下继续使之统辖鄂托克。

---

① 《新疆汇编》第 21 册，广西师范大学出版社，2012 年，第 182 页，兆惠奏折。

表二　授职宰桑一览

类群	序号	人名	鄂托克、集赛名	地位	职衔	家系	现状
A群	1	鄂勒哲依	喀喇沁	Z	内大臣→公※1		②
	2	哈萨克锡喇	噶勒杂特	Z	内大臣→公※2		⑪
	3	都噶尔	噶勒杂特	Z	散秩大臣		②
	4	达什策凌	阿克巴	Z	内大臣		④
	5	策伯克	阿克巴	Z	散秩大臣		⑥
	6	鄂哲特	温都逊	Z	散秩大臣		③［BJ］
	7	喇苏隆	鄂罗岱	Z	散秩大臣		⑧
	8	鄂络吹	库图齐纳尔	Z	散秩大臣		①
	9	达音	库图齐纳尔	Z	三品总管		②
	10	敦多布	布库努特	Z	内大臣		②
	11	丹津	鄂毕特	Z	头等侍卫		②
	12	恩可博罗特		MZ	内大臣		②
	13	尼玛		ZZ	内大臣→公※3		④
	14	博什	巴尔达穆特	Z	散秩大臣		⑦
	15	乌鲁木	辉特	Z	散秩大臣		③［BJ］
	16	普尔普	扎哈沁	Z	散秩大臣		⑦
	17	齐默得库		AZ	四品总管		⑥
	18	阿克博罗特	巴尔达穆特	Z	三等侍卫		⑨
B群	19	乌克图	伊克胡拉尔	Z	＊四品总管		⑦
	20	诺德勒齐	大乌鲁特	Z	＊散秩大臣		⑥
	21	乌尔古勒吉勒	赉玛里木	Z	散秩大臣		⑪
	22	巴桑	克勒特	Z	散秩大臣		⑥
	23	那颜台	克勒特	Z	＊散秩大臣		⑦
	24	巴音	布库斯	Z	＊散秩大臣		⑧
	25	噶图尔	卓托噜克	Z	＊散秩大臣		⑦
	26	巴桑	多果鲁特	Z	散秩大臣		⑦
	27	巴朗	小鄂罗岱	Z	＊散秩大臣		⑪
	28	锡克锡尔格	绰尔浩特	Z	散秩大臣		①
	29	塔尔巴	阿勒塔沁	Z	散秩大臣		①

续表

类群	序号	人名	鄂托克、集赛名	地位	职衔	家系	现状
	30	哈丹	（阿巴噶斯?）	WU	散秩大臣	33 之弟	④
	31	察噶什	绰和尔	D	散秩大臣		④
C群	32	约斯图	绰和尔	Z	内大臣		②
	33	阿巴噶斯	阿巴噶斯	Z	内大臣		④
	34	乌勒木济	哈丹	Z	散秩大臣		④
	35	敦多克	扎哈沁	Z	散秩大臣		⑦
	36	鄂尔奇木济	扎哈沁	Z	散秩大臣	35 之弟	⑦
	37	齐巴罕	大呼喇尔	Z	散秩大臣		④
	38	芒鼐	善披领	Z	散秩大臣		⑥
	39	奇巴罕	杜勒巴	Z	散秩大臣		②
	40	特格勒德克	噶勒杂特	Z	散秩大臣		③
	41	克什木	库图齐纳尔	Z	散秩大臣		④
	42	素萨赉	库图齐纳尔	Z	散秩大臣		⑧
	43	巴素岱	库图齐纳尔	Z	散秩大臣		⑧
	44	巴桑	推素隆	Z	散秩大臣		④
	45	乌勒哲依	乌喇特	Z	* 内大臣		⑥
	46	特布慎	乌鲁特	Z	散秩大臣		②
	47	洪何什	巴尔达穆特	Z	* 三品总管		④
	48	扎尔齐木	巴尔达穆特	Z	* 散秩大臣		⑧
	49	斡罗斯	额尔克腾	Z	散秩大臣		④
	50	恩克图	明噶特	Z	* 散秩大臣		①
	51	衮楚克扎布	乌尔罕济兰	Z	* 三品总管		⑩［A］
	52	和尔和岱	大乌鲁特	Z	* 三品总管		④
	53	杭吉勒图	小乌鲁特	Z	* 四品总管		⑧
	54	托克托博罗特	小乌鲁特	Z	散秩大臣		⑤
	55	卓特巴	特楞古特	Z	散秩大臣		⑧
	56	察干固英哈什哈	特楞古特	Z			⑧
	57	波什	特楞古特	Z			⑧

续表

类群	序号	人名	鄂托克、集赛名	地位	职衔	家系	现状
	58	巴雅尔喇胡	霍勒博斯	Z			⑧
	59	三都克	沙喇斯	Z	散秩大臣		③［BJ］
	60	商辉	沙喇斯	Z			⑦
	61	多尔济	玛呼斯	Z	*三品总管		④
	62	呼克沁	吉尔吉斯	Z	*散秩大臣		⑧
	63	根敦扎布	吉尔吉斯	Z			⑧
	64	敦多克	鄂尔楚克特楞古特	Z	*散秩大臣		④
	65	收楞额	扎哈沁	Z	*三品总管		⑧
	66	敦多克	牧群管理	Z	三品总管		④
	67	普尔普	乌克尔沁	Z	*四品总管		⑧
	68	朝门	包沁	Z			⑤
	69	巴朗	克勒特	AZ			⑤
	70	图尔格齐哈什哈	善披领	D	三品总管		⑧
	71	色音察克	谆锡宝赤	D	*四品总管		①

【依据】《清代新疆满文档案汇编》第27册，广西师范大学出版社，2012年，第314—317页，乾隆二十年。本史料系1755年清朝授予职位的宰桑名单上，添加经过第三次远征之后各宰桑之状况（1757—1758年时候）而成。

【符号】A群=参加授封仪式者；B群=不参加者（打算参加）；C群=留在当地者（不打算参加）。地位：Z=宰桑、MZ=默得齐宰桑、ZZ=扎尔扈齐宰桑、AZ=阿勒巴齐宰桑、D=得木齐。职衔：→=提升、*=准备授予该职衔者。现状：与表1同。

【注】※1，※2：因第二次远征中的军功授予公爵［《准略》正编卷26：41b］。

※3：因第二次远征中的军功及布鲁古德台吉后裔血统授予公爵［《准略》正编卷24：18a］。

1755年10月，不只是各部台吉，宰桑们也参加了避暑山庄的授封仪式（表2）。在此乾隆帝授予鄂勒哲依与哈萨克锡喇①内大臣职衔，命“办理图什墨尔事务”，同时授予拉苏隆、达什车凌、鄂哲特、都噶尔、鄂勒锥散秩大臣。② 虽然没有明确指名扎尔扈齐，但《旧官制》中提到授予散秩大臣为扎尔扈齐，从而拉苏隆等5人可能被选任为扎尔扈齐。1756年1月，鄂勒哲依、哈萨克锡喇、尼玛、约苏

① 哈萨克锡喇是辉特部汗巴雅尔的异母兄弟。《准略》正编卷33：10a－b，乾隆二十一年十月戊寅（十四日）［1756/12/5］条。

② 与注50同史料，《准略》正编卷18：5a－b。

图4人被指定为图什墨尔,[①] 翌月按此顺序决定了“四图什墨尔”的次序。[②] 其中值得注意的是，将达瓦齐政权“四图什墨尔”之鄂勒哲依与约苏图继续指定为图什墨尔，委任鄂托克的统治。又应注意，授予伊等的不是外藩王公的爵位，是内大臣、散秩大臣之职衔。统辖“内属”鄂托克之伊等不在外藩王公范畴之内。

满文文书当中，留于自己游牧地、仅仅持有领主般性质的宰桑被称为 otok i jaisang（鄂托克宰桑），或者 sula jaisang（闲散[③]宰桑）[④]。与之相对，拥有图什墨尔职衔者记为 tusime i jaisang，拥有扎尔扈齐职衔者记为 jargūci jaisang，拥有这般地位的宰桑统称为 tušan i jaisang（职务宰桑）。

如同上述，在第一次远征过程中明确认识到鄂托克的清朝，拟定了将鄂托克编成内属“卫拉特八旗”，以任职于图什墨尔与扎尔扈齐之宰桑统辖鄂托克的新的统治构想。回到本文中的疑问，事宜Ⅰ-1与事宜Ⅱ-1的内容有不同之处，清朝对卫拉特统治构想发生变化的原因，在于此。

四、结　论

1755年派遣西征军之前，清朝就已经考虑统一准噶尔之后如何统治卫拉特，酝酿着统治方式。其统治构想原本要依照“四卫拉特”，将准噶尔分割为辉特、杜尔伯特、绰罗斯、和硕特四部，分封各部台吉，并推行盟旗制度。伴随着统一行动的推进，构成准噶尔部本体的鄂托克逐渐明朗，将其编成“内属厄鲁特八旗”的新构想于此产生。整理上述适应准噶尔游牧国家的结构而创制出来的两种管理体系的要点，则如下。

之前一直受到关注的分封四汗反映出了乾隆帝高度防止卫拉特的再次联合，但这不过是全体“四汗部构想”的一部。清朝不仅分封诸台吉给予外藩待遇，还要推行盟旗制度以完善官制，将其属民编旗设佐，并指定游牧地以限制其移动范围。爵制序列虽有高低，但各台吉行使权力局限于各自旗内，即清朝是要防止特定的台吉演变为大势力。并且，起初的“四汗部构想”主要以阿睦尔撒纳等归附清朝者为对象，将那些离开原住地的台吉纳入清朝统治秩序之内再将领地交与他们管理，以便迅速将准噶尔所属地域纳入清朝统治秩序。但是此构想因阿睦尔撒纳之乱而早早被迫修改，清朝将“四汗部构想”的主要对象不得不转移到第一次远征中归附的、在

---

① 《准略》正编卷23：35a-b，乾隆二十年十二月戊午（十九日）[1756/1/20] 条。

② 《高宗实录》卷505：5b-6a，乾隆二十一年正月己丑（二十一日）[1756/2/20] 条。

③ 《新疆汇编》第20册，广西师范大学出版社，2012年，第113页，乾隆二十一年八月十七日 [1756/9/11]，定边右副将军兆惠等的奏折；《新疆汇编》第20册，广西师范大学出版社，2012年，第413—414页，乾隆二十一年九月二十八日 [1756/10/21]，兆惠等奏折。

④ 这里所说的“闲散”是指没有图什墨尔、扎尔扈齐等职位的一般“鄂托克宰桑”，并非没有权力与职务之意。

北疆拥有权力基础（属民、游牧地）的卫拉特台吉身上。

由宰桑统率，分布于伊犁周围的鄂托克是准噶尔部的核心部分，于是作为清朝皇帝直属的“内属”旗，编成了“卫拉特八旗”。具体办法是将各鄂托克内的宰桑、得木齐、收楞额等改为“公中”官缺，并有条件地允许世袭，以限制旧有势力。另外，对原本为准噶尔政权中枢的图什墨尔、扎尔扈齐等“职务宰桑”进行重组，再将管理鄂托克的事务交给他们。

到目前为止，一直对清朝编纂史料未加批判而利用所形成的对统一准噶尔的理解，今后需要从根本上改变。

（本文日语文稿在作者日文专著《清与中亚草原——从游牧民的世界到帝国的边境》（东京大学出版会，2014 年）第二章内容的基础上加以补正而成，其翻译及发表得到作者本人的同意和授权，作者又对译稿进行了校对。）

（小沼孝博（ONUMA Takahiro），男，1977 年生，日本东北学院大学教授，公益财团法人东洋文库研究员（客员）。吴阿木古冷，男，1987 年生，中央民族大学历史文化学院博士研究生。北京：100081）

附录：《中国边疆民族研究》第七至第十辑目录

第七辑

第八辑